Private Enforcement e Tutela Colectiva

Private Enforcement e Tutela Colectiva

2022

Paula Costa e Silva
Professora Catedrática da Faculdade de Direito da Universidade de Lisboa

Nuno Trigo dos Reis
Assistente e Doutorando da Faculdade de Direito da Universidade de Lisboa

Com a colaboração de
Filipa Lira de Almeida
Assistente Convidada da Faculdade de Direito da Universidade de Lisboa

ALMEDINA

PRIVATE ENFORCEMENT E TUTELA COLECTIVA
AUTORES
Paula Costa e Silva
Nuno Trigo dos Reis
EDITOR
EDIÇÕES ALMEDINA, S.A.
Rua Fernandes Tomás, nºs 76-80
3000-167 Coimbra
Tel.: 239 851 904 · Fax: 239 851 901
www.almedina.net · editora@almedina.net
DESIGN DE CAPA
EDIÇÕES ALMEDINA, S.A.
PRÉ-IMPRESSÃO
João Jegundo
IMPRESSÃO E ACABAMENTO

Abril, 2022
DEPÓSITO LEGAL

ALMEDINA | GRUPOALMEDINA

BIBLIOTECA NACIONAL DE PORTUGAL – CATALOGAÇÃO NA PUBLICAÇÃO

SILVA, Paula Costa e, 1963- , e outra

Private enforcement e tutela coletiva / Paula Costa e Silva, Nuno Trigo dos Reis . – (Manuais profissionais)
ISBN 978-989-40-0471-4

I – REIS, Nuno Tiago Trigo dos

CDU 347

§1
A razão do estudo e as questões a enfrentar

1. No âmbito e em conexão com um conjunto de acções populares propostas por uma associação de defesa dos consumidores, ao abrigo da Lei de Acção Popular (Lei nº 83/95, de 31 de Agosto) e do artigo 19º da Lei nº 23/2018, de 5 de Junho, que prevê o direito à indemnização por infracção ao direito da concorrência, transpondo a Directiva 2014/104/UE, foi-nos dirigido um conjunto de questões jurídicas, de natureza substantiva e processual. Naquelas acções foram tipicamente deduzidos, em regime de cumulação, pedidos de declaração da existência de práticas anticoncorrenciais e de condenação das partes passivas no pagamento de compensações pelos danos causados aos consumidores em consequência dessas práticas.

2. As questões que então nos foram dirigidas implicaram um estudo com alcance geral na análise de um conjunto de problemas relacionados com os contornos que vem assumindo a tutela dos direitos dos consumidores lesados por práticas anticoncorrenciais. As dúvidas levantadas não dependiam, em praticamente nenhum dos seus vectores, dos dados do concreto caso. Todas elas se reconduzem a uma teoria geral da adjudicação, aplicada a uma estrutura pouco estudada entre nós – a acção popular –, que, na tutela de interesses colectivos – os dos consumidores lesados –, requer adaptações. Saber como se configura a legitimidade nas acções populares, que factores interferem – ou não – na sua configuração, se os acordos de financiamento são admissíveis e em que termos perante o Direito português, que dificuldades processuais peculiares suscita a determinação das indemnizações nestas acções e quais os efeitos das decisões

da Comissão Europeia ou da Autoridade da Concorrência em acções por práticas anticoncorrenciais *follow-up*, todas estas são matérias que requerem respostas que independem da configuração de um caso concreto.

A natureza do trabalho e a – talvez errada – percepção da sua eventual utilidade para os diversos operadores jurídicos determinou, como causa primeira, a presente publicação. Nesta apenas pudemos considerar, de entre uma bibliografia que já era inabarcável e que se vem tornando quase ingerível atendendo ao impulso legiferante do legislador europeu, elementos publicados até final de Dezembro de 2021 e essencialmente acessíveis em linha.

3. Mas há uma segunda causa próxima. Tem-se assistido nas últimas décadas e em diversas latitudes ao recrudescimento do estudo de novas configurações processuais. A força da realidade determinou a superação da dogmática do direito processual enquanto estrutura que opõe Ticio a Caio. Processos estruturais, processos estratégicos, processos colectivos, em ligação com a dogmática das decisões com efeitos sistémicos ou irradiantes, são o foco da atenção da jurisprudência e da doutrina. Suscitando problemas muito peculiares, implicam uma revisão da teoria geral do processo, tenha este a natureza que tiver. Alguns desses problemas são enfrentados em estudo que publicámos em 2020, sobre a crise do contrato e a adequação da sua resolução através dos processos estruturais[1]. Mas neste novo trabalho se enfrentam muitos outros problemas sobre os quais não havíamos, ainda, tomado posição e que com aqueles cruzam. Talvez que a presente publicação possa ser o primeiro passo na implementação de novas áreas de estudo.

[1] Paula Costa e Silva, «Perturbação dos contratos e processo estrutural», *Ius Dictum*, nº 1, Jun. 2020, pp. 5-10.

§2

A tutela colectiva dos consumidores através da estrutura acção popular, em particular, o *private enforcement* do direito da concorrência

4. A apreciação da legitimidade de associações que, por incumbência estatutária, visam tutelar os consumidores para a propositura de acções populares de *private enforcement* deve ser antecedida da resolução de uma outra questão, que é a de saber se a tutela do direito da concorrência através do ressarcimento dos danos causados aos participantes no mercado em consequência de uma prática anticoncorrencial é, ela própria, uma finalidade que possa ser assegurada pelo meio processual típico da acção popular.

Este é, na verdade, um problema para o qual uma resposta positiva não pode ser pressuposta e dispensado de análise. Afinal, e se pensarmos na génese desta estrutura de tutela, não pode dar-se por adquirido que todas as pretensões materiais sejam susceptíveis de através dela puderem ser exercidas.

5. Comecemos por analisar o artigo 52º, nº 3 da Constituição da República Portuguesa. De acordo com esta regra, através da acção popular pode postular-se (i) a promoção e prevenção, a cessação ou a perseguição judicial das infracções contra a saúde pública, os direitos dos consumidores, a qualidade de vida, a preservação do ambiente e do património cultural ou (ii) o acautelamento da defesa dos bens do Estado, das regiões autónomas e das autarquias locais.

Conforme vem sendo sublinhado pela doutrina constitucionalista, a enumeração dos interesses enumerados pelo nº 3 do artigo 52º da Constituição da República Portuguesa não deve ser considerada exaustiva: outros bens ou valores, conquanto que com cobertura na estrutura axiológica-material da Constituição, podem ser tutelados por via da acção popular[2]. Na sua redacção actual, o citado preceito prevê igualmente o exercício do direito de acção com o fim de requerer para os lesados a correspondente indemnização[3].

6. A acção popular conhece duas modalidades fundamentais: a acção popular administrativa e a acção popular civil (artigo 12º da Lei de Acção Popular)[4]. Ambas partilham um fundamento e uma estrutura comuns. Trata-se de uma modalidade de acções que se desvia do paradigma liberal e individualista, em que a parte requer a tutela para um direito ou interesse de que é titular. Na acção popular, a tutela requerida tem como ponto de referência interesses que, embora não se encontrando na titularidade da parte, nem sendo (por ela ou por qualquer outro) apropriáveis, têm uma natureza supra-individual e acabam, por isso, por beneficiá-la na qualidade de participante na vida comunitária[5]. Ao requerer a tutela desses interesses, a parte contribui activamente para a prossecução do bem

[2] Por exemplo, PAULO OTERO, "A acção popular: configuração e valor no actual Direito português", *Revista da Ordem dos Advogados*, ano 59, vol. III, Dez. 1999, pp. 871-893 (p. 876, admitindo o espaço da liberdade conformadora do legislador para definir a tutela popular de outros bens); JORGE MIRANDA/RUI MEDEIROS, *Constituição Portuguesa Anotada*, Tomo I, Universidade Católica Editora, 2017, anot. artigo 52º, pp. 752 e ss..

[3] Não era essa a solução que constava do texto original da Constituição. O nº 2 do artigo 49º limitava-se, então, a prever genericamente o direito de acção popular «nos casos e termos previstos na lei». A menção relativa ao direito a pedir uma indemnização resultou da revisão constitucional de 1989, que ainda se referia «à degradação do ambiente e da saúde pública» em lugar da actual «preservação». Foi com a revisão constitucional de 1997 que se acrescentou ao elenco dos interesses colectivos a protecção dos direitos dos consumidores e se autonomizou esta funcionalidade da acção popular face às acções para tutela dominial pública.

[4] A acção administrativa pode compreender essencialmente o recurso contencioso (estadual ou local) com fundamento na ilegalidade contra actos administrativos lesivos dos interesses gerais da comunidade, pedidos de indemnização que visam a reparação de danos provocados por condutas activas ou omissivas da Administração e outras formas de tutela contenciosa dos interesses difusos ou colectivos quando estiverem em causa litígios emergentes de relações jurídico-administrativas: PAULO OTERO, "A acção popular: configuração e valor no actual Direito português", *Revista da Ordem dos Advogados*, ano 59, vol. III, Dez. 1999, pp. 871-893 (p. 881). Também MIGUEL TEIXEIRA DE SOUSA, *A legitimidade popular na tutela dos interesses difusos*, Lex, Lisboa, 2003, pp. 112 e ss.

[5] PAULO OTERO, "A acção popular: configuração e valor no actual Direito português", *Revista da Ordem dos Advogados*, ano 59, vol. III, Dez. 1999, pp. 871-893 (p. 878).

comum, actuando para promoção do interesse público (de grupos ou categorias de pessoas – os interesses colectivos)[6]. Compreende-se, por isso, que o direito de acção popular seja entendido como um instrumento próprio da democracia participativa[7].

7. Pela articulação entre as finalidades possíveis da acção popular no artigo 52º da Constituição da República Portuguesa depreende-se que as acções populares se agrupam em dois grandes tipos. De um lado, encontramos as acções populares públicas, que visam a tutela do interesse público. Estas, por terem por fim a tutela de um interesse que, pela sua natureza, é indivisível, devem poder ser propostas por qualquer pessoa. É a reminiscência no Direito positivo actual da *actio popularis*[8], de que é manifestação a acção tendente à defesa de bens do Estado ou de outra pessoa colectiva pública, mas também a impugnação de actos jurídicos praticados pelos órgãos de alguma daquelas pessoas colectivas e que sejam susceptíveis de colocar em perigo ou lesar algum bem ou interesse público. Fazemos notar a assintonia entre o nº 3 do artigo 52º da Constituição da República Portuguesa, que reconhece *a todos* o direito de acção popular e o artigo 2º da Lei de Acção Popular, que o restringe aos *cidadãos no gozo dos seus direitos civis e políticos* (*cf.* também o nº 1 do artigo 52º da Constituição da República Portuguesa, para o direito de petição popular). O carácter universalista daquela norma constitucional acompanha, de resto, o nº 1 do artigo 20º da Constituição da República Portuguesa, que garante a *todos* o acesso ao Direito e aos tribunais para a defesa dos direitos e dos interesses legalmente protegidos.

8. Sem pretendermos aqui desenvolver a questão da admissibilidade da aparente introdução, pelo legislador ordinário, deste elemento restritivo

[6] José Joaquim Gomes Canotilho, *Direito Constitucional e Teoria da Constituição*, 7ª ed., Coimbra Editora, Coimbra, 2018, p. 511.

[7] Jorge Miranda, *Manual de Direito Constitucional*, IV, 5ª ed., Coimbra Editora, Coimbra, 2014, pp. 85 e ss., 98-9.

[8] José Robin de Andrade, *A Acção Popular no Direito Administrativo Português*, Coimbra Editora, Coimbra, 1967, pp. 6 e ss.; Paulo Otero, "A acção popular: configuração e valor no actual Direito português", *Revista da Ordem dos Advogados*, ano 59, vol. III, Dez. 1999, pp. 871-893 (pp. 872 e ss.); Miguel Teixeira de Sousa, *A legitimidade popular na tutela dos interesses difusos*, Lex, Lisboa, 2003, pp. 107 e ss..

do direito de acção popular, não podemos deixar de notar que a abstracção da cidadania como critério aferidor da legitimidade popular é sintomática de uma visão que adopta como referente fundamental o interesse difuso «em si» – valor «para qualquer um» de determinado bem – e que contrasta com aquela outra que, pressupondo a cidadania, parece localizar o fundamento da tutela antes na natureza da relação que aquele bem entretece com o membro que a requer.

9. De outro lado, encontramos as acções populares que visam a tutela de interesses de outro tipo: interesses que, embora apresentando também uma dimensão supra-individual, têm a particularidade de poder conviver com situações jurídicas individuais, as quais podem, ou não, congregar-se em categoria ou grupo[9]. Está aqui em causa a tutela dos chamados «interesses difusos de segunda geração», de que é exemplo paradigmático, justamente, o consumo. A ambivalência é deste segundo conjunto de interesses uma nota característica: eles são, a um tempo, públicos e privados, difusos – de segunda geração – e individuais. Através da tutela conjunta de situações jurídicas pertencentes aos membros do grupo, afirma-se o propósito de defesa de um interesse comum, que transcende a mera agregação dos interesses individuais de cada um. O bem comunitário que fundamenta o recurso a um meio de tutela de tipo colectivo, por sua vez, é protegido precisamente através da tutela das situações individuais dos respectivos titulares.

10. Torna-se, porventura, agora menos obscura a integração do(s) objecto(s) da acção popular na tradicional classificação tripartida dos interesses supra-individuais da teoria geral do Direito, e que distingue entre os *interesses difusos*, os *interesses colectivos* e os *interesses individuais homogéneos*. O facto de a Ciência Jurídica não ter logrado chegar a uma conceptologia estável e a uma linguagem comum torna conveniente o esclarecimento prévio do significado que supomos dever ser atribuído a cada uma destas categorias.

[9] Conforme nota Miguel Teixeira de Sousa, *A legitimidade popular na tutela dos interesses difusos*, Lex, Lisboa, 2003, p. 33: «[...] enquanto os interesses difusos são exercidos ou defendidos no interesse da colectividade (*uti civis*), os interesses individuais respeitam, em exclusivo, a um ou a vários sujeitos e, por isso, são exercidos ou defendidos no interesse próprio dos seus titulares (*uti singulis*)».

Uma nota antes de prosseguirmos: estas clarificações apenas se tornaram realmente necessárias porquanto o texto constitucional passou a submeter à tutela através da acção popular a defesa dos consumidores. Ora, em rigor e apesar de poderem consubstanciar categorias muito amplas – tudo dependendo do bem de cujo consumo, em concreto, se trata – os consumidores são uma categoria ou classe. De forma tecnicamente rigorosa, o que estará em causa será a defesa não de um interesse difuso, qualquer que seja a qualificação se lhe queira dar, mas de um interesse de uma classe que é agregada em função de uma qualidade: ser-se consumidor e, mais ainda, consumidor de um concreto bem ou serviço.

A submissão da tutela dos consumidores à estrutura processual que é a acção popular acabou, assim, por contaminar as classificações que destes interesses se foram operando. Mas, conforme adiante melhor veremos, o facto de se submeter a tutela dos consumidores a esta estrutura processual, opção provavelmente assente na ausência de um outro modelo que pudesse responder à tutela dos interesses de classe, não irá significar um regime unitário de resposta. Nem tudo quanto se compreende quando em causa estará a defesa de um interesse verdadeiramente difuso se pode transpor sem adaptações para a tutela dos interesses de classe ou de categoria: o concurso entre o que transcende o indivíduo na tutela simultânea do interesse de classe e dos interesses individuais homogéneos não se encontra na tutela dos interesses difusos. E foi para estes que a acção popular foi pensada, não para os interesses de classe[10]. Suspeitamos, mesmo, que algumas das questões que nos foram dirigidas têm esta origem: as dificuldades de aplicação de um regime à tutela de uma realidade material para a qual ele não foi inicialmente pensado.

11. Deixada esta nota muito sumária quanto ao modo como observamos a razão da qualificação dos interesses dos consumidores como interesses difusos, e identificada já a eventual origem de um conjunto de perturbações que nomeadamente a concretização de pressupostos processuais como a legitimidade suscita, avançaremos seguindo, no essencial, o ensinamento de SÉRVULO CORREIA. De acordo com o Autor, os interesses

[10] *Cf.*, entre outros, JOSÉ DE OLIVEIRA ASCENSÃO, «A acção popular e a protecção do investidor», *Cadernos do Mercado de Valores Mobiliários*, nº 11, 2001, pp. 65-75 (pp. 70-2); JORGE MIRANDA, *Manual de Direito Constitucional*, IV, 5ª ed., Coimbra Editora, Coimbra, 2014, pp. 85 e ss..

difusos em sentido estrito consistem em situações materiais insusceptíveis de uma apropriação individual e de titularidade indivisível, sendo a sua dimensão «irredutivelmente supra-individual»[11].

O interesse colectivo ou interesse difuso em sentido amplo é uma refracção individualizada do interesse difuso. Trata-se, por um lado, de um interesse categorial ou de classe. Tal aspecto é, no entanto, insuficiente para a sua caracterização em termos precisos: mostra-se, além disso, necessário atentar na circunstância de os interesses colectivos carecerem de uma tutela institucional própria, «de um *ente esponenziale*, sem cuja intervenção tais interesses não podem ser defendidos na sua dimensão grupal»[12].

Os interesses individuais homogéneos são também uma refracção do interesse difuso ou colectivo, distinguindo-se daqueles por se tratar de interesses susceptíveis de individualização autónoma e de apropriação pelos respectivos titulares. A sua «homogeneidade» é meramente qualitativa, denotando, em regra, uma origem partilhada ou uma natureza comum. Para a recondução à categoria dos interesses individuais homogéneos não é, contudo, necessário que os interesses em causa tenham um valor ou uma extensão idênticos, não só porque a sua dimensão individual torna praticamente inevitável na generalidade das situações a existência de diferenças a esse nível, mas tam-

[11] José Manuel Sérvulo Correia, *Direito do Contencioso Administrativo*, Lex, Lisboa, 2005, pp. 651 e ss.. Esta não é a única conceptologia conhecida pela doutrina. Por exemplo, Miguel Teixeira de Sousa, *A legitimidade popular na tutela dos interesses difusos*, Lex, Lisboa, 2003, pp. 30 e ss., 46 e ss., distingue entre os interesses difusos, os interesses colectivos e os interesses individuais. Os interesses difusos são aqueles que «cabem a todos e a cada um dos membros de uma classe ou de um grupo, mas são insusceptíveis de apropriação individual por qualquer desses sujeitos»; são, portanto, interesses que «pertencem "a todos e a ninguém", porque os bens jurídicos a que se referem – como, por exemplo, o meio ambiente, o consumo ou a qualidade de vida – são de todos e não podem ser atribuídos em exclusividade a nenhum sujeito». Segundo Teixeira de Sousa, os interesses difusos não deixam de se concretizar também em situações jurídicas individuais, embora a dada um não caiba uma parte daquele interesse, mas o interesse como um todo, de que são titulares todos e cada um dos membros de um grupo ou de uma classe (cit., p. 23). O aspecto distintivo do interesse difuso seria a sua dúplice dimensão, individual e supra-individual, distinguindo-se por essa via dos interesses individuais e dos interesses públicos (estes correspondendo aos interesses gerais de uma colectividade). Na construção de Teixeira de Sousa, os interesses colectivos seriam uma subsespécie dos interesses difusos (interesses difusos *stricto sensu*), identificável pela circunstância de se reportarem a bens divisíveis.

[12] José Manuel Sérvulo Correia, *Direito do Contencioso Administrativo*, Lex, Lisboa, 2005, p. 652: a conexão entre a pessoa colectiva e o interesse colectivo não é de titularidade, mas funcional: «ela encontra-se submetida ao escopo institucional da respectiva defesa».

bém porque essa disparidade de feição quantitativa é também indiferente para a intenção normativa de sujeitar a uma disciplina unitária o feixe dos interesses pertencentes à mesma categoria.

12. Cumpre, agora, questionar: considerando a tipologia dos interesses referidos, quais podem ser tutelados através do meio processual *acção popular*?

A resposta a esta questão não é irrelevante nem linear. Por um lado, a *acção popular pode destinar-se a tutelar interesses difusos, interesses colectivos ou interesses individuais homogéneos*[13]. Por outro, porém, essa tutela será conferida, em cada conjunto típico de casos, sob a verificação de condicionalismos diversos e, sobretudo, mediante a sujeição a aspectos de regime específicos.

13. Na verdade, e apesar de essa divisão não encontrar apoio textual expresso na Lei de Acção Popular, não se deve confundir a acção popular tendente a proteger interesses difusos com a acção popular destinada à tutela de interesses colectivos, nem tão-pouco se deve supor que a ambas seja aplicável um regime unitário. As diferenças assinalam-se logo no plano do fundamento da legitimidade popular, uma vez que, relativamente aos interesses *stricto sensu*, o autor não age na qualidade de contitular do bem ou do interesse, mas no exercício de uma situação jurídica que lhe permite, ainda que de forma reflexa, o aproveitamento de certo tipo de benefícios materiais ou morais associados ao bem público em causa. Diversamente, a legitimidade popular para a tutela de interesses colectivos justifica-se, antes, pela circunstância de o autor ter uma certa qualidade que o integra no conjunto ou ser uma pessoa que tem como incumbência tutelar o interesse daquela categoria.

14. Uma das particularidades do nosso Sistema é a de regular conjuntamente num mesmo diploma realidades que, na sua estrutura, são substancialmente diversas: a tutela popular numa acepção estrita e a tutela colectiva. O facto de se poder afirmar que não se encontra previsto na lei portuguesa um regime especificamente vocacionado para a «acção colec-

[13] Jorge Miranda/Rui Medeiros, *Constituição Portuguesa Anotada*, Tomo I, Universidade Católica Editora, 2017, anot. artigo 52º, p. 754.

tiva», apta a resolver os «litígios em massa de todos os integrantes de uma específica categoria», não dispensa o intérprete-aplicador e o cientista do Direito do encargo de identificar na Lei de Acção Popular as possibilidades e os limites para uma acção destinada a assegurar a protecção de interesses de grupo ou de categoria, forjando a partir da aparência unitária da estrutura processual disposta na lei uma duplicidade de meios com âmbito e funcionalidade específicos.

15. Em face do que acabamos de afirmar, poder-se-ia colocar a questão: é lícito dizer-se que a Lei de Acção Popular compreende as pretensões à tutela de quaisquer interesses de classe? O passo seguinte consistiria em perguntar: estará a acção popular vocacionada para a prossecução dos interesses individuais de qualquer grupo de pessoas lesadas, contanto que o evento lesivo tenha uma fonte ou origem comuns (por exemplo, o mesmo comportamento da parte demandada)? No fundo, estará a acção popular ao serviço de quaisquer interesses egoístas, ainda que pela mediação de uma associação com o encargo de assegurar uma forma de representação institucional desses interesses?

Supomos que todas as questões enunciadas mereçam uma resposta negativa. O facto de os interesses colectivos poderem, de certa perspectiva, ser considerados interesses categoriais ou de classe não significa que todos os interesses de classe possam ser tutelados através da acção popular. Pelo contrário, os elementos que retiramos dos textos constitucionais e legais indiciam justamente que aquilo que justifica o recurso à acção popular não é apenas a estrutura categorial dos interesses em causa, mas também a relevância que esses interesses assumem no sistema axiológico-material da ordem jurídica. A tutela popular é materialmente justificada não pelo facto de os interesses em causa irradiarem sobre a esfera dos membros do grupo sob a forma de interesses individuais, mas, desde logo, porque, tomados com um todo, esses interesses assumem uma importância de ordem pública que excede o plano subjectivo-individual da mera compreensão atomística dos elementos que o compõem.

16. Esta resposta tem um lado reverso: sabendo-se que a tutela de interesses de massa nem sempre segue a estrutura da acção popular, haverá uma miríade de situações em que, pela dimensão dos sujeitos implicados, as demais estruturas previstas no nosso Sistema jurídico serão incapazes de

dar resposta. Se a acção popular, ou, de modo mais correcto, se a estrutura processual a que a lei deu a designação de acção popular apenas se pode aplicar aos conjuntos de casos expressamente previstos no artigo 52º, nº 3 da Constituição da República Portuguesa, pergunta-se: e todos os demais casos em que haja a necessidade de tutelar um conjunto alargado de sujeitos, a que estrutura processual de conhecimento se submetem? Há que ter presente, na resposta a esta interrogação, que a alternativa a uma estrutura de resposta colectiva será a constituição de litisconsórcios multitudinários, com quanta perturbação isto acarreta na instrução e julgamento de uma causa.

Porém, este conjunto de casos não integra o objecto da nossa análise, pelo que deixaremos apenas esta pista para ulterior reflexão.

17. Regressemos aos exemplos de que partimos acima, aqueles em que estará em causa a tutela de interesses difusos ou de interesses colectivos cujo conhecimento e decisão o comando constitucional entendeu dever submeter ao regime da acção popular.

Pensemos nos casos em que, num só processo, se cumula a tutela do interesse difuso com a tutela dos interesses individuais homogéneos. Se bem virmos, ao atribuir-se uma indemnização aos particulares lesados por um comportamento lesivo do ambiente, está-se simultaneamente a realizar a justiça correctiva no plano das relações jurídicas privadas entre lesante e lesados e a afirmar a protecção jurídica do ambiente como um bem jurídico reconhecido como fundamental para a comunidade. Só esta justificação permite compreender que, mau grado a sua estrutura aberta, o catálogo das «finalidades» típicas da acção popular no artigo 52º da Constituição da República Portuguesa se restrinja a interesses constitucionalmente protegidos e cuja tutela, de resto, constitui uma das tarefas fundamentais do Estado (artigo 9º, sobretudo als. d) e e), da Constituição da República Portuguesa). O próprio alargamento do campo de aplicação da acção popular à protecção de interesses colectivos, como ocorreu com a protecção do consumo e dos consumidores na revisão constitucional de 1997, sinaliza no plano jurídico-político a importância crescente destes valores na ordem social, assim se confirmando a ideia de que a acção popular não pode ser pensada sem uma dimensão pública, que advém da relevância comunitária dos interesses que ela se limita a servir[14].

[14] Na verdade, é justamente relativamente a bens como o consumo e o ambiente em que se torna mais notória a lógica de complementaridade entre o interesse colectivo e os interesses

18. Estamos agora em condições de concluir que a acção popular pode servir para tutelar interesses difusos e certos interesses colectivos. Podemos, porém, concluir também que nem todos os interesses individuais homogéneos podem ser tutelados através deste meio processual. Na medida em que os interesses individuais homogéneos não forem a refracção de um interesse colectivo fundamental, mas apenas de um interesse de classe, o meio adequado para tutelá-los, como já se antecipou, não pode ser a acção popular; estaremos face a casos de litisconsórcio multitudinário ou de coligação. Em contrapartida, quando o pedido formulado pelo autor consistir na tutela de um dos interesses colectivos para o qual a lei admite a acção popular, é inquestionável que essa acção popular servirá também, e num regime de cumulação objectiva, para a tutela dos interesses individuais homogéneos, como ocorre, por exemplo, quando seja requerida a reparação dos danos sofridos[15].

19. Isto dito, regressemos à questão basilar que consiste em saber se, à luz do Direito português, o *private enforcement* do direito da concorrência pode ser assegurado através da acção popular e, em caso afirmativo, se o regime aplicável a essa acção é aquele que encontramos genericamente previsto na Lei de Acção Popular. A resposta a ambas as questões é afirmativa, por diferentes ordens de razão. Desde logo, essa é a solução que se extrai directamente do nº 1 do artigo 19º da Lei do *Private Enforcement*, que não apenas permite, de forma expressa, a aplicação da Lei de Acção Popular, como explicita que a acção popular tem então como objecto o pedido de indemnização dos danos causados através da infracção do direito da concorrência. Não parece, aliás, facilmente compatível com a Lei a tese segundo a qual o *private enforcement* não pode realizar-se na ordem jurídica portuguesa através da acção popular, tão-pouco aquela outra que sus-

individuais homogéneos. Miguel Teixeira de Sousa, *A legitimidade popular na tutela dos interesses difusos*, Lex, Lisboa, 2003, pp. 141-2.

15 Além da formulação assaz clara da parte final do nº 3 do artigo 52º da Constituição da República Portuguesa («incluindo o direito de requerer para o lesado ou lesados a correspondente indemnização»), não seria possível compreender as proposições da Lei de Acção Popular relativas ao direito à indemnização (inclusivamente, dos lesados não identificados na acção) no pressuposto de que a acção popular não pudesse ter como objecto o pedido de reparação pelos danos individualmente sofridos pelos titulares dos interesses colectivos em causa (artigo 22º da Lei de Acção Popular).

tenta que, sendo a acção popular genericamente aplicável para a tutela do direito privado da concorrência, não seria possível obter a reparação dos danos consequentes à prática anticoncorrencial através da acção popular.

20. Uma forma possível de argumentar contra a aplicabilidade da Lei de Acção Popular consistiria em afirmar que, no tocante à formulação de pedidos indemnizatórios, a aplicação daquele regime estaria reservada ao ressarcimento de danos que fossem totalmente homogéneos, não apenas na sua natureza, mas igualmente no seu montante. Conforme referimos, essa orientação pressuporia o acolhimento de uma concepção excessivamente restrita de interesses individuais homogéneos. Não se teria, então, em conta que o surgimento e o montante dos danos dependem da circunstância concreta do lesado (artigo 562º do Código Civil) e que a lógica essencialmente igualatória da responsabilidade civil conduz a que as pretensões indemnizatórias individuais sejam, por isso, diversas quanto ao seu objecto e à sua extensão. O entendimento contrário levaria, por sua vez, à consequência prática de *inutilizar o alcance prático da acção popular* para a tutela indemnizatória de interesses colectivos, uma vez que só numa hipótese meramente imaginada se poderia supor que a lesão daqueles interesses prejudicasse todos os respectivos titulares em igual medida.

A orientação que rejeita a admissibilidade da acção popular para a tutela de interesses individuais qualitativamente homogéneos, mas quantitativamente heterogéneos seria, por outra razão também, *desconforme à lei*, que, no nº 3 do artigo 22º da Lei de Acção Popular, determina que o cômputo das indemnizações devidas aos lesados identificados na acção deve seguir as regras gerais relativas à responsabilidade civil. Seria, por isso, incompreensível que a acção popular devesse ser julgada inadmissível pela circunstância de as pessoas nela identificadas como lesadas tivessem sofridos danos comprovadamente com um valor diverso. A consequência seria a de obrigar esses lesados a conformarem-se com a propositura de acções comuns de responsabilidade, para que nelas fossem individualmente formuladas as pretensões indemnizatórias respectivas. Foi precisamente do cumprimento desse ónus, e do custo desproporcionado que ele normalmente implica, que os legisladores, constitucional e ordinário, pretenderam dispensar os particulares lesados pela infracção do interesse colectivo.

21. O que escrevemos não pretende significar que a acção popular seja incompatível com um certo grau de abstracção e de objectivação no cômputo das indemnizações devidas. Pelo contrário, o facto de a lei admitir a fixação da indemnização devida em termos globais já permite concluir o contrário, *i.e.*, que é compatível com o Sistema uma indemnização que não seja estritamente arbitrada de acordo com o dano real e concreto sofrido por cada lesado.

Note-se, no entanto, que esse desvio relativamente ao cálculo subjectivo e concreto da indemnização que resulta das regras gerais do direito da responsabilidade civil se encontra especificamente previsto quanto aos *lesados não identificados na acção*, o que permite compreender que o fundamento desta solução se reconduz fundamentalmente à necessidade de assegurar a *praticabilidade da acção popular* e, em última análise, a *efectividade da tutela* jurisdicional dos interesses colectivos atingidos[16]. Em qualquer caso, não deixamos de sublinhar que o facto de a indemnização poder ser fixada em termos globais está longe de demonstrar que os interesses individuais que ela pretende servir sejam idênticos no respectivo *quantum* ou extensão. Não tem efectivamente de ser assim, na medida em que o recurso a critérios de pendor objectivo ou abstracto para fixar a indemnização devida em termos globais naturalmente não significa que devam ser idênticos ou equivalentes no seu valor os créditos indemnizatórios de cada um dos concretos lesados que vier a ser identificado e a exercer o seu direito[17].

No contexto específico do *private enforcement,* aliás, prevê-se expressamente que o montante arbitrado a título de indemnização global seja, depois, repartido pelos lesados que, ***entretanto,*** forem identificados, ***proporcionalmente*** aos danos sofridos por cada um deles. Com isto, a lei distancia-se de uma lógica de repartição igualitária, confirmando, do mesmo passo, que a homogeneidade dos interesses individuais tutelados na acção

[16] Neste sentido, Miguel Teixeira de Sousa, *A legitimidade popular na tutela dos interesses difusos*, Lex, Lisboa, 2003, pp. 171 e ss..

[17] Assim, por hipótese, no caso dos danos globalmente sofridos pelos consumidores em razão da venda de um bem ou da prestação de um serviço defeituoso, a indemnização que vier a ser concretamente atribuída a cada um dos consumidores lesados que vier a exercer posteriormente o seu direito na acção pode variar em razão dos elementos que na sentença forem fixados como critérios de liquidação do dano (como o período de subscrição do serviço, o momento em que a coisa foi adquirida, o número de coisas compradas, o preço vigente no momento da celebração do contrato, entre outros).

popular (qualquer que seja o seu escopo) não pressupõe uma relação de equivalência ou de identidade de objecto.

22. Se não existem razões para supor que, em geral, a acção popular possa ter por fim a tutela de interesses individuais homogéneos, ainda que o objecto ou o valor desses interesses possam ser diversos, essa conclusão deve valer quando a acção popular se destinar a assegurar a reparação dos danos causados por infracções ao direito da concorrência. Na verdade, a lógica fundamental do *private enforcement* é, justamente, a de afirmar a validade do direito da concorrência e de prevenir as práticas anticoncorrenciais através da reparação dos prejuízos que tais práticas vierem a causar a terceiros. O direito da responsabilidade civil só pode assumir o papel de uma «segunda pista» de efectivação do direito da concorrência, ao lado do direito sancionatório público, no pressuposto de que os todos os danos reais e de todos os lesados possam ser reclamados na acção de *private enforcement.* A reparação meramente parcial dos danos sofridos pelos consumidores nos mercados onde se tiver registado a infracção traduz-se num incentivo (para os agentes em causa e para quaisquer outros na mesma posição) à adopção de comportamentos anticoncorrenciais no futuro. Essa a razão pela qual se impõe – em grande medida, aliás, de forma redundante – que a obrigação de indemnização fundada na violação das normas do direito da concorrência deve ser integral, por forma a colocar o lesado na situação em que estaria se a infracção ao direito a concorrência não tivesse sido cometida, e a abranger os danos emergentes, lucros cessantes e os juros vencidos sobre a quantia indemnizatória em dívida (artigo 3º da Directiva nº 2014/104/TUE e artigo 4º da Lei do *Private Enforcement*).

23. Em virtude do que acabamos de expor, é lícito concluir que o propósito de fazer da obrigação de indemnização dos danos o garante da eficácia do direito da concorrência pressupõe a *indissociabilidade,* normativa e prática, entre o *interesse público no regular funcionamento dos mercados* e na *protecção dos consumidores* e os *interesses individuais* dos agentes e consumidores que, intervindo no mercado relevante, tenham sofrido danos em resultado de uma prática anticoncorrencial.

Ora, caso se entendesse que, por terem esses interesses um objecto ou valor diverso, não poderiam ser tutelados através da Lei de Acção Popular, a consequência seria a de que, no Direito português, o *private enforcement* só poderia ser prosseguido através da tutela individual das pessoas lesadas pela infracção do direito da concorrência.

E, pergunta-se, que razão substantiva militaria neste sentido? Porque deveriam ser inadmissíveis as acções populares apenas e porque os danos sofridos por concretos consumidores são distintos? Que racionalidade teria um sistema que permitisse apenas a tutela numa estrutura de massas do que é absolutamente igual, inviabilizando a aplicação da mesma estrutura ao conhecimento daquilo que, sendo absolutamente igual no essencial, diverge no que não é determinante? O facto de os valores dos danos poderem ser diferentes prejudica o conhecimento e decisão, pelo tribunal, da existência de um ilícito culposo e da verificação de um dano, ainda que por amostragem numa fase liminar e dependente de ulterior quantificação ou rigorosa quantificação?

24. E há mais uma pergunta: afirmar que através da acção popular apenas podem ser reprimidos actos violadores de concorrência quando todos os consumidores tenham sofrido danos exactamente iguais seria compatível com o Direito da concorrência, mais concretamente com o *princípio da efectividade* que é o princípio reitor do *private enforcement*? A mesma questão pode colocar-se: seria tal solução compatível com o direito fundamental de acesso à justiça (artigo 20º, nº 1 da Constituição da República Portuguesa, artigo 6º da Convenção Europeia dos Direitos do Homem e artigo 47º da Carta de Direitos Fundamentais da União Europeia)?

É certo que a Directiva nº 2014/104/TUE não impõe explicitamente aos Estados-membros qualquer dever de adopção de um meio de tutela colectiva para assegurar a observância do direito da concorrência[18]. Poderia, por isso, pensar-se que qualquer Estado-membro fosse livre para acolher um modelo institucional para o *private enforcement* que compreendesse exclusivamente formas de tutela com uma estrutura individualizada ou colectiva naquilo que para todos é igual: a mera verificação da existência de um acto contrário ao direito da concorrência. E poderia acrescentar-se, até, que a intenção de não forçar os Estados-membros a acolher uma forma de tutela colectiva do *private enforcement* acabaria por ter de algum

[18] A Directiva nº 2014/104/UE não compreende qualquer preceito relativo à acção colectiva, limitando-se o artigo 2º, 4), a incluir na definição de «acção de indemnização» a acção proposta por alguém que actue «em nome de uma ou mais partes lesadas».

modo confirmação na circunstância de o direito da concorrência não ter sido incluído no âmbito de aplicação da nova Directiva nº 2020/1828 (a Directiva da tutela colectiva dos interesses dos consumidores).

Mas através da sua Recomendação de 11 de Junho de 2013, e no seguimento da publicação do Livro Verde sobre acções de indemnização no domínio *antitrust*, de 2005, e do Livro Branco que incluía propostas neste domínio, em 2008, a Comissão veio instar os Estados-membros a criarem meios de tutela colectiva que se destinassem a prevenir e impedir práticas ilícitas, assim como a assegurar a possibilidade de se obter compensação pelo prejuízo causado em situações de dano em massa, com isso promovendo um efectivo acesso à justiça e a aplicação coerente do Direito da União Europeia, com menção expressa ao direito da concorrência[19].

25. Na verdade, e apesar da ausência de uma regulação específica no texto da Directiva nº 2014/104/UE, parece-nos, no mínimo, *muito duvidoso* que a limitação do *private enforcement* aos meios de tutela individual previstos na lei processual comum constitua uma solução conforme com o *princípio da efectividade*. Basta para tanto verificar que são escassas as acções de *private enforcement* propostas directamente pelos lesados (individualmente ou em coligação)[20] e que a maioria das acções propostas com a finalidade de reparar os danos causados por infracções do direito da concorrência – tanto na ordem jurídica portuguesa, como noutras ordens jurídicas –, são hoje acções de tipo colectivo[21]. É, de resto, muito significativo que,

[19] Na citada Recomendação, contemplam-se como formas possíveis de tutela colectiva as acções de grupo, fundadas no princípio da adesão, e as acções representativas, sujeitas aos princípios da representação colectiva e do direito de auto-exclusão dessa representação, embora a Comissão tenha expressado, no domínio das acções colectivas inibitórias, uma preferência pela primeira modalidade, como se extrai do parág. 21 (exigindo que o desvio ao princípio da adesão se baseie em razões de boa administração da justiça).

[20] V. as indicações sobre a jurisprudência portuguesa em LEONOR ROSSI/MIGUEL SOUSA FERRO, «Private Enforcement of Competition Law in Portugal (II): *Actio popularis* – facts, fictions and dreams», *Revista de Regulação & Concorrência*, 4, 2013, pp. 35-87.

[21] Ainda que a experiência recente do cartel dos camiões tenha alterado a estatística, deve registar-se, em primeiro lugar, que estas acção são instauradas sempre com a mesma causa e contra o mesmo agente económico, tipicamente por não consumidores. Estas acções também permitem constatar que, não obstante a vigência de regras em matéria de custas que promovem a propositura de acções, ainda assim se tem revelado necessário o recurso ao financiamento por terceiros.

em sede de transposição da Directiva, enquanto certos Estados estenderam os modelos de tutela colectiva que já conheciam ao *private enforcement* (é o caso da Alemanha, por exemplo), outros decidiram mesmo introduzir nesta matéria um modelo de tutela colectiva assente numa lógica de legitimidade representativa, por forma a assegurar uma maior eficácia na realização dos propósitos político-legislativos do Direito europeu da concorrência (como aconteceu com a Bélgica e o Reino Unido).

Por outras palavras, o estado actual da discussão no espaço europeu não é o de saber se deve ou não haver tutela colectiva do direito privado da concorrência, mas antes o de saber qual, na alternativa entre o *opt-in* e o *opt-out*, o *modelo mais adequado* e *coerente* com as normas e os princípios do Direito europeu. Nesta perspectiva, e após um longo debate interno, o Reino Unido acabou por instituir um modelo *opt-out*, influenciado não tanto pela experiência norte-americana como pela de outros Estados-membros, como a Holanda, a Suécia, a Dinamarca e, justamente, Portugal.

26. Consciente do problema da «apatia racional» dos consumidores, bem como do insucesso da experiência das acções fundadas no princípio da adesão, a doutrina há muito salienta as vantagens comparativas da lei portuguesa, invocando em seu favor, entre outros aspectos, a amplitude do escopo protector que nela é pragmaticamente assumido, a regra da legitimidade representativa e a existência de mecanismos de garantia da equidade processual e da prevenção dos comportamentos processualmente abusivos[22]. Também por esta razão causaria estranheza que, numa

[22] V., entre muitos, José Manuel Sérvulo Correia, «The effectiveness and limitations of the portuguese system of competition law enforcement by administrative and civil procedure means», *in Competition Law and Economics: Advances in Competition Policy Enforcement in the EU and North America*, Abel M. Mateus/Teresa Moreira (ed.), Edward Elgar Publishing, 2010, pp. 85-124; Sofia Oliveira Pais/Anna Piszcz, «Package on Actions for Damages based on Breaches of EU Competition Rules: Can One Size Fit All?», *Yearbook of Antitrust and Regulatory Studies*, vol. 7, 10, 2014, pp. 209-234; Sofia Oliveira Pais, «Private Antitrust Enforcement: a New Era for Collective Redress?», *Yearbook of Antitrust and Regulatory Studies*, vol. 8, 12, 2015, pp. 11-32 (dando exemplo de uma acção de grupo indemnizatória proposta no Reino Unido por uma associação de defesa dos consumidores que representa 130 lesados, na qual o tribunal deu como provado que o ilícito concorrencial afectara mais de dois milhões de consumidores, e uma outra em França, uma acção *follow-on* de uma decisão da autoridade de concorrência em que se estimava que a prática ilícita assumida por três operadoras de telecomunicações teria tido um impacto económico em mais de vinte milhões

altura em que outras ordens jurídicas se inclinam para acolher uma regra de legitimidade representativa do tipo da portuguesa e inspirando-se na solução portuguesa como instrumento para assegurar o *private enforcement* do direito da concorrência, se procurasse, por via interpretativa, fazer tábua rasa da opção que o legislador também expressou de forma assaz clara, no sentido de admitir a propositura de acções populares com o fim de obter a reparação dos danos provocados pela adopção de práticas anti-concorrenciais.

27. Nada de propriamente inovador deve ser apontado ao entendimento que vimos defendendo. Na verdade, a jurisprudência dos tribunais portugueses tem vindo a sustentar as duas teses principais que apresentámos: a tese de que os interesses individuais homogéneos que a acção popular pode ser chamada a prosseguir não precisam de ter um objecto equivalente ou co-extenso; e, sobretudo, a tese de que o *private enforcement* pode ser tutelado, sob uma forma colectiva, através da acção popular.

Relativamente à primeira questão, cumpre sublinhar que é recorrentemente reconhecida pelos nossos tribunais a admissibilidade de uma acção popular tendente à satisfação de interesses individuais com valor distinto entre si. Ocorre citar o célebre Acórdão proferido pelo Supremo Tribunal de Justiça em 17 de Fevereiro de 1998[23], no qual se reconheceu a legitimidade da DECO para a propositura de uma acção popular para a protecção do interesse colectivo dos consumidores na satisfação dos seus interesses económicos na prestação de serviços de telecomunicações. No caso concreto, a autora popular pedia a condenação do prestador de serviços na restituição do valor global das quantias indevidamente cobradas por um prestador de serviços de telecomunicações, em consequência da alteração unilateral dos enunciados aplicáveis aos contratos que celebrara. A circunstância de os créditos restitutórios divergirem de consumidor para consumidor em razão das quantias que cada um tivesse prestado sem que para tal estivesse obrigado não foi considerada como impeditiva da procedência do pedido: cada consumidor reclamaria junto do fundo o crédito respectivo.

de consumidores, apesar de apenas cerca de 12.000 terem aderido à acção de grupo); MIGUEL SOUSA FERRO, «Collective Redress: Will Portugal Show the Way?», *Journal of European Competition Law & Practice*, vol. 6, issue 5, 2015, pp. 299-300.

[23] CJ, 1998, pp. 94 e ss..

Pouco tempo antes, havia o Supremo considerado aplicável a acção popular num outro caso em que era patente a natureza quantitativamente diversa dos interesses individuais homogéneos que se pretendiam satisfazer no processo: tratava-se de uma acção proposta pela Associação de Consumidores de Portugal (ACOP) contra a Portugal Telecom, S.A., também pedindo a condenação desta última no cumprimento de diversas prestações. Entre elas, contava-se a restituição de quantias cobradas indevidamente a título de prestação antecipada de uma taxa mensal de assinatura telefónica, a qual era, em regra, de 1.850 escudos, mas também os montantes que alguns dos consumidores tivessem tido de pagar à ré a título de taxa devida pela cessação do serviço ("corte de telefone")[24].

Apesar de as instâncias e o Supremo Tribunal de Justiça terem entendido as situações jurídicas dos consumidores como direitos à indemnização – qualificação que nos merece as maiores reservas – o essencial é notar que tais situações jurídicas foram reconduzidas à figura dos interesses individuais homogéneos, com o argumento de que se tratava de «interesses polarizados em aglomerados de titulares paralelamente justapostos». Isto apesar de os créditos de cada um dos consumidores, como dissemos, não terem um objecto precisamente idêntico entre si.

28. A segunda observação com relevância para os problemas que nos ocupam é que nessa decisão o Supremo Tribunal reafirmou a tese segundo a qual a Lei de Acção Popular é aplicável à satisfação (designadamente, por via indemnizatória) de interesses individuais homogéneos e que nela têm legitimidade activa para requerer a tutela desses interesses individuais (dos direitos subjectivos à reparação) as associações que representem de forma categorial os respectivos titulares.

29. Tem certamente um relevo ainda maior para a resolução dos problemas em apreciação a circunstância de os nossos tribunais já se terem pronunciado favoravelmente à admissibilidade da acção popular para o exercício do direito à reparação dos danos sofridos por consumidores em consequência de infracções ao direito da concorrência. Referimo-nos ao recente Acórdão do Tribunal da Relação de Lisboa de 4 de Dezembro de

[24] Acórdão do Supremo Tribunal de Justiça de 23 de Setembro de 1997, *Boletim do Ministério da Justiça*, nº 469, 1997, p. 432.

2018[25]. O reconhecimento de que a acção popular pode entre nós constituir um meio processual de assegurar o direito dos consumidores à reparação dos danos provocados através de práticas anticoncorrenciais é particularmente relevante pelo facto de ele constar de uma decisão proferida *antes mesmo de ter entrado em vigor* a Lei do *Private Enforcement*. Deste aresto pode efectivamente retirar-se a conclusão de que a remissão que o artigo 19º desta Lei opera para a Lei de Acção Popular constitui pouco mais do que a confirmação da justeza do resultado interpretativo que já se devia retirar dos artigos 52º da Constituição da República Portuguesa e 1º da própria Lei de Acção Popular.

Discutia-se, ali, qual a concreta natureza dos interesses que estariam a ser prosseguidos numa acção popular proposta por uma associação com o fim de defender a concorrência e o bem-estar dos consumidores (no caso concreto, o Observatório da Concorrência) em que fosse pedida uma indemnização pelos danos que os consumidores tivessem sofrido em resultado de um conjunto de práticas anticoncorrenciais, imputadas à demandada. Distanciando-se do entendimento sustentado pela ré, e que teve provimento na decisão proferida em primeira instância, o Tribunal da Relação de Lisboa entendeu que, em razão da concreta configuração que fora dada ao objecto do processo, aquela acção popular não se destinava apenas a atender aos interesses individuais homogéneos, mas também, e de forma concomitante, aos interesses difusos (*lato sensu*) da defesa da concorrência e da protecção do consumo. Na linha de um entendimento já sedimentado na jurisprudência, considerou-se também que a Lei de Acção Popular pode servir tanto a tutela dos interesses difusos *stricto sensu*, como a defesa dos interesses difusos *lato sensu* (interesses colectivos) e interesses individuais homogéneos.

30. Estamos, pois, em condições de concluir que, à luz do Direito português, a acção popular pode ter como fim a reparação dos danos sofridos por uma categoria indeterminada de pessoas atingidas através da adopção de práticas anticoncorrenciais. Numa acção popular com esse objecto, a tutela jurisdicional requerida incide, de forma simultânea e concomitante, sobre os interesses colectivos da protecção da integridade e da funcionalidade

[25] Acórdão do Tribunal da Relação de Lisboa de 4 de Dezembro de 2018, Processo nº 7074/15.8T8LSB.L1-1.

dos mercados e da protecção do consumo, e sobre os interesses individuais dos agentes que, participando no mercado, hajam sido concretamente prejudicados. A circunstância de os danos sofridos por cada consumidor terem um diferente objecto ou emergirem de uma circunstancialismo espácio-temporal diverso não obsta à sua sujeição a uma disciplina unitária quando resultem de uma mesma prática anticoncorrencial, nem afecta a possibilidade da sua reparação através da acção popular indemnizatória. O entendimento contrário não só se mostra incompatível quer com a intenção da lei, claramente manifestada no artigo 19º da Lei do *Private Enforcement*, quer com a experiência da aplicação jurisprudencial da Lei de Acção Popular, como coloca em causa o «imperativo de optimização» da efectividade do Direito concorrência e, com isso, o Direito europeu.

§3
A legitimidade das Associações de Defesa do Consumidor para a propositura de acções populares de *private enforcement*

3.1. A associação de defesa dos consumidores como uma parte por incumbência e o âmbito subjectivo da sua legitimidade popular

31. Chegados à conclusão de que a Lei de Acção Popular é aplicável às acções de *private enforcement* propostas pelas Associações de Defesa dos Consumidores, cumpre, agora, saber, à luz do Direito vigente, como se configura a legitimidade processual activa nessas acções. Esta questão obriga a considerar, em primeiro lugar, os critérios aferidores da legitimidade activa na acção popular. Uma vez identificados esses critérios e fixado o respectivo significado, importa indagar sobre se da sua aplicação resulta a legitimidade ou a ilegitimidade das associações de defesa dos consumidores para a propositura de acções populares indemnizatórias tendentes a obter a reparação dos danos sofridos por consumidores em consequência da violação do direito da concorrência.

32. Nos termos do artigo 52º, nº 3 da Constituição da República Portuguesa, o direito de acção popular deve poder ser exercido, quer pessoalmente, quer através de uma *associação de defesa dos interesses* difusos ou colectivos *em causa*. Esta imposição surge concretizada na lei ordinária, no artigo 2º, nº 1 e no artigo 3º da Lei de Acção Popular. Resulta destes preceitos que, além de qualquer cidadão no gozo dos seus direitos civis e políticos, são também titulares do direito de acção popular as associações ou fundações defensoras de algum dos interesses difusos ou colec-

tivos susceptíveis de serem tutelados através da acção popular (*cf.* artigo 1º, nº 2 da Lei de Acção Popular e artigo 31º do Código de Processo Civil), entre os quais se conta o interesse *na protecção do consumo de bens e serviços*, acrescentando-se: independentemente de tais associações ou fundações terem ou não um interesse directo na acção.

33. A legitimidade das associações de defesa dos interesses dos consumidores para propor acções populares, tendentes à obtenção de uma reparação dos danos sofridos por estes sofridos, foi reafirmada pela Lei do *Private Enforcement* (artigo 19º, nº 2)[26], a qual, conforme vimos, clarificou o espectro dos interesses difusos susceptíveis de serem tutelados através da acção popular, por forma a abranger inequivocamente o interesse na *protecção da concorrência no mercado.*

Antes de analisarmos os critérios aferidores da legitimidade popular e, em especial, os critérios aferidores da legitimidade popular para a propositura de acções de *private enforcement*, importa sublinhar alguns aspectos prévios quanto ao sentido e à natureza dogmática da legitimidade popular das associações de defesa de interesses colectivos. Com efeito, esta parece impor um certo desvio à lógica tradicional da legitimidade, uma vez que tais associações deduzem, na acção popular, pedidos que, a serem julgados procedentes, produzem os respectivos efeitos na esfera de pessoas que não são parte na acção popular e não na esfera jurídica própria (artigo 19º, nº 1 da Lei de Acção Popular).

34. Mas nada disto impressiona na configuração do pressuposto processual. É por razões de simplicidade que se afirma que parte legítima é o alegado titular da situação jurídica controvertida. Porém, esta conclusão reflecte apenas parte do esquema determinativo da legitimidade no direito português. Sobre este problema nos pronunciámos, logo em 1992, quando analisámos o artigo 271º do anterior Código de Processo Civil (correspondente ao artigo 263º do Código actual) em conexão com a legitimidade

[26] O artigo 19º, nº 2 da Lei do *Private Enforcement* emprega uma terminologia não exactamente coincidente com a da Lei de Acção Popular e do Código de Processo Civil, aludindo a «associações e fundações que tenham por fim a defesa dos consumidores», ao invés de «associações e fundações defensores dos interesses dos consumidores», mas não parece poder retirar-se da diferença de formulação qualquer consequência útil.

substitutiva[27]. Na interpretação desta regra, não pode o aplicador esquecer que ela se constrói em torno de um critério central: tem legitimidade para a causa aquele que tem interesse directo em demandar, sendo parte passiva legítima quem tem interesse directo em contestar. Este o critério primário atributivo de legitimidade.

Porém, tantas são as razões para a determinação da legitimidade processual que no nº 3 daquela regra se dispensa o aplicador da aferição casuística de quem interesse directo em demandar ou em contradizer, dispondo-se um critério relativamente inequívoco para o preenchimento do pressuposto. Aí se diz que, na falta de indicação da lei em contrário, têm legitimidade para a causa os alegados titulares da relação material controvertida. A coincidência entre os alegados titulares e aqueles que devem ser partes, é somente, uma das razões da legitimidade processual. Porém, e sempre que a lei dispuser em sentido diverso – e tantas e tantas são as situações em que assim ocorre –, legitimidade terá aquele a quem a lei a conceder. E, logo no artigo 31º do Código de Processo Civil, a lei concede legitimidade a qualquer cidadão no gozo dos seus direitos civis e políticos, às associações e fundações defensoras dos interesses em causa, às autarquias locais e ao Ministério Público quando em causa está a tutela de interesses difusos.

Mas progridamos por passos menos apressados, a fim de tudo quanto aqui se escrever se poder considerar devidamente fundamentado.

35. Em primeiro lugar, cumpre referir que na acção popular de *private enforcement* proposta por uma associação de defesa dos interesses de consumidores é a própria associação que figura como parte processual. Esta a primeira consequência que decorre da adopção de um *conceito formal de parte*, segundo o qual esta corresponde ao sujeito da relação jurídica processual[28]. Por agir pessoalmente e em nome próprio no processo, é forçoso

[27] O estudo, inicialmente publicado em 1992, deu origem a um segundo texto: PAULA COSTA E SILVA, *Repensando a transmissão da coisa ou direito em litígio – Ainda um contributo para o Estudo da Substituição Processual (Uma segunda Edição?)*, Coimbra Editora, Coimbra, 2009, *passim*, esp. pp. 125 e ss..

[28] PAULA COSTA E SILVA, *Repensando a transmissão da coisa ou direito em litígio – Ainda um contributo para o Estudo da Substituição Processual (Uma segunda Edição?)*, Coimbra Editora, Coimbra, 2009, pp. 134 e ss., Id., «A administração e a parte por incumbência», *Cadernos de Justiça Administrativa*, 120, Nov.-Dez. 2016, pp. 28-34 (p. 28: «parte não é o sujeito da relação sobre a qual se fala num processo; parte é simplesmente aquele que, num processo fala em nome próprio»).

concluir também que é a associação a titular das situações jurídicas processuais que se constituem, modificam e extinguem ao longo da acção (direitos, deveres, ónus, expectativas) e que é na sua esfera que se repercutem os efeitos típicos dos actos que nela vier a praticar. Entre a associação de defesa dos consumidores e os consumidores que, na perspectiva da relação jurídica material, forem os legítimos titulares dos interesses defendidos na acção, não existe, por isso, uma representação em sentido próprio.

36. Ao mesmo tempo, é, porém, inegável que a associação de defesa dos interesses dos consumidores não é a titular das situações jurídicas referidas à relação material controvertida; e é nessa qualidade que actua em processo, formulando uma pretensão indemnizatória de que afirma não ser titular[29]. Ela tem, por isso, que ocupar uma posição essencialmente neutra por referência aos efeitos jurídicos que tipicamente resultam da decisão que confere a tutela jurídica requerida.

Contudo, se não existisse um título legitimador – por exemplo, um negócio jurídico, como o contrato de mandato ou a autorização (artigo

[29] Na verdade, a obtenção de uma decisão favorável não se traduz no reconhecimento de um direito próprio da parte à prestação indemnizatória: o crédito do autor da acção popular encontra-se funcionalizado à satisfação dos interesses de sujeitos que são terceiros na acção. A situação jurídica reconhecida ao autor compreende-se melhor da perspectiva da *competência para exigir* a prestação indemnizatória ao autor da conduta anticoncorrencial do que da *titularidade do direito* a essa prestação. A dissociação entre a faculdade de exigir processualmente a prestação reparatória dos interesses dos consumidores e a titularidade do direito a essa prestação reparatória transparece também claramente do regime jurídico do *private enforcement*. Da leitura do artigo 19º da Lei do *Private Enforcement* infere-se a necessidade de distinguir entre:
(i) a pessoa legitimada para intentar a acção de indemnização por infracção ao direito da concorrência (artigo 19º, nº 2);
(ii) a pessoa responsável pela recepção, gestão e pagamento das indemnizações devidas (artigo 19º, nº 6), a qual pode coincidir ou não com a entidade a que refere o ponto anterior;
(iii) os titulares dos créditos indemnizatórios em causa, os quais podem estar individualizados na decisão condenatória ou não.
Quer o autor da acção popular de *private enforcement* (i), quer a entidade designada pelo tribunal para receber, gerir e pagar as indemnizações devidas (ii) actuam *em nome próprio*, embora no *interesse* e *por conta* dos consumidores lesados pelas práticas lesivas do direito da concorrência. Do ponto de vista substantivo, a posição da entidade gestora (ii) aproxima-se do mandatário no mandato sem representação, no sentido de que o seu direito relativamente à prestação indemnizatória devida pela lesão de interesses colectivos assume um cariz fiduciário e instrumental à satisfação das situações jurídicas individualizadas de cada um dos titulares dos titulares dos interesses colectivos atingidos.

14º da Lei de Acção Popular) – os efeitos jurídicos que definem os pedidos formulados tão pouco poderiam atingir a esfera jurídica de terceiros. É a Lei de Acção Popular que confere o título de legitimação necessário, ainda que a coberto de uma menção expressa ao fenómeno representativo: ao dispor que o autor «representa, por iniciativa própria» todos os titulares dos direitos ou interesses em causa, e ao prever que os efeitos das decisões transitadas em julgado «abrangem os titulares dos direitos ou interesses que não tiverem exercido o direito de se autoexcluírem da representação» (artigo 19º, nº 1 da Lei de Acção Popular).

O facto de a parte da acção popular agir na acção em nome próprio – ainda que no interesse e por conta de terceiros – obriga, no entanto, a duvidar do rigor dogmático da expressão da lei[30].

37. As ideias que acabamos de expor permitem já extrair duas conclusões. A circunstância de a associação de defesa dos interesses de consumidores poder ser parte da acção popular apesar de não ser parte da relação material controvertida não pode ser explicada através da representação processual, uma vez que a associação litiga naquela acção em nome próprio. A segunda conclusão é a de que este problema se coloca antes ao nível da legitimidade, havendo, nesse plano, que reconhecer àquele que requer a tutela para uma situação jurídica de que alega não ser titular uma legitimidade de cunho específico.

Torna-se inevitável uma imediata aproximação à figura da *substituição processual*[31]. Uma vez que a autora age em nome próprio por direito alheio, é ela que surge como ponto de referência de todos os efeitos processuais da relação adjectiva. Em contrapartida, não sendo ela o sujeito da relação material controvertida, o ponto de referência dos efeitos materiais do processo jamais pode ser ela própria, mas antes os terceiros por ela subs-

[30] Note-se, no entanto, que além de o intérprete-aplicador não se encontrar vinculado às opções expressadas pelo legislador no tocante ao enquadramento jurídico das soluções vigentes, a própria formulação legal abre espaço à dúvida, uma vez que não se pode deixar de reconhecer, logo na epígrafe do artigo 14º da Lei de Acção Popular, a «especialidade» do regime relativo à «representação» dos titulares dos interesses colectivos na acção popular.

[31] José Robin de Andrade, *A Acção Popular no Direito Administrativo Português*, Coimbra Editora, Coimbra, 1967, pp. 132 e ss., entendendo o autor de uma acção popular substitutiva como um substituto processual da administração que não tiver promovido através dos órgãos próprios a defesa dos bens ou dos interesses públicos.

tituídos na acção[32]. Os destinatários dos efeitos jurídicos resultantes da decisão transitada em julgado são, por isso, os consumidores lesados, os quais surgem substituídos na acção popular pela associação de defesa dos consumidores no exercício da situação jurídica individual atinente à reparação dos danos sofridos.

38. Para que se verifique uma situação de substituição processual alguns pressupostos devem estar verificados[33]. Desde logo, é necessário que exista uma razão justificadora da intervenção do substituto, a qual pode traduzir-se num princípio de protecção da posição do próprio substituído e/ou num princípio de protecção de interesses de terceiros (pense-se no caso da substituição do insolvente pelo administrador da insolvência). Em segundo lugar, exige-se a vigência de um título legitimador da actuação de um terceiro (substituto) sobre os interesses do substituído, o qual, como dissemos, pode resultar da lei ou, em alguns sistemas jurídicos, de um negócio jurídico. Finalmente, é típico, ainda que não necessário, que o substituto tenha um interesse juridicamente relevante na condução do processo em nome próprio, e que é aferido pela repercussão que o caso julgado formado na acção possa ter sobre a sua situação própria.

As três condicionantes que acabamos de enunciar relativamente à admissibilidade da substituição processual verificam-se nas hipóteses de propositura de acções populares de *private enforcement* por uma associação de defesa dos consumidores. Vejamos porquê.

39. À primeira vista, a atribuição a um terceiro – uma associação de defesa dos consumidores – da competência para decidir sobre o exercício jurídico dos direitos subjectivos de cada consumidor lesado à reparação dos danos por si sofridos pode, na verdade, causar estranheza, uma vez que ela aparentemente representa uma intromissão na esfera individual de cada consumidor; afinal, cada um deles poderia exercer o seu direito à indemnização numa acção de responsabilidade civil por si proposta com essa finalidade.

[32] Paula Costa e Silva, «Comentário ao Acórdão de 9 de Junho de 1994», *Revista da Ordem dos Advogados*, ano 54, vol. III, 1994, pp. 871-893 (pp. 881-2), Id., «A administração e a parte por incumbência», *Cadernos de Justiça Administrativa*, vol. I, nº 120, 2016, pp. 28-34 (p. 29).

[33] Paula Costa e Silva, «Comentário ao Acórdão de 9 de Junho de 1994», *Revista da Ordem dos Advogados*, ano 54, vol. III, 1994, pp. 871-893 (pp. 886 e ss.).

Mas se assim é no plano puro dos princípios, a realidade revela que o consumidor individual, ainda que possa deduzir uma pretensão ordenada à reparação dos danos por si sofridos, não o faz. Muitas são as causas desta inércia: valor diminuto do dano do concreto consumidor, aversão aos tribunais e ao exercício conflitual dos seus direitos, aversão ao risco e aos custos do processo. Tipicamente, e perante danos não incomensuráveis, o consumidor prefere permanecer inerte a pedir uma reparação. Desta forma, *a existência de mecanismos de tutela colectiva e, mais do que isso, a existência de meios de tutela colectiva estruturados sobre o princípio da auto-exclusão, como é o caso da acção popular no Direito português, revela-se absolutamente imprescindível para assegurar os valores da justiça e da eficiência na protecção dos interesses dos consumidores lesados.*

40. A natureza colectiva, supra-individual, dos interesses em jogo – como o interesse na protecção dos consumidores – funciona como um desincentivo para o exercício da legitimidade popular por cada um dos titulares desse interesse: o consumidor que propusesse a acção popular teria de suportar sozinho os custos e os riscos do processo, quando as vantagens decorrentes da procedência do pedido aproveitariam forçosamente a todos os demais consumidores lesados. E imaginar que um consumidor lesado estará disponível para mobilizar quanto há-de ser mobilizado para que seja possível um juízo de procedência perante a dedução de uma pretensão indemnizatória singular, fundada em prática anticoncorrencial, é pura utopia.

41. É evidente que não é apenas a inexistência de mecanismos que obriguem à partilha destas externalidades positivas que constitui um entrave prático ao exercício singular da legitimidade popular. Como já enunciado, os danos sofridos por consumidores são normalmente a manifestação do fenómeno dos «danos em massa», que se caracteriza pelo facto de o prejuízo sofrido por cada um dos lesados ter um valor diminuto, às vezes quase bagatelar, o que torna economicamente irracional a propositura de uma acção de responsabilidade civil tendente a obter a reparação por esse dano, uma vez que esta implicaria a suportação de custos, em regra, muito mais elevados do que o valor da atribuição. A concessão de legitimidade popular a associações ou a fundações de defesa dos consumidores permite atenuar

a dependência de uma conduta altruísta e economicamente improfícua de um consumidor isolado, de todo em todo improvável[34].

O facto de a acção popular indemnizatória poder ser proposta por uma pessoa colectiva que tem como escopo justamente a tutela de interesses de terceiros – do interesse colectivo dos consumidores e dos interesses individuais em que ele se desdobra – atenua de um modo não despiciendo o perigo de a responsabilidade civil não chegar a operar em virtude da ausência de incentivos para o exercício jurisdicional do direito à reparação. Esse resultado seria, no entanto, incompatível com os valores fundamentais do nosso sistema, pois que ele constituiria uma negação do direito do consumidor ao acesso ao Direito e aos tribunais (artigo 20º, nº 1 e 4 da Constituição da República Portuguesa), mas também uma violação do princípio de Direito europeu da efectividade das normas relativas à concorrência, na medida em que ele se opõe a soluções do Direito nacional (substantivas ou processuais) que comprometam ou tornem excessivamente difícil ou oneroso o exercício do direito a uma reparação integral dos danos sofridos em consequência de uma prática anticoncorrencial.

42. Ao mesmo tempo, a legitimidade popular das pessoas colectivas, sobretudo quando associada à dispensa de uma adesão voluntária de cada consumidor lesado à acção, favorece a *economia processual* e a *eficiência do sistema*, por razões de diversa ordem. Com isso permite-se, por um lado, a poupança de custos associados à multiplicação das acções de responsabilidade com vista à reparação dos danos sofridos por cada um dos lesados e, por outro, que os custos globais conexos com a prova de cada um dos

[34] Miguel Teixeira de Sousa, *A legitimidade popular na tutela dos interesses difusos*, Lex, Lisboa, 2003, p. 104: «a dimensão supra individual do litígio desencoraja a o sujeito individual, ainda que actuando como representante de todos os titulares do interesse difuso, a recorrer aos tribunais para a defesa desse interesse. A propensão para a litigância baixa à medida que diminui o valor da causa e as vantagens económicas que dela podem ser extraídas, mas essa tendência também se atenua quando aumenta o altruísmo exigido ao autor, ou seja, quando são requeridas razões independentes dos interesses pessoais para que esse sujeito se preocupe com os interesses de outrem. O altruísmo é tanto menos provável quanto menos elevadas forem as recompensas e mais elevados os custos associados a essa conduta/Por essa razão, é aconselhável que as legislações diversifiquem soluções quanto à atribuição da legitimidade para as acções relativas à tutela dos interesses difusos, reconhecendo-a, à semelhança do que acontece no direito português (*cf.* artigo 52º, nº 3 da Constituição da República Portuguesa; artigo 2º LPPAP), tanto a sujeitos individuais quanto a entidades colectivas».

danos causados por uma mesma prática lesiva sejam igualmente reduzidos aos custos da instrução de uma única acção. E, por essa via, reduz-se também o risco do proferimento de decisões contraditórias e da desarmonia das soluções.

43. Em suma, existem razões, umas relacionadas com a protecção da posição de cada um dos titulares do interesse colectivo da protecção do consumo, outras dirigidas à protecção de interesses públicos, que tornam justificável que uma associação de defesa dos consumidores se substitua processualmente aos consumidores lesados por uma prática anticoncorrencial no exercício, em juízo, do seu direito à indemnização.

44. Quanto ao *título jurídico legitimador da actuação do substituto*, este resulta, conforme já dissemos, da lei vigente (da Lei de Acção Popular e da Lei do *Private Enforcement*). A competência para a actuação em juízo no interesse e por conta dos interesses dos consumidores não é suficiente: é necessário que, de acordo com os estatutos da pessoa colectiva que figura como autora na acção popular, resulte a atribuição ou o objectivo da defesa dos interesses que se visa proteger nessa acção (artigo 3º, al. b) da Lei de Acção Popular).

45. Finalmente, é típico que o *substituto processual* tenha um *interesse próprio* na propositura e na condução da acção por conta do substituído. O mesmo é dizer que a obtenção de tutela requerida na acção popular, apesar de se traduzir na produção de efeitos materiais na esfera do substituído, tenha de surgir, de algum modo, como vantajosa para o substituto.

Contra este entendimento, poder-se-ia invocar o artigo 2º, nº 1, *in fine* da Lei de Acção Popular, que declara que a legitimidade do autor da acção popular não é excluída pelo facto de ele não ter um interesse próprio na acção. Dir-se-ia, então que, das duas, uma teria de ser verdadeira: ou o exercício do direito da acção popular não poderia constituir uma situação de substituição processual, dada a dispensabilidade de um interesse do autor (substituto) na acção; ou a existência de tal interesse não seria um pressuposto da substituição processual, tese que teria em seu favor justamente o argumento centrado na situação do autor da acção popular. Na verdade, porém, o artigo 2º, nº 1 da Lei de Acção Popular não parece ser mobilizado para demonstrar a validade de nenhuma das duas proposições expostas.

Isso sucede, em nossa opinião, pelo facto de a lei parecer aludir – de uma forma mais estrita do que a sua letra poderia sugerir – apenas ao *interesse directo* na acção, ou seja, à vantagem que directamente se extrai da procedência do pedido formulado na acção popular. Pretende-se, pois, afirmar que a legitimidade popular, ao contrário do que sucede na legitimidade directa, não carece de uma conexão entre a parte e o objecto do processo, admitindo que na acção seja requerida a tutela para uma situação jurídica de que a parte afirma não ser titular.

Tal não significa, no entanto, que o autor da acção popular que nela pretenda exercer uma situação jurídica de terceiro – como a associação de defesa dos interesses dos consumidores – não deva ter algum interesse na causa. O facto de a associação de defesa dos consumidores não ter um interesse directo na acção pelo facto de os efeitos da procedência do pedido nela formulado não se poderem repercutir na sua esfera não significa que não possa ter um interesse de outra ordem no processo. Na verdade, se o *fim* da associação civil em causa for o de prosseguir os interesses dos consumidores e, inclusivamente, o de prosseguir os interesses dos consumidores através da tutela jurisdicional dos seus direitos e dos seus interesses, não seria uma descrição adequada e completa da realidade aquela que não desse conta de que é justamente através de comportamentos como a propositura de acções populares que a associação se projecta na ordem social como ente jurídico independente dos seus associados e que nela se constitui como projecto humano colectivo[35]. Por outras palavras, é através da satisfação de interesses de terceiros – dos consumidores lesados – que, de forma concomitante, mais do que reflexa, a associação realiza o seu interesse.

46. A validade da afirmação de que os interesses da associação civil não são inteiramente recondutíveis aos interesses dos respectivos associados é inquestionavelmente mais fácil de ser demonstrada relativamente às associações que têm por fim estatutário a tutela de interesses colectivos. Não sendo tais interesses susceptíveis de apropriação por nenhum dos respec-

[35] Miguel Teixeira de Sousa, *A legitimidade popular na tutela dos interesses difusos*, Lex, Lisboa, 2003, p. 224, afirmando que «o interesse em demandar do autor popular é um interesse próprio, porque é independente de qualquer mandato e porque não se restringe aos membros da associação», mas afastando também a recondução da legitimidade popular à substituição processual.

tivos titulares, isso significa que qualquer forma que a associação encontre para prosseguir de modo consequente e eficaz os interesses colectivos dos consumidores vai inevitavelmente exorbitar o mero plano dos interesses dos seus associados, atingindo todos os consumidores, senão nos respectivos interesses individuais, pelo menos na dimensão supra-individual do interesse colectivo da protecção do consumo.

47. Devemos ir mais longe. Se o fim da associação ou da fundação se esgota na prossecução ou a defesa de interesses difusos ou colectivos, como a protecção dos consumidores ou da concorrência no mercado, uma vez que esses interesses não podem, pela sua natureza, considerar-se próprios da associação ou fundação, das duas, uma: ou se entende que a pessoa colectiva nunca teria um interesse na acção tendente a satisfazer o interesse difuso ou colectivo; ou se conclui que a pessoa colectiva tem sempre um interesse na acção, quando nesta se requer uma tutela para o interesse difuso ou colectivo que, de acordo com as suas atribuições ou objectivos estatutários, ela deve defender.

A orientação mais realista e a mais consistente com o sentido e o escopo das normas – legais e estatutárias – que constituem a fonte para a actuação em substituição de terceiro é a segunda. Estaremos no terreno da *parte por incumbência*, como sub-modalidade da substituição processual, e que se caracteriza pelo facto de que «ela só se compreender enquanto parte processual pela estrita função ou incumbência que justifica, materialmente, o exercício de situações jurídicas processuais em nome próprio, mas por referência a situações substantivas alheias»[36]. No caso das pessoas colectivas incumbidas de defender interesses públicos – independentemente de se tratar de pessoas colectivas de Direito público ou de Direito privado – a sua legitimidade não pode ser aferida segundo a lógica da titularidade dos interesses em jogo, mas antes da correspondência desses interesses ao círculo dos interesses que está habilitada ou obrigada a prosseguir.

48. Poderíamos terminar neste momento a apreciação do sentido e da natureza da legitimidade popular das associações de defesa dos consumidores. Não deixamos, no entanto, de notar que a sua recondução à

[36] Paula Costa e Silva, «A administração e a parte por incumbência», *Cadernos de Justiça Administrativa*, vol. I, nº 120, 2016, pp. 28-34 (p. 29).

substituição processual não deixa de suscitar alguns problemas, os quais reflectem, uma vez mais, a elevada complexidade técnica do problema da legitimidade popular neste tipo de hipóteses[37]. Na verdade, parece um equívoco supor que a legitimidade da pessoa colectiva se encontre limitada pela defesa dos interesses dos consumidores substituídos. É assim porque, por um lado, o âmbito da legitimidade da associação é definido a partir de uma classe ou categoria: a actuação da associação não se destina a defender os interesses de um concreto membro desse grupo, mas também e ao mesmo tempo os *interesses desse grupo enquanto tal*[38]. Por outro lado, e conforme dissemos, os interesses colectivos que a associação de defesa dos consumidores se encontra habilitada a defender possuem, a par de uma dimensão individual – os interesses individuais (homogéneos ou não) – uma dimensão supra-individual. No caso em apreço: através da reparação dos danos sofridos por cada consumidor lesado, eleva-se o nível de protecção geral do consumo, contribui-se para um incremento de bem--estar e de justiça social, reforça-se a integridade e o bom funcionamento dos mercados. Avulta aqui a ideia de que, na acção popular, o âmbito da legitimidade da associação é sempre maior do que a soma dos interesses de cada um dos membros do grupo que representa[39]. Na medida em que

[37] Por último, trabalhando os problemas que a transposição da Directiva 2020/1828 trará para o direito alemão, Tobias Voigt, "Europäiscche Verbandsklage – Anpassungsbedarf der ZPO bei Parteistellung und Prozessbeteiligung von Verbänden und Verbrauchern", *Zeitschrift für Zivilprozess*, 134, 2021, pp. 343-373.

[38] Paula Costa e Silva, «Comentário ao Acórdão de 9 de Junho de 1994», *Revista da Ordem dos Advogados*, ano 54, vol. III, 1994, pp. 871-893 (p. 887).

[39] Recusando também a compreensão da legitimidade do autor da acção popular como uma hipótese de substituição processual, com estas e outras razões, José Lebre de Freitas, «Acção popular ao serviço do ambiente», *Ab uno ad omnes – 75 anos da Coimbra Editora*, Coimbra Editora, Coimbra, 1998, pp. 797-809 (pp. 800 e ss.). Miguel Teixeira de Sousa, *A legitimidade popular na tutela dos interesses difusos*, Lex, Lisboa, 2003, pp. 224-5 salienta também o facto de a substituição processual fazer sobressair o interesse próprio do substituto, o que quadra mal com os parâmetros legais da legitimidade popular, assentes na primazia dos interesses daqueles que seriam os substituídos, bem como a circunstância de que, em regra, os substituídos corresponderiam a um conjunto indeterminado de pessoas. Conforme nota Miguel Teixeira de Sousa, o facto de aqueles que seriam os substituídos não ficarem forçosamente vinculados ao caso julgado da decisão (*cf.* a regra da fixação dos efeitos do caso julgado *secundum eventum litis* no artigo 19º, nº 1 da Lei de Acção Popular) é outra razão para que se duvida do entendimento que reconduz esta situação aos quadros da substituição, uma vez que uma das notas características desta figura seria a da vinculação do substituído aos efeitos materiais da decisão proferida.

o "substituto" pudesse requerer a tutela para situações jurídicas que não pertençam ao "substituído" não parece poder falar-se em substituição.

49. A circunstância de a associação defender, através do exercício do direito de acção popular, situações jurídicas que pertencem a todos os membros de uma determinada categoria – os consumidores lesados por determinada prática anticoncorrencial – e, concomitantemente, interesses não plenamente apropriáveis – a protecção do consumo e da integridade do mercado – parecem, pois, afastar a qualificação da sua legitimidade popular como uma hipótese de substituição processual pura[40]. Esta hipótese de enquadramento permite explicar certos aspectos de regime, como a circunstância de a legitimidade da associação de defesa de consumidores poder cumular-se com a legitimidade de cada consumidor lesado que tiver exercido o direito a intervir na acção popular como parte principal (artigo 15º, nº 1 da Lei de Acção Popular). De todo o modo, a qualificação da associação de defesa dos consumidores como parte por incumbência na tutela do trecho do interesse transindividual e como um substituto representativo na parte dos interesses individuais, a que, por facilidade de expressão, daremos a expressão «representante institucional», não deixa também de enfrentar algumas dificuldades. Essas dificuldades revelam-se, sobretudo, no tocante ao exercício do direito à indemnização de cada um dos consumidores lesados. De facto, a tese da substituição processual parece acomodar melhor a solução de permitir à autora formular, na acção popular, pretensões que respeitam exclusivamente a situações jurídicas subjectivas de cada um dos membros da categoria ou classe que representa.

Ponderando todos estes elementos, podemos concluir caracterizando a legitimidade da associação de defesa de consumidores para por uma acção popular indemnizatória como uma situação processual atípica, que congrega elementos da legitimidade directa e da substituição processual.

[40] Paula Costa e Silva, «Comentário ao Acórdão de 9 de Junho de 1994», *Revista da Ordem dos Advogados*, ano 54, vol. III, 1994, pp. 871-893 (pp. 886 e ss.), Miguel Teixeira de Sousa, *A legitimidade popular na tutela dos interesses difusos*, Lex, Lisboa, 2003, pp. 215 e ss.; José Lebre de Freitas, «Extensão subjectiva da eficácia do caso julgado formado sobre a existência de um caminho público em acção entre o município e o prédio por ele atravessado», *Revista da Ordem dos Advogados*, ano 80, nº 3-4, 2020, pp. 613-632 (p. 622).

50. Qualquer que seja a natureza dogmática que deva ser reconhecida à legitimidade das associações de defesa dos consumidores para a propositura de acções populares indemnizatórias, é inegável que essa legitimidade é de tipo *indirecto*, cuja extensão subjectiva é demarcada a partir de uma categoria ou classe: a categoria dos titulares dos interesses colectivos que lhe incumbe defender na acção popular. A configuração da associação de defesa dos interesses de consumidores como um «substituto institucional» dos consumidores lesados permite retirar cinco importantes consequências:

(i) porque a associação de defesa de consumidores litiga em nome próprio, será o ponto de referência de todas as situações jurídicas processuais e dos efeitos processuais;

(ii) não sendo a associação de defesa de consumidores sujeito das situações individuais homogéneas litigadas na acção, nunca poderá funcionar como ponto de referência dos efeitos materiais do processo;

(iii) porque a legitimidade da associação de defesa dos consumidores é aferida a partir da relação entre uma classe ou categoria de pessoas e o objecto da acção, os efeitos materiais do processo terão como ponto de referência todos os membros daquela classe ou categoria (todos os consumidores que se entenda terem sido lesados pelas práticas anticoncorrenciais imputadas ao demandado);

(iv) considerando que a categoria ou classe das pessoas que serve de referência à legitimidade da associação de defesa dos consumidores é a dos titulares de um interesse colectivo, os efeitos materiais do processo verificam-se de uma forma ambivalente num plano colectivo ou indiferenciado – a protecção do consumo e dos consumidores em geral, a tutela da integridade do mercado e do correcto funcionamento do mecanismo de formação de preços – e num plano individual e subjectivo – a constituição na esfera de cada um dos lesados representados de um direito a ser indemnizado pelos danos sofridos;

v) exactamente porque os interesses que a associação de defesa dos consumidores está incumbida de prosseguir têm uma dimensão supra-individual, a sua legitimidade terá forçosamente que abranger a protecção de todos os titulares desses interesses – todos os consumidores lesados por determinada prática anticoncorrencial – independentemente de entre estes e a associação existir alguma relação material ou de entre ambos ser possível estabelecer alguma conexão, material, objectiva ou geográfica.

51. Compreende-se, assim, que, à luz do que escrevemos em (i), seja a associação de defesa dos consumidores que, na qualidade de parte, deva suportar as custas processuais, no caso de improceder o pedido formulado na acção popular (segundo os pressupostos e os limites previstos no artigo 20º, nº 3 da Lei de Acção Popular). E, tendo em conta as proposições (ii) e (iii), compreende-se também que esse resultado em nada conflitue com o facto de ser na esfera dos titulares dos interesses colectivos que se repercutem os efeitos do caso julgado material de uma decisão de mérito proferida na acção popular, contanto que esses titulares não tenham exercido o direito de se auto-excluírem da substituição institucional pela autora (artigo 19º, nº 1 da Lei de Acção Popular).

52. As conclusões constantes dos pontos (iv) e (v) merecem ser sublinhadas pelas consequências que necessariamente têm ao nível da aferição dos pressupostos atributivos da legitimidade popular. Na verdade, se o critério aferidor da legitimidade popular da pessoa colectiva depender dos interesses que essa pessoa colectiva está incumbida de prosseguir e não dos interesses que estiverem na titularidade dessa pessoa ou dos respectivos associados, ao constatarmos que esses interesses têm uma dimensão supra-individual – como a tutela dos consumidores ou do regular funcionamento do mercado – isso significa que a sua *legitimidade se estende à tutela dos interesses de todos os membros da categoria dos titulares dos interesses colectivos em causa*: todos os consumidores potencialmente lesados ou todos os eventuais participantes no mercado onde se verificou a prática lesiva da concorrência.

Um desvio a esta solução, no sentido de se restringir a legitimidade apenas a uma sub-categoria ou a alguns dos titulares dos interesses colectivos é, em abstracto, possível. Contudo, para valer, ela tem de resultar da fonte dos poderes de substituição institucional da associação de defesa dos consumidores: ou dos seus estatutos ou da lei aplicável. Conforme veremos de forma mais detida seguidamente, não encontramos em nenhuma desses fontes semelhante restrição.

3.2. Os critérios aferidores da legitimidade popular das associações de defesa dos consumidores

53. Quando aquele que requer a tutela na acção popular não for o titular da situação material que dela alega carecer, a legitimidade representativa constitui uma forma atípica do exercício direito de acção. Este «desequilíbrio estrutural de base» entre os poderes de actuação no processo e a ausência de titularidade da situação jurídica material seria, por si, justificação bastante para que a ordem jurídica impusesse determinadas exigências para o exercício admissível do direito à tutela colectiva. Uma vez que a parte tem o poder de influenciar o acertamento de situações jurídicas de que não é titular e das quais não poderia dispor fora do processo, tem-se em vista assegurar que as situações jurídicas dos membros da classe ou categoria recebam uma tutela adequada na acção.

Uma outra razão, porventura ainda mais ponderosa, legitima a previsão de requisitos específicos para a admissibilidade do direito de acção popular quando exercido por quem não for o titular da situação jurídica material que se pretende fazer valer na acção. Conforme vimos, a acção popular destina-se a tutelar ou a satisfazer interesses difusos ou colectivos, os quais têm uma dimensão supra-individual. Sendo interesses que pertencem a todos e a cada um, mas que por ninguém podem ser apropriados, o autor da acção popular que requer a sua tutela age por conta da comunidade como um todo.

Esta função de «agente da ordem jurídica» – na doutrina norte-americana, fala-se num «*private attorney general*» – reclama, em coerência, que o autor esteja em condições de preencher determinadas exigências[41]. Estas destinam-se essencialmente a procurar assegurar que a actuação da parte seja orientada para a tutela dos interesses difusos ou colectivos e concretizam-se em imposições como:

(i) o alinhamento do escopo da autora com a finalidade pública ou colectiva da tutela requerida na acção;

(ii) a tutela preventiva de conflitos de interesses, vedando-se o exercício do direito de acção popular à pessoa colectiva que exerça uma actividade lucrativa ou qualquer actividade profissional concorrente com empresas ou profissionais liberais;

[41] V., com desenvolvimento, Miguel Teixeira de Sousa, *A legitimidade popular na tutela dos interesses difusos*, Lex, Lisboa, 2003, pp. 179 e ss..

(iii) a proibição geral de uma funcionalização da acção popular à prossecução de quaisquer interesses que não sejam os interesses difusos ou colectivos cuja tutela constitui o objecto possível da acção.

54. Antes de nos referirmos aos requisitos da legitimidade activa que a lei portuguesa concretamente prevê, cumpre fazer uma prevenção inicial. Seria um equívoco supor que as regras sobre a legitimidade popular fossem o único meio disponível para assegurar o propósito geral de proibir a instrumentalização da acção popular à prossecução de outros fins que não a tutela dos interesses difusos ou colectivos. Na verdade, não só o regime da legitimidade não pode assegurar, só por si, esse desiderato, como outras normas e princípios do Sistema concorrem com aquele regime com vista a assegurá-lo. Os requisitos relativos à legitimidade subjectiva para a acção popular e, em especial, aqueles que respeitam à legitimidade das pessoas colectivas, têm o seu fundamento em certos aspectos constitutivos ou estatutários que, com base num juízo *ex ante*, podem justificar uma avaliação favorável ou desfavorável quanto à idoneidade do titular do direito de acção popular e à confiança de que o exercício futuro desse direito será dirigido à tutela efectiva dos interesses difusos ou colectivos que ele se propõe exercer através da acção.

55. No entanto, o controlo do exercício concreto e real do direito de acção popular já não pode ser assegurado pelas regras relativas à legitimidade. A conformidade do comportamento da parte com os interesses que lhe incumbe defender na acção (sejam eles interesses difusos, colectivos ou os interesses individuais que aqueles irradiam na esfera individual dos respectivos titulares) já não constitui um problema próprio da legitimidade, mas antes da *regularidade da substituição institucional* prestada pelo autor da acção popular[42]. Conforme veremos melhor adiante, a reacção da

[42] Neste aspecto, a lei portuguesa distancia-se das soluções que, noutras ordens jurídicas, fazem depender a legitimidade processual do autor da acção popular da capacidade de este assegurar uma representação adequada ou justa da categoria de pessoas que representa. *Cf.*, por exemplo, a *Rule* 23 (a) (4), das *Federal Rules of Civil Procedure*, na versão de 1 de Dezembro de 2019 e que inclui entre os *prerequisites* para que um membro da classe possa propor uma acção em nome de todos os membros dessa classe a exigência de que «*the representative parties will fairly and adequately protect the interests of the class*». Salientando a dispensa de uma apreciação liminar dos requisitos da legitimidade subjectiva do autor da pessoa colectiva,

ordem jurídica portuguesa à irregularidade ou à inidoneidade do exercício do direito de acção popular rege-se por regras diversas daquelas que condicionam a legitimidade subjectiva para a propositura da acção popular.

56. Centremo-nos no direito português e nos requisitos de que faz depender a admissibilidade do exercício de interesses difusos ou colectivos por aqueles que não são os titulares das situações litigiosas.

Além da personalidade jurídica, a associação ou fundação deve ter como objecto social a defesa dos consumidores (artigos 3º, alíneas a) e b) da Lei de Acção Popular, 31º do Código de Processo Civil e 19º, nº 2, alínea a) da Lei do *Private Enforcement*). Não se exige que a defesa dos interesses dos consumidores constitua o objecto exclusivo da associação ou fundação[43]; mas já lhe é vedada a prossecução de uma finalidade lucrativa, bem como a inclusão no respectivo objecto de uma actividade profissional concorrente com empresas ou profissionais liberais[44].

António Payan Martins, *Class actions em Portugal? Para uma análise da Lei nº 83/95, de 31 de Agosto – Lei de Participação Procedimental e de Acção Popular*, Edições Cosmos, Lisboa, 1999, p. 112; Henrique Sousa Antunes, «Class actions, group litigation & other forms of collective litigation (portuguese report)», disponível em http://globalclassactions.stanford.edu/content/class-actions-group-litigation-and-other-forms-collective-litigation-portugal, p. 23; António Pinto Monteiro/José Miguel Júdice, «Class actions & Arbitration in the European Union – Portugal», *in Estudos em Homenagem a Miguel Galvão Teles*, vol. II, Almedina, Coimbra, 2012, pp. 189-205, p. 194.

[43] Tão-pouco que a protecção dos interesses dos consumidores constitua o principal objecto estatutário da pessoa colectiva em causa. Não se ignora que essa exigência é feita no domínio das acções populares para a protecção de interesses (colectivos ou individuais homogéneos) dos investidores não profissionais em instrumentos financeiros (artigo 32º, al. a), do Código dos Valores Mobiliários). Esta norma institui, no entanto, uma solução específica com um âmbito limitado ao direito dos instrumentos financeiros, porventura justificada pela especificidade material do tipo de litígios em causa, e que contrasta com a intenção normativa de reconhecer em termos amplexivos a legitimidade popular activa, e que encontra a sua manifestação primeira no artigo 52º, nº 3 da Constituição da República Portuguesa, ao reconhecer em termos genéricos (e ainda que carecidos de concretização legal) o direito de acção popular às «associações de defesa dos interesses em causa».

[44] Apesar de resultar claramente da lei portuguesa, o não exercício de uma actividade lucrativa não se constitui como um requisito de legitimidade activa indiscutido no plano comparativo. Além de esse requisito não constar das normas que regulam a acção colectiva de *private enforcement* no Reino Unido (*cf.* o Anexo 8 do *Consumer Rights Act* de 2015), ele foi conscientemente afastado pelo *ELI/UNIDROIT* na preparação das Regras-Modelo aplicáveis ao Processo Civil, de 2020 (*cf.* a *Rule* 209 e a justificação prestada no com. 2, p. 373: «*Rule 209 does not, however, require a qualified claimant to be a non-profit body in order to protect both interests.*

Ao fazer-se depender a legitimidade activa da associação da inclusão nos estatutos da defesa dos interesses dos consumidores, não se pretende exigir apenas a mera previsão do exercício dessa actividade, mas também que tal actividade seja por ela efectivamente desenvolvida. Por outras palavras, é necessário que a tutela dos interesses dos consumidores figure no *objecto social estatutário* e no *objecto social real*[45].

Conforme tem sido salientado na doutrina, a correspondência entre os interesses para os quais se requer a tutela e os interesses que a pessoa colectiva tem capacidade para prosseguir não deve ser aferida em abstracto, mas em concreto, de sorte que a procedência do pedido deduzido na acção popular deva corresponder tanto à afirmação dos interesses difusos ou colectivos que legitimam a própria acção, mas também a uma vantagem para aqueles que nela sejam institucionalmente representados[46].

57. Em contrapartida, não vigora no Direito positivo português uma *norma geral* que fixe como requisito de legitimidade subjectiva para a propositura de acções populares o *exercício da actividade da autora durante um período mínimo*. Poderia argumentar-se que essa solução vigora no âmbito específico das acções populares para a tutela dos investidores em instrumentos financeiros, em que se recusa a legitimidade activa a associações de defesa de investidores que não exerçam actividade efectiva há menos de um ano (artigo 32º, alínea c) do Código dos Valores Mobiliários). Poder-se-ia, pois, pensar que uma razão de coerência do sistema levaria a que a mesma solução devesse valer, em geral, sempre que a acção popular fosse proposta por uma pessoa colectiva, ainda que o objecto dessa acção fosse a tutela de interesses distintos do da tutela dos investidores não profissionais. Em reforço dessa tese, poder-se-ia também acrescentar que o requisito do tempo mínimo de actividade da associação de defesa dos consumidores surge igualmente na recente Directiva nº 2020/1828, do Parlamento Euro-

It rejects this approach taken by, for instance, the European Union in its 2018 Proposal, as it cannot reasonably be expected that sufficient members of private actors will become active in the enforcement of the interests of a group of persons affected by a mass harm event if all kinds of financial incentive are excluded»).

45 Miguel Teixeira de Sousa, *A legitimidade popular na tutela dos interesses difusos*, Lex, Lisboa, 2003, p. 185.

46 José de Oliveira Ascensão, *Direito Civil – Teoria Geral*, Coimbra Editora, Coimbra, 2003, pp. 116-7; Miguel Teixeira de Sousa, *A legitimidade popular na tutela dos interesses difusos*, Lex, Lisboa, 2003, pp. 215 (distinguindo, aqui, entre a legitimidade e o interesse processual).

peu e do Conselho, de 25 de Novembro, relativa às acções colectivas para protecção dos interesses colectivos dos consumidores (adiante, «Directiva da tutela colectiva dos interesses dos consumidores»)[47].

58. Em nossa opinião, os argumentos que acabamos de expor não devem ser considerados determinantes. Se, por um lado, a lei geral desconhece uma restrição à legitimidade popular activa das associações de defesa dos consumidores em razão do tempo da actividade exercida, não encontramos naqueles argumentos razões suficientemente ponderosas para legitimar, por via interpretativa, essa restrição. Da previsão de um prazo de actividade mínimo de um ano como requisito para a legitimidade das associações de defesa dos investidores para proporem acções populares não pode inferir-se a conclusão de que esse requisito tenha um âmbito geral. Bem se pode dizer que, a poder fazer-se alguma inferência, seria a de que a conclusão seria justamente a inversa, *i.e.*, a de que o legislador cuidou de prever uma *solução especial*, divergente daquela que se extrai do regime geral das acções populares, para a hipótese particular da propositura de acções públicas destinadas a tutelar os interesses colectivos dos investidores não profissionais. Perante a introdução, em 1999, de uma solução especial no domínio mobiliário[48], pode legitimamente questionar-se sobre se a manutenção do texto da Lei de Acção Popular não resultou precisamente da intenção de preservar uma solução geral mais amplexiva no tocante à legitimidade popular activa das associações de defesa dos consumidores.

59. Mais importante, porém, do que indagar acerca dos motivos que terão estado na origem desta dissonância de regimes – os quais parecem ser, na verdade, imperscrutáveis – é de sublinhar que a solução mais adequada aos interesses em conflito favorece manifestamente a tese da dispensa do requisito do tempo mínimo de actividade da autora. É essa a

[47] *Cf.* o artigo 4º, nº 3, al. a) da Directiva nº 2020/1828, que impõe aos Estados-membros como critério para a qualificação de uma pessoa colectiva como «entidade qualificada para a propositura de ações coletivas transfronteiriças», entre outros, a demonstração de que a pessoa colectiva que requer a propositura da acção «exerceu doze meses de atividade pública na protecção dos interesses dos consumidores antes do seu pedido de designação».

[48] A solução constava já da redacção inicial do artigo 32º do Código dos Valores Mobiliários, não tendo as alterações introduzidas ao preceito pelos Decreto-Lei nºs 52/2006, de 15 de Março e nº 357-A/2007, de 31 de Outubro, tido repercussão nesta matéria.

solução que melhor responde ao interesse dos consumidores em acederem a uma *tutela jurisdicional efectiva*, e a uma tutela que ainda possa revelar-se útil ou que permita atenuar os efeitos danosos de uma ofensa iminente ou de uma ofensa em curso com a máxima eficácia.

60. Ao mesmo tempo, pode perguntar-se qual é o fundamento normativo da norma que imporia o tempo mínimo de actividade para a associação de defesa dos consumidores. Qual seria o escopo dessa norma e quem visaria ela proteger? A resposta a esta questão parece evidente: a vigorar esse critério, ele só poderia ter em vista a tutela dos interesses dos consumidores institucionalmente representados pela associação em causa[49]. Tratar-se-ia de sujeitar a associação a uma espécie de «período de prova» de que assume a função de defender os interesses dos consumidores de uma forma efectiva e eficaz. Assim se evitariam os perigos de uma representação institucional inadequada, seja porque a actividade social surge, na verdade, funcionalizada à prossecução de outros interesses que não sejam os interesses dos consumidores, seja porque a associação, afinal, não dispõe dos meios que lhe permitam exercer de um modo satisfatório o seu objecto social.

61. Tutelar preventivamente os interesses dos consumidores através de uma norma que sujeitasse a associação a um tempo mínimo de actividade é, pelo menos, procedimento de eficácia duvidosa. Na verdade, o regime jurídico da acção popular conhece *outros meios* que podem assegurar esse propósito de uma forma *mais consequente*: pensamos, designadamente, na possibilidade de indeferimento liminar da petição inicial em caso de manifesta improcedência do pedido formulado (artigo 13º da Lei de Acção Popular), da eventual intervenção do Ministério Público no caso de o autor

[49] A norma que impusesse, com um alcance geral, o requisito de um tempo mínimo de actividade da associação de defesa dos consumidores não poderia ter como fim o de proteger a posição da parte demandada, uma vez que o tempo de exercício de actividade da associação é, só por si, uma circunstância inidónea a beneficiar ou a prejudicar aquela parte ou a influir na sua expectativa de obtenção de uma decisão favorável. A associação de defesa dos consumidores que não houvesse observado o prazo mínimo de actividade não passaria, por esse facto, a ser capaz de causar um maior prejuízo ao réu pelo exercício do seu direito de acção popular, nem estaria, por essa razão, menos vinculada à observância dos princípios fundamentais do direito processual, como o princípio da cooperação, o princípio da boa fé ou o princípio da responsabilidade por danos causados à contraparte com fundamento na litigância de má fé.

praticar no processo actos lesivos dos interesses em causa (artigo 16º, nº 1, da Lei de Acção Popular) ou da limitação do efeito de caso julgado material na hipótese de improcedência do pedido por insuficiência de prova ou por decisão do juiz, fundada em motivações próprias do caso concreto (artigo 19º, nº 1, da Lei de Acção Popular). E não é irrelevante fazer notar que, ainda que se entendesse ser outra a interpretação mais correcta da Lei de Acção Popular, sempre seria de considerar como *sanável* o não preenchimento do requisito da insuficiência do tempo de actividade da associação. É a possibilidade de sanar a ausência desse requisito a solução que melhor permitiria salvaguardar o interesse dos consumidores representados na acção popular. Na verdade, não se compreenderia que o tribunal viesse a proferir uma decisão absolutória da instância com fundamento na falta de preenchimento de um pressuposto que entretanto havia sido sanada[50]. Nessa hipótese, a razão de ser do preceito que impusesse um prazo mínimo para a actividade de defesa dos consumidores deixaria de colocar-se: o juiz já disporia dos mesmos meios para avaliar a conformidade do objecto social real com a finalidade protectora dos consumidores que teria tido se o requisito estivesse *ab initio* preenchido. Seria, então, a decisão de absolvição do réu da instância que, ao negar a tutela efectiva das situações jurídicas dos consumidores lesados, potenciaria de uma forma injustificada o perigo para os interesses que a própria norma visava proteger: o perigo da negação aos consumidores lesados o acesso a uma tutela jurisdicional efectiva.

62. Entendemos, pois, que o direito positivo português não impõe, como requisito geral da legitimidade popular activa das pessoas colectivas, um período mínimo de actividade. Nenhum impedimento existe a que uma associação ou fundação de defesa dos interesses dos consumidores possa propor uma acção popular tendente a defender esses mesmos interesses imediatamente após a sua constituição. Este é, de resto, o entendimento que vem sendo sustentado entre nós, quer pela doutrina[51], quer pela juris-

[50] Miguel Teixeira de Sousa, *Introdução ao Processo Civil*, Lex, Lisboa, 2000, p. 87: o momento relevante para o controlo sobre a verificação dos pressupostos processuais é, em regra, o despacho saneador; e mesmo em relação às questões concretamente apreciadas no despacho saneador, é sempre possível uma alteração relevante para o preenchimento ulterior do pressuposto.

[51] Miguel Teixeira de Sousa, *A legitimidade popular na tutela dos interesses difusos*, Lex, Lisboa, 2003, p. 183: «em regra, basta que a associação ou a fundação esteja constituída no

prudência[52]. A questão de saber se, *de jure constituendo*, seria desejável que a lei fosse alterada, por forma a fazer da solução presente no artigo 32º, alínea c) do Código dos Valores Mobiliários uma exigência com um âmbito geral, é discutível, tendo em conta o que anteriormente escrevemos acerca da capacidade de uma norma com esse teor para prosseguir as finalidades que se visam prosseguir. E não deixamos de notar que algumas das ordens jurídicas que conhecem modelos de tutela colectiva do direito privado da concorrência assentes numa regra de legitimidade representativa ou institucional não prevêem tal exigência, como é o caso do Reino Unido[53].

63. Outra questão que se coloca é a de saber se a legitimidade popular activa das associações de defesa dos consumidores depende da existência de um número mínimo de associados.

A Lei de Acção Popular não contém qualquer alusão a tal exigência. Por isso se pode justificadamente questionar que razão poderia fazer supor que a legitimidade das associações para instaurarem acções populares haveria de depender do número de pessoas que tivessem como associados no momento da propositura da acção.

A pergunta não é espúria porquanto essa exigência não é inteiramente desconhecida do Sistema. No domínio mobiliário, prevê-se que as associações de defesa de investidores só têm legitimidade popular quanto tiverem como associados 100 ou mais investidores não profissionais (artigo 32º,

momento da propositura da acção popular, não sendo necessário que, nesse momento, ela se encontre em actividade há um certo tempo».

[52] Os nossos tribunais não têm feito depender a legitimidade popular activa das associações e fundações de defesa dos interesses dos consumidores da observância de um período mínimo de actividade efectiva. Apesar de, nas decisões a que tivemos acesso, a questão não ter chegado a ser discutida, fazemos notar que já tem sido admitida a legitimidade popular de uma associação de defesa de consumidores antes de esta perfazer um ano de actividade efectiva: *cf.* o Acórdão do Tribunal da Relação de Lisboa, de 4 de Dezembro de 2018, já citado, em que se reconheceu a legitimidade de uma associação de defesa dos consumidores – o Observatório da Concorrência – numa acção popular proposta em 5 de Março de 2015, quando a associação havia sido constituída alguns meses antes (Novembro de 2014).

[53] Nas hipóteses em que, à luz do direito inglês, é admissível uma acção colectiva de *private enforcement* proposta ao abrigo da regra da *opt-out*, prevê-se que a acção possa ser proposta por uma pessoa que não pertença à categoria dos consumidores lesados pela prática anticoncorrencial, desde que o tribunal considere «justo e razoável» que aqueles consumidores sejam representados na acção pela pessoa que figura como autora (*Consumer Rights Act* de 2015, Anexo 8, Secção 47B (8) (b)).

alínea b) do Código dos Valores Mobiliários). Ao mesmo tempo, a lei geral de defesa do consumidor procede a uma qualificação tripartida das associações de defesa dos consumidores em razão do número de associados. Nos termos do disposto no artigo 17º, nº 2 da Lei de Defesa do Consumidor, as associações de consumidores podem ser de âmbito nacional, regional ou local, consoante tenham, pelo menos, 3000, 500 ou 100 associados. O argumento fundamental subjacente à tese que defende a necessidade de observar o requisito de um número mínimo de associados é o de que, a não ser assim, não estaria também assegurado um *mínimo de representatividade* das associações de defesa dos consumidores, a qual seria, por sua vez, a contrapartida do poder de representação institucional que permite justificar a vinculação de todos os membros da categoria representada que não se tiverem auto-excluído do processo aos efeitos do caso julgado material da decisão que neste viesse a ser proferida.

64. Poder-se-ia, pois, pensar que a solução constante do artigo 32º, alínea b) do Código dos Valores Mobiliários, de exigir um número mínimo de associados, devesse ser generalizada, a ponto de constituir um *requisito geral* da legitimidade popular activa das associações de defesa dos consumidores. Ou, em alternativa, que a *extensão subjectiva* dessa legitimidade devesse depender da qualificação da autora como uma associação de âmbito nacional, regional ou local. Supomos, porém, que nenhum desses resultados corresponde à interpretação mais correcta da Lei de Acção Popular. Note-se que o disposto no artigo 32º do Código dos Valores Mobiliários não permite fundar qualquer regra geral relativamente aos requisitos da legitimidade subjectiva das pessoas colectivas para a propositura de uma acção popular. Afirmámo-lo quanto à suposta exigência de um prazo mínimo de actividade social efectiva pela sociedade autora.

A vigência de regimes diversos, díspares no plano dos requisitos subjectivos da legitimidade activa das associações de defesa dos consumidores não deve, sem mais, ser considerada meramente acidental e desprovida de significado. A essa disparidade deve, antes, e na ausência de um índice interpretativo em contrário, ser assinalado pelo intérprete-aplicador um propósito normativo de sujeitar certas associações de defesa dos investidores à necessidade de verificação de requisitos mais exigentes para o exercício do direito de acção popular. O maior "rigorismo" do regime mobiliário pode porventura encontrar uma justificação material na maior complexidade técnica – quer no plano jurídico, quer no plano da análise financeira, com relevância, por exemplo, ao nível da prova dos danos e do seu montante – que potencialmente possam revestir as questões a apreciar numa acção popular fundada na causação de danos a investidores em consequência da violação de normas do direito dos valores mobiliários. Em contrapartida, não encontramos uma razão que justificasse uma interpretação do artigo 3º da Lei de Acção Popular que levasse a negar a legitimidade popular às associações que não tivessem um número mínimo de associados.

65. Nesta perspectiva, não é irrelevante o facto de a tese que sustenta a existência de um número mínimo de associados da autora da acção popular ter como resultado um *efeito restritivo de direitos fundamentais*, o direito de acesso aos tribunais (artigo 20º, nº 1 da Constituição da República Portuguesa) e o direito de acção popular (artigo 52º da Constituição da República Portuguesa). A observação não perde a pertinência pela circunstância de o próprio legislador constitucional remeter para a lei ordinária «os casos e os termos» em que o direito de acção popular pode ser exercido (artigo 52º, nº 3 da Constituição da República Portuguesa). Trata-se, antes, de saber se e em que medida pode ser legitimada por via interpretativa a necessidade de observância de um pressuposto para o direito de acção que não tem cabimento na letra da lei processual; isto porque não pode esquecer-se que os pressupostos processuais, enquanto obstáculos ao conhecimento de mérito, estarão estritamente submetidos aquando da respectiva implementação por via legislativa, aos apertados limites do artigo 18º da Constituição da República Portuguesa.

Nisto esbarramos, de imediato, numa primeira questão: sendo o direito de acesso aos tribunais um direito fundamental – curiosamente nem sempre se acentua a proeminência deste direito fundamental decorrente da opção da sua integração sistemática pelo legislador constitucional, com isto parecendo esquecer-se que, enquanto meta-direito fundamental de primeira geração, só poderá ser restringido nos termos determinados pelo artigo 18º da Constituição da República Portuguesa – qual a regra que valida a restrição da legitimidade para a propositura de certo tipo de acções em função do número de associados que tenha a pessoa colectiva que exerce o direito de acesso aos tribunais?

Como é evidente, uma resposta positiva a esta interrogação depende, sempre, da possibilidade de sustentar semelhante resultado interpretativo.

Estando em causa direitos fundamentais, essa razão deve mostrar-se necessária para salvaguardar outro interesse constitucionalmente protegido e obedecer aos parâmetros da adequação e da proporcionalidade em sentido estrito (artigo 18º, nº 1 e 2 da Constituição da República Portuguesa).

66. Este ponto leva, pois, a questionar: qual a justificação de uma regra que impusesse um mínimo de associados a título de requisito de legitimidade popular das associações de defesa dos consumidores? Que interesses visaria tal norma proteger e qual seria o círculo dos beneficiários dessa protecção?

As respostas a estas questões não são diferentes daquelas a que chegámos quando perguntámos sobre o escopo e o âmbito subjectivo de protecção de uma regra que impusesse como requisito da legitimidade popular das associações de defesa dos consumidores um período mínimo de exercício efectivo da actividade social. A norma que viesse impor às associações de defesa dos consumidores um número mínimo de associados como condição para proporem uma acção popular só poderia ter como fundamento a *protecção dos interesses dos consumidores representados nessa acção popular*.

A circunstância de a associação ter um número reduzido de associados, ainda que sinalizasse uma efectiva ductilidade da sua estrutura humana ou material, não seria susceptível de prejudicar a parte contrária. Pelo contrário, dir-se-ia que, quanto menos forte fosse o substracto pessoal ou material da pessoa colectiva, menores seriam, à partida, os meios que essa pessoa colectiva seria capaz de mobilizar para a acção popular. E, inversamente, melhor seria, pelo menos de um ponto de vista fáctico ou estratégico, a situação da contraparte.

67. Um motivo para se supor que a autora devesse ter um número considerado adequado de associados pareceria ser, antes, o de evitar que os consumidores institucionalmente representados na acção popular pudessem ser prejudicados pela actuação processual de uma associação com uma dimensão tão exígua que pudesse comprometer a expectativa da obtenção de uma decisão favorável naquela acção. Ora, a admitir-se que a razão para condicionar a legitimidade popular das associações à existência de um número mínimo de associados estaria na necessidade de evitar que uma associação dotada de meios insuficientes pudesse conduzir a uma inadequada representação dos interesses colectivos na acção popular, haverá,

então, que retirar *duas consequências*. A primeira é a de que a finalidade de assegurar uma representação adequada para os interesses dos consumidores não é susceptível de ser prosseguida de uma forma adequada ou minimamente eficaz através do critério de número de associados. Uma associação com um número reduzido de associados pode perfeitamente proporcionar uma representação mais adequada do que uma grande associação. À parte os maiores custos conexos com o funcionamento das associações de maior dimensão, pode dar-se o caso de a pequena associação dispor de meios patrimoniais (por exemplo, possibilidades de financiamento) ou humanos (como massa crítica de um pequeno grupo de associados, com conhecimento especializado e *know-how* nas matérias em discussão na acção popular) que escapem à primeira. Isto dito, se a finalidade que se tem em vista é a de prevenir uma representação inadequada dos consumidores lesados, o meio de prossegui-la não é o de impor um número mínimo de associados, mas o de exigir a observância de *determinados requisitos* quanto à *organização da pessoa colectiva* ou à demonstração da sua *capacidade prática, técnica e económica* para suportar os riscos e os custos que são normalmente necessários para propor e para conduzir a acção popular de uma forma competente e zelosa.

68. Nada há de inovador nas considerações que acabamos de fazer. Note-se que, nas Regras-Modelo aprovadas pelo *ELI/UNIDROIT*, em 2020, não é feita qualquer exigência quanto ao número de membros que a associação de defesa dos consumidores deve ter para poder exercer o direito de acção popular. No entanto, não deixou de se fazer depender a legitimidade dessas associações da circunstância de estas disporem «*de uma capacidade suficiente para conduzir a acção colectiva*» («*sufficient capability to conduct the collective proceeding*», *Rule* 209)[54]. Ainda que de verificação mais com-

[54] Com vista a permitir uma avaliação consequente da capacidade fáctica das associações para conduzir satisfatoriamente a acção colectiva, prevê-se que o decisor possa ter em conta os recursos – financeiros, humanos ou outros – que a concreta associação tem à sua disposição, podendo, de resto, impor-lhe o dever de prestar garantias para o cumprimento das despesas do processo que venham a ser devidas em caso de improcedência do pedido. Na mesma *Rule* 209 das Regras-Modelo do *ELI/UNIDROIT*, veda-se também a legitimidade às associações que tenham qualquer conflito de interesses com algum dos seus associados (al. a)) e àquelas que exerçam a advocacia ou qualquer profissão jurídica (al. d)), a menos que o advogado seja, ele próprio, um dos titulares do interesse colectivo que se pretende tutelar na acção. E impõe-se, ainda a representação judiciária da associação (al. c)).

plexa do que aquela que aquela que se faz através de uma mera contagem de inscritos, aquela é substancial e esta meramente aparente ou, eventualmente, indiciária.

69. A segunda conclusão que é lícito retirar do que anteriormente afirmámos é a seguinte: se aquilo que se visa atingir através da inadmissibilidade da propositura de acções populares com uma associação com um reduzido número de associados for a prestação de um conjunto mínimo de garantias de uma adequada representação institucional dos consumidores na acção popular, então a consequência jurídica adequada para a violação da norma não deveria ser a da absolvição da ré da instância por falta de legitimidade processual da autora.

Também neste caso, à semelhança daquilo que anteriormente escrevemos a propósito do suposto requisito de um tempo mínimo de actividade da associação, a regra estrita da ilegitimidade da autora levaria a trair a própria razão que serve de fundamento à suposta regra da exigência de um número mínimo de associados. Uma vez que aquilo que se pretende assegurar é a adequada representação dos interesses dos consumidores na acção popular, só há razão para que o Direito objectivo intervenha se e a partir do momento em que se puder considerar que a actuação processual da autora não constitui uma forma adequada ou satisfatória de prosseguir na acção os interesses dos consumidores representados. O juízo sobre o carácter adequado ou não adequado da representação institucional na acção popular, no entanto, não é um juízo feito *ex ante*, com base em critérios de perigo abstracto: resulta, antes, de uma apreciação concreta, com ponto de referência no comportamento processual real da autora e nas consequências, reais ou potenciais, desse comportamento para os interesses dos consumidores representados. E na hipótese em que se concluir que a conduta da autora constitui efectivamente uma inadequada representação dos consumidores, conforme também já referimos, sendo diversas as consequências que o regime prevê, nenhuma delas consiste na absolvição da ré da instância[55]. Isso demonstra que o Sistema não configura o problema do exercício inadequado da legitimidade representativa como uma hipótese de ilegitimidade.

[55] Recordemo-las: (i) indeferimento liminar da petição inicial manifestamente improcedente; (ii) possibilidade de intervenção do Ministério Público; (iii) limitação do efeito do caso julgado material no caso de improcedência do pedido por falta de prova ou por decisão do juiz, considerando as circunstâncias do caso.

70. Todavia, é, em tese, possível apontar outra razão para o critério da exigência de um número mínimo de associados. Mais concretamente, pode argumentar-se que o fim desse requisito não é o de assegurar, contanto que de forma preventiva, uma adequada representação dos consumidores, mas antes o de impor às associações um determinado grau de representatividade da classe ou categoria a partir das quais é recortada a sua legitimidade. É essa a lógica subjacente à invocação do artigo 17º, nº 2 da Lei de Defesa do Consumidor a propósito da legitimidade processual das associações de defesa dos consumidores. O argumento é o da congruência entre o número de associados (e a qualificação da associação em razão dele) e o âmbito subjectivo da legitimidade popular da associação: só uma associação com mais de 3000 associados poderia representar todos os consumidores domiciliados em Portugal; só uma associação com, pelo menos, 500 associados poderia propor uma acção popular para representar os consumidores domiciliados em determinada região; e só uma associação com um número mínimo de 100 associados poderia propor uma acção popular para representar os consumidores domiciliados em determinada localidade. Este argumento deve, em nossa opinião, ser julgado improcedente, por diferentes ordens de razão.

71. Em primeiro lugar, não encontramos na lei – nem na Lei de Acção Popular, nem na Lei de Defesa dos Consumidores – a existência de uma conexão entre a qualificação da associação em razão do número de associados e o âmbito da legitimidade popular dessa associação.

Desde logo, cumpre fazer notar que, segundo a própria letra do nº 2 do artigo 17º da Lei de Defesa do Consumidor, o número mínimo de associados é condição necessária, mas não suficiente para que uma associação receba uma determinada qualificação. A qualificação depende também, e em primeiro lugar, do âmbito em que a associação desenvolva a sua actividade.

Mais importante é, no entanto, o facto de a lei ser omissa quanto à relação entre a qualificação da associação de defesa dos interesses dos consumidores e a competência das associações para o exercício do direito de acção popular (artigo 18º, alínea l) da Lei de Defesa do Consumidor). Mais do que isso, encontramos na lei indícios fortes de que tal qualificação não é susceptível de afectar a legitimidade popular da associação ou o âmbito dessa legitimidade. Quando o legislador pretendeu efectivamente restringir a admissibilidade ou o âmbito das competências gerais das associações de defesa dos consumidores em razão da sua designação como nacional, regional ou local, *não deixou de afirmá-lo de uma forma inequívoca*. Assim sucedeu, por exemplo, com o direito a receber o estatuto de parceiro social em matérias que digam respeito à política de consumidores ou do direito de antena na rádio e na televisão, competências reservadas a associações de carácter nacional (artigo 18º, nº 2 da Lei de Defesa do Consumidor)[56]. Na verdade, a qualificação das associações parece ter um alcance limitado às competências de natureza estritamente política, como o direito a intervir na concertação social, ou de carácter participativo, por exemplo, em processos de natureza regulatória.

Dir-se-ia que, a não ser assim, *i.e.*, a entender-se que a qualificação da associação teria repercussão na sua legitimidade popular, o legislador não teria presumivelmente deixado de determinar essa consequência no lugar do Sistema apropriado para o efeito, que é o artigo 3º da Lei de Acção Popular.

72. Em segundo lugar, a exclusão ou a restrição do âmbito da legitimidade popular das associações de defesa dos consumidores em razão do número dos seus associados seria uma solução estranha do ponto de vista da natureza própria da legitimidade popular e da funcionalidade própria do seu exercício. De facto, nunca são os interesses dos membros da associação aqueles que a associação prossegue na acção popular. Os interesses que a associação prossegue na acção popular são aqueles que, de acordo com os seu objecto e o seu fim, ela se encontra habilitada a defender: essa a razão pela qual se qualifica a parte como uma *parte por incumbência*. Uma associação que propuser uma acção popular destinada a defender o bem-estar geral dos consumidores, o bom funcionamento do mercado está a prosseguir interesses de ordem colectiva. Sendo, por natureza, esses interesses insusceptíveis de apropriação individual e não se esgotando eles nas

[56] O mesmo sucede com o direito a participar nos processos de regulação de preços de fornecimento de bens e de prestações de serviços essenciais, nomeadamente, nos domínios da água, gás, transportes e telecomunicações, ou a pedir esclarecimentos sobre as tarifas e a qualidade dos serviços. Estes poderes estão reservados às associações de interesse genérico ou de interesse específico quando esse interesse esteja directamente relacionado com o bem ou serviço que é objecto da regulação de preços ou às associações de âmbito nacional para os serviços de natureza não regional ou local (artigo 18º, nº 3 da Lei de Defesa do Consumidor).

situações jurídicas subjectivas dos titulares desses interesses colectivos, isso só pode significar que o objecto da acção popular não pode esgotar-se na protecção dos interesses dos membros da associação que nela figurar como autora.

73. A ser acertado o que acaba de se dizer, pergunta-se: seria coerente a solução de se delimitar o âmbito da legitimidade popular de uma associação em razão do número de associados que ela tivesse?

A nossa opinião é a de que esta questão merece uma resposta negativa. A solução condizente com a lógica da legitimidade representativa é aquela que faz coincidir o âmbito dessa legitimidade com o universo dos titulares dos interesses colectivos que, nos termos dos estatutos e do fim dessa associação, ela está habilitada a defender. Isso significa que uma associação que tiver por fim a defesa dos interesses dos consumidores, sem que dos estatutos ou da lei resulte qualquer restrição adicional, tal associação pode representar institucionalmente todos os consumidores lesados por determinada infracção na acção popular.

74. Acresce que a tese que defende a congruência entre o número de associados e o âmbito da legitimidade popular parece conduzir a *resultados inadequados*. Na verdade, a regra da imposição de um número mínimo de membros às associações de defesa dos consumidores não obrigaria apenas a discriminar as associações com menor dimensão (ainda que, como dissemos, sem que isso se repercuta forçosamente numa menor capacidade destas para assegurar uma representação adequada dos consumidores) e a enfraquecer o direito de associação.

Além disso, essa regra levaria, na prática, a restringir a acção popular de *private enforcement* do direito da concorrência a associações de âmbito nacional. Recorde-se que a lógica fundamental subjacente ao *private enforcement* é o da afirmação das normas primárias do direito da concorrência através da responsabilidade civil pelos danos que resultam da infracção daquelas normas. A compensação meramente parcial dos prejuízos sofridos por alguns dos consumidores – por aqueles que residam em determinada região ou localidade – em lugar de uma reparação global, dos danos sofridos por todos os consumidores lesados por determinada prática anticoncorrencial compromete a finalidade preventiva do direito privado da concorrência. O facto de ficarem danos por reparar permite ao lesante furtar-se à internalização de parte das externalidades do seu comportamento no mercado, o que, por um lado, lhe permite reter injustificadamente uma vantagem que resulta do seu próprio ilícito (o sobrepreço que fica por compensar relativamente aos consumidores não representados na acção) e, por outro, se traduz numa perda de bem-estar social, no pressuposto de que a manutenção dos preços a um nível excessivamente elevado se traduz na diminuição da procura ou numa diminuição mais do que proporcional do «excedente do consumidor». Por outras palavras: uma representação meramente parcial do universo dos consumidores lesados pela prática anticoncorrencial compromete, na base, o funcionamento do *private enforcement*.

Pela positiva, o *private enforcement* só pode cumprir a sua finalidade orientadora de condutas dos agentes no mercado se o efeito correctivo do «dano do sobrepreço» puder fazer-se *globalmente*, quanto a todos os consumidores lesados num mesmo *mercado relevante*. Ora, o facto de a natureza dos interesses difusos e colectivos que estão em jogo no *private enforcement* não se compadecer com uma delimitação gradativa do âmbito da legitimidade das associações de defesa dos consumidores conduz a que, para ser consequente, qualquer acção de *private enforcement* tivesse de ser proposta por uma associação que reunisse o número mínimo de 3000 associados. Essa seria, contudo, uma exigência excessivamente onerosa e *manifestamente desproporcionada*, como o demonstra, de resto, o regime aplicável à acção popular no direito dos valores mobiliários (que impõe um número mínimo de 100 associados).

75. Apesar de os argumentos centrados nos princípios e nos valores prevalecerem sobre os argumentos decorrentes das consequências práticas da aplicação do Direito, nem por isso estas deixam de ser relevantes no plano da justificação da decisão do caso. Também desta perspectiva a tese da congruência entre o âmbito da legitimidade representativa da associação e a modalidade a que essa associação se reconduz coloca problemas. Na verdade, o maior número de associados pode perfeitamente não ser acompanhado por uma maior "representatividade geográfica" da associação. Uma associação pode ter mais do que 500 (ou mesmo mais de 3000 associados) e todos se encontrarem domiciliados na mesma localidade. Se, neste caso, é suficiente para merecer a qualificação como regional (ou nacional) que a actividade da associação seja exercida ao nível de uma região (ou de todo o país), que importância tem o número de associados?

Se a esta questão dever ser conferida uma resposta afirmativa, então não se compreende com facilidade que se deva excluir a legitimidade da associação para representar todos os consumidores lesados no território nacional que tiver uma maior "representatividade de facto" – com menos associados, mas com os associados mais dispersos pelas diversas regiões do país, contanto, claro, que a actividade social seja também exercida em todo o território.

76. Suponha-se, porém, que, apesar de não ser possível localizar um fundamento consistente para o requisito do número mínimo de associados, se entendia que haveria de considerá-lo como imposto pela lei vigente. O número de associados seria um critério insusceptível de ser afastado para aferir a representatividade da associação e esta representatividade, por sua vez, valeria, por si, como um requisito necessário à legitimidade popular da associação.

Esta tese não parece, contudo, compatível com os dados fundamentais do Sistema. Na verdade, encontramos antes no próprio regime da legitimidade popular subjectiva argumentos que obrigam a *relativizar* a relevância da representatividade do autor para o efeito de apurar o preenchimento daquele pressuposto processual. Na verdade, a Constituição e a Lei de Acção Popular consagram a legitimidade popular das pessoas singulares de uma forma amplíssima: qualquer pessoa, no gozo dos seus direitos civis e políticos, pode propor uma acção popular[57]. Pode, pois, perguntar-se: se qualquer pessoa singular tem legitimidade para propor a acção popular, que razão poderia justificar que a associação de defesa de consumidores tivesse que ter mais do que o número mínimo de associados exigido pela lei civil geral para poder propô-la?[58]

[57] É neste sentido que José Joaquim Gomes Canotilho, *Direito Constitucional e Teoria da Constituição*, 7ª ed., Coimbra Editora, Coimbra, 2018, p. 511, considera «não ser de excluir que a fórmula "qualquer um do povo" abranja pessoas colectivas», por tratar-se «de um dos direitos compatíveis com a natureza das próprias pessoas colectivas e com a própria natureza do direito em causa». Na configuração dos requisitos da admissibilidade de uma acção popular proposta por uma pessoa colectiva, o legislador ordinário teria, no essencial «apenas que atender a algumas dimensões do princípio da especialidade, a fim de se recortar, com rigor, quais os fins prosseguidos por essas mesmas pessoas colectivas».

[58] Conforme nota Miguel Teixeira de Sousa, *A legitimidade popular na tutela dos interesses difusos*, Lex, Lisboa, 2003, p. 192, a importância da previsão legal de um mínimo de associados para aferir da representatividade da associação para propor uma acção popular não deve ser

A esta observação poderia responder-se argumentando que as duas situações não são, em rigor, equiparáveis: ao contrário da pessoa singular, que actua como um dos titulares do interesse colectivo atingido, a associação de defesa dos consumidores, ao requerer a tutela para as situações individuais homogéneas, requer na acção popular a tutela para uma situação jurídica alheia. Esta última afirmação é verdadeira, mas dela não se retira qualquer razão para uma disparidade tão grande de soluções. É certo que a associação de defesa de consumidores não integra o conjunto dos titulares do interesse colectivo em causa. Todavia, e como afirmámos em momento anterior, é precisamente esse interesse colectivo, na dupla dimensão supra-individual e subjectiva-individual, que a associação está incumbida de defender na acção popular: não os interesses dos seus associados. Ao mesmo tempo, o consumidor alegadamente lesado que propõe a acção popular não requer apenas a tutela para o seu interesse subjectivo ou individual, mas para o interesse colectivo na sua dimensão supra-individual. Ora, para o exercício dessa legitimidade, que não deixa de ser representativa, é pacífico que não se exige qualquer requisito adicional; aliás, seria ontologicamente impossível exigi-la.

Em conclusão, e de uma perspectiva puramente formal, na perspectiva da dimensão supra-individual do interesse colectivo da protecção dos consumidores – e é esta que justifica o recurso à acção popular –, o consumidor individualmente considerado e a associação de defesa dos consumidores estão numa situação valorativamente equivalente. Litigam ambos em defesa de um interesse de que não são titulares e do qual não podem dispor. Seria, por essa razão, *incoerente* o resultado de se sujeitar a associação de defesa dos consumidores ao encargo exigente de possuir um número mínimo de associados para poder exercer o direito de acção popular.

77. Cumpre ainda notar que, no plano comparatístico, são vários os sistemas que, fazendo depender a legitimidade das pessoas colectivas para a propositura de acções populares de certos requisitos legais, não incluem entre esses requisitos qualquer referência a um número mínimo de associados. É esse o caso, já referido anteriormente, do Reino Unido, em que

sobrestimada, uma vez que a legitimidade popular também é atribuída a cidadãos, não se compreendendo, portanto, «que se pudesse recusar aquela legitimidade à associação e, ao mesmo tempo, se devesse admiti-la a qualquer dos seus membros».

apenas se exige que, não sendo parte da categoria dos consumidores que forem os titulares dos interesses atingidos, seja «justo e razoável» que a autora possa agir no processo como seu representante.

Além das Regras-Modelo aplicáveis ao Processo Civil, aprovadas pelo *ELI/UNIDROIT* em 2020, a que já aludimos, também a Directiva nº 2020/1828, (a Directiva da tutela colectiva dos interesses dos consumidores) se abstém de fazer depender a qualificação de uma associação como uma associação qualificada para propor uma acção colectiva da circunstância de a associação ter um número mínimo de associados. Apesar de, conforme dissemos, esta Directiva não ser aplicável ao *private enforcement*, e de os requisitos nela estabelecidos para a legitimidade activa das associações se cingirem às acções colectivas transfronteiriças (e não forçosamente também para as acções colectivas nacionais, artigo 4º, nº 3 e 4), não deixa de ser impressivo que o legislador europeu não tenha incluído na enumeração nos pressupostos da legitimidade – a qual, diga-se, é particularmente exigente – a existência de um número de associados da autora.

78. Por fim, não deixamos de sublinhar que a jurisprudência dos nossos tribunais superiores não tem acolhido a tese segundo a qual a legitimidade popular de uma associação de defesa dos consumidores estaria dependente do número de associados que essa associação tivesse no momento da propositura da acção. Pelo contrário, encontramos decisões em que a legitimidade foi efectivamente reconhecida a associações com um número substancialmente inferior a 100 associados.

Por se tratar de uma decisão recente, mas também por incidir sobre uma acção popular de *private enforcement* do direito da concorrência, não podemos deixar de citar novamente o Acordão do Tribunal da Relação de Lisboa, de 04-12-2018 (Isabel Fonseca).

Tratava-se, nesse caso, de aferir a legitimidade popular de uma associação que tinha por fim a promoção da defesa da concorrência em Portugal e a protecção dos consumidores, com vista ao aumento «do seu bem-estar e da economia portuguesa» (o Observatório da Concorrência) que contava com apenas 25 associados no momento da propositura da acção. Esta foi destinada à reparação dos danos sofridos por todos os consumidores residentes em Portugal que tivessem sido lesados pelo abuso de posição dominante de uma sociedade de prestação de conteúdos audiovisuais pelo serviço de televisão por cabo. Sem se ter ocupado especificamente da questão da suficiência do seu número de associados, concluiu a Relação de Lisboa que, para reconhecer a legitimidade popular do Observatório da Concorrência, era suficiente a constatação de que se tratava de uma associação defensora de interesses difusos e colectivos. Nas palavras daquele Tribunal «só não teria legitimidade processual se a associação não tivesse qualquer relação com o interesse difuso em presença», o que não se verificava no caso.

79. Chegados a este ponto, estamos em condições de concluir que o Direito objectivo não impõe a existência de um número mínimo de associados como requisito de legitimidade de uma associação de defesa de consumidores para a propositura de uma acção popular tendente a obter a reparação dos danos globalmente sofridos pelos consumidores atingidos por determinada prática lesiva. Qualquer associação de defesa dos consumidores, independentemente do número de associados que tiver, tem legitimidade para propor uma acção popular, desde que nessa acção se requeira a tutela de interesses colectivos do mesmo tipo daqueles que constam do seu objecto estatutário.

3.3. A insensibilidade da legitimidade popular das associações de defesa dos consumidores ao financiamento dos custos da acção por terceiro

80. Aferidos que estão os requisitos positivos da legitimidade popular das associações de defesa dos consumidores, importa agora indagar se existe um *requisito negativo* ou excludente dessa legitimidade que consista na celebração de um acordo de financiamento por terceiro dos custos da acção.

Em abstracto, a tese segundo a qual o *third-party funding* afectaria a legitimidade popular da associação financiada poderia ser sustentada com base em três ordens de razão:

(i) a celebração do acordo de financiamento permitiria ao terceiro financiador controlar a conduta da parte financiada na acção, a ponto de o primeiro passar a poder fazer prevalecer os seus interesses sobre os interesses da segunda;

(ii) a celebração do acordo de financiamento seria incompatível com a motivação altruísta que se pressuporia ser a da parte financiada e passaria a permitir a propositura de acções populares motivada pela procura de um lucro;

(iii) independentemente da motivação concreta e real da autora, a vigência de um acordo de financiamento dos custos da acção e o direito contratual do financiador a ser remunerado pelo investimento que efectuou seriam incompatíveis com a lógica segundo a qual a acção popular só poderia servir a tutela dos interesses dos consumidores, constituindo, por isso, um desvio objectivo deste meio de tutela relativamente ao fim que a lei lhe atribui.

81. Antecipemos uma conclusão: os três argumentos são improcedentes, desde logo e de modo fatal porque, ainda que politicamente impressivos, são tecnicamente imprecisos. Numa síntese apertada, a legitimidade, enquanto pressuposto processual, adere à parte. A sua concretização depende da verificação dos índices de que a lei a faz depender e que, no caso de acções populares de *private enforcement*, são as que constam do artigo 3º da Lei de Acção Popular. Ora, nenhum dos argumentos alinhados permite desgraduar o preenchimento do que se dispõe em tais regras. Por isso, e apesar de impressivos – querem criar a ilusão de que os objectivos nobres e altruístas que sempre deverão presidir à tutela de interesses de classe ou de interesses difusos através da estrutura acção popular são contaminados por todos os males uma vez que afinal há dinheiro envolvido no jogo –, são imprecisos: ainda que haja custos, despesas, financiamentos, o que for, nada disto colide com o que a lei dispõe.

Mas há mais. A razão da improcedência dos argumentos invocados acima é *dupla*. Por um lado, eles apoiam-se em razões que a Sistema não acolhe ou, em certos casos, que o Sistema frontalmente recusa. Por outro lado, ainda que estes argumentos tivessem acolhimento pelo Direito objectivo e por isso se impusessem ao intérprete, a consequência que deles se poderia extrair jamais poderia ser a da ilegitimidade da autora da acção popular.

82. A tese que considera que os acordos de financiamento por terceiro dos custos de acção constituem uma forma inidónea de influenciar a conduta da parte ou de instrumentalizar a acção popular à finalidade de prossecução do lucro de um terceiro ou de corromper a promoção altruísta dos interesses difusos ou colectivos que corresponderia à função sócio-económica da acção popular carece, quanto a nós, de fundamento. A argumentação que legitima esse resultado será exposta adiante, quando nos

detivermos mais aprofundadamente sobre o problema da admissibilidade dos *third-party litigation* no nosso Direito e, em especial, no tocante às acções populares. Como veremos melhor, a celebração de um acordo de financiamento dos custos da acção não permite retirar à parte financiada a qualidade de parte na acção nem permite atribuir essa mesma qualidade ao terceiro financiador. Este, apesar de ter um interesse próprio na acção, não é titular das situações jurídicas analiticamente compreendidas na posição da parte processual.

A afirmação que acabamos de fazer não deixa ser verdadeira mesmo quando o acordo de financiamento atribui ao financiador um poder de influenciar a conduta da parte financiada na acção. Poderá, então, discutir-se se o acordo de financiamento *é ou não admissível*[59]. O que não pode dizer-se é que a associação de defesa dos consumidores deixa de ser parte legitima de uma acção popular em que requer a tutela para os interesses difusos ou colectivos que, de acordo com o seu objecto ou o seu fim, ela está habilitada a defender.

83. A ideia segundo a qual a vigência de um acordo de financiamento seria incompatível com a motivação altruísta da associação de defesa de consumidores deve, quanto a nós, ser também rejeitada.

Na verdade, importa não confundir o *fim* com o *motivo* da acção da associação de defesa dos consumidores. Se pelo fim entendermos o efeito jurídico que, na qualidade de parte, a associação de defesa dos consumidores pretende obter através da acção popular, então efectivamente poderá dizer-se que é em razão do fim da acção popular (do pedido nela formulado) que deve ser aferida a legitimidade da autora. É um aspecto relevante para assegurar o preenchimento do requisito relativo à legitimidade da pessoa colectiva para a propositura da acção popular que o efeito jurídico que se visa obter através da acção corresponda objectivamente

[59] Apesar de a formulação do problema de saber se o financiador pode ser titular de uma permissão de influenciar o comportamento processual da parte suscitar compreensivelmente uma intuição no sentido da inadmissibilidade, conforme veremos melhor *infra*, § 4. 4, al. b), nem a possibilidade do exercício da influência sobre a parte deve, só por si, ser considerada ilícita, desde que ela não seja exercida em desconformidade com os interesses da parte (ou com os interesses que a parte deve prosseguir na acção), nem a solução da inadmissibilidade do exercício da influência, a ser admitida como correcta, deveria gerar a invalidade ou a ilicitude do acordo de financiamento, mas apenas a ineficácia da instrução ou orientação dirigidas à parte.

à tutela do interesse colectivo da tutela dos consumidores e, bem assim, da defesa da concorrência. No entanto, já é totalmente irrelevante que a autora – seja ela uma pessoa singular ou colectiva – se haja determinado exclusivamente por uma motivação altruísta[60]. A decisão de propor a acção pode ter sido determinada, por exemplo, por «tentação de protagonismo» dos membros da direcção, por anseio de publicitar os préstimos da associação ou pela intenção de beneficiar os respectivos associados. Esses desejos e esses interesses não são susceptíveis de impedir que se realize a intencionalidade normativa típica da acção popular, que é de conferir a tutela aos interesses difusos e colectivos que nela são invocados. São interesses *meramente reflexos* da autora da acção popular que concorrem com os interesses colectivos que nesta acção devem ser directamente prosseguidos e cuja existência, de resto, e numa apreciação meramente empírica, é muitas vezes importante para que o impulso processual venha a ser assumido. Recorde-se que o conhecido problema da efectividade da tutela popular tem a sua origem na «apatia racional» dos titulares do interesse colectivo atingido (como os consumidores), uma vez que, não raro, o benefício individual que cada um pode retirar da acção em caso de procedência do pedido é substancialmente inferior aos custos do processo.

84. A convivência da acção popular com uma actuação interessada vale também relativamente a outros intervenientes na comunidade processual além da parte. Pense-se no advogado. No domínio das acções colectivas ou de grupo, é sabido que muitas vezes o mandatário judicial assume uma posição preponderante no processo[61]. Na expectativa de obter uma remu-

[60] Segundo José Joaquim Gomes Canotilho, *Direito Constitucional e Teoria da Constituição*, 7ª ed., Coimbra Editora, Coimbra, 2018, pp. 226 e ss., embora a actuação do autor da acção popular seja, em regra, altruísta, uma vez que a parte não pretende defender interesses meramente privados, nem sempre se pode falar num verdadeiro altruísmo. Acresce que as garantias que a lei prevê para o altruísmo do autor não são a cominação da ilegitimidade da parte, mas antes a possibilidade do controlo da sua actuação no processo através do Ministério Público (artigo 16º, nº 1 da Lei de Acção Popular).

[61] Sobre a situação nos direitos estadunidenses, em que se chega por vezes a chamar às *class actions* «acções sem parte» ou dos «processos de advogado», v., com desenvolvimento, Miguel Teixeira de Sousa, *A legitimidade popular na tutela dos interesses difusos*, Lex, Lisboa, 2003, pp. 245 e ss.. Naturalmente, o problema da preponderância excessiva do mandatário judicial tende a ser maior quando a acção não for proposta por uma pessoa colectiva, fruto da dispersão e da actuação não organizada dos titulares dos interesses colectivos atingidos.

neração pelos serviços, pode mesmo acontecer que seja o próprio advogado que dá origem à acção, reunindo os meios financeiros necessários e instando um ou vários consumidores a exercerem o seu direito de acção popular, passando a representar institucionalmente todas as pessoas que pertençam à categoria dos consumidores lesados.

85. Pergunta-se: à luz do Direito português, deve a legitimidade popular do consumidor individual ou da associação de defesa dos consumidores ser recusada, ou a acção popular ser julgada inadmissível, pelo facto de essa associação ter sido influenciada pelo advogado a propor tal acção popular? A questão deve, quanto a nós, ser respondida negativamente. Desde logo, o risco de o mandatário judicial se desviar dos interesses dos consumidores na acção popular não é, no nosso Direito, tão elevado como aquele que se verifica nos Direitos estadunidenses. Esta uma conclusão que pode ser legitimada no artigo 21º da Lei de Acção Popular, disposição que, apesar de prever o direito à prestação dos custos da procuradoria (o que, por si, já permite excluir a hipótese de a acção popular pressupor o altruísmo do mandatário judicial), sinaliza ao mesmo tempo a recusa da solução que impera na prática das *class actions* norte-americanas, que é a de assegurar que o mandatário seja remunerado segundo as tarifas que comummente aplica na sua actividade, seja através de acordo com as partes, seja através da afectação de uma parte do crédito indemnizatório em que a ré vier a ser condenada na acção popular. Na acção popular, a remuneração do mandatário que pode ser imputada à contraparte é fixada pelo juiz da causa e segundo *critérios objectivos*, como a *complexidade* e o *valor da causa*[62].

[62] Sobretudo, a remuneração do mandatário, desde que fixada segundo critérios de adequação e de razoabilidade, assegura o *alinhamento* e não o *conflito* entre os interesses do mandatário judicial e os interesses colectivos e individuais dos representados. A cobertura dos custos e a diminuição dos riscos avultados com a acção popular, acrescida de uma remuneração adequada tornam possível o acesso à justiça de um número alargado de lesados que, de outra forma, não viriam a obter qualquer tutela para as situações jurídicas de que são titulares. Assim também MIGUEL TEIXEIRA DE SOUSA, *A legitimidade popular na tutela dos interesses difusos*, Lex, Lisboa, 2003, p. 251 («[...] a proibição de que o mandatário do autor popular se interesse pela acção popular numa perspectiva empresarial pode vir a traduzir-se na inviabilização da própria tutela do interesse difuso») e p. 253 («em todo o caso, parece difícil que o tribunal da acção popular possa ir além da verificação formal do preenchimento daqueles requisitos, sempre que, independentemente de saber quem é o *dominus* da acção popular (facto, aliás, dificilmente controlável pelo tribunal), essa acção sirva a tutela de um interesse difuso.

Igualmente determinante é também o facto de a lei portuguesa não admitir que a remuneração do mandatário judicial seja fixada exclusivamente no resultado obtido com o desfecho do litígio (proibição da *quota litis*, artigo 106º do Estatuto da Ordem dos Advogados, aprovado pela Lei nº 2/2013, de 10 de Janeiro), que contrasta com a admissibilidade geral da *contingency fee* dos direitos estadunidenses. O risco de a remuneração do mandatário constituir um «excesso motivacional» para a propositura de acções populares, ou para a condução destas no interesse próprio do mandatário, por exemplo, procurando a celebração de uma transacção que assegure uma remuneração suficiente, ainda que não satisfatória dos interesses dos representados, parece ser, por isso, um risco acautelado pela lei portuguesa[63]. E não é despiciendo notar que o mandatário não se encontra na acção popular menos vinculado ao cumprimento dos seus deveres deontológicos – desde logo, ao dever de orientar a sua actuação para a tutela dos interesses legítimos do mandante (artigo 97º, nº 2 do Estatuto da Ordem dos Advogados) – do que numa acção comum.

86. Acresce que, mesmo a demonstrar-se que a propositura da acção popular pela associação de defesa dos consumidores houvesse sido determinada pela influência do mandatário interessado em obter uma remuneração na acção popular, isso não implicaria um maior risco lesivo, quer para os interesses dos consumidores institucionalmente representados na acção, quer para a contraparte na acção popular. Aliás, esta situação não se distingue provavelmente de qualquer outra em que o mandatário influencie a parte a propor a acção: no final, tudo estará na valoração do interesse substantivo que se visa tutelar. Na acção popular, como em qualquer outra, a propositura de acções temerárias ou espúrias por influência do mandatário fazem, de acordo com as mesmas regras, impender, sobre este, sanções disciplinares.

Enquanto este interesse for efectivamente protegido, pouco importa que a acção popular tenha sido proposta por iniciativa de um mandatário judicial em busca de uma remuneração do trabalho prestado ou mesmo de uma compensação para os investimentos efectuados. Quando for obtido o resultado desejado, não pode ser importante se quem assumiu os riscos do processo foi o autor ou o seu advogado»).

[63] Este receio é relativamente infundado nas acções populares, em que a transacção tem de ser aprovada pelo tribunal e em que o Ministério Público se pode substituir ao autor caso entenda que os direitos e interesses dos representados não estão a ser tutelados de uma forma adequada nessa acção.

Influenciada ou não a propor a acção pela actuação de um terceiro, a associação de defesa dos consumidores está obrigada a conduzir a acção popular da forma que melhor atenda aos interesses colectivos que representa. Caso se venha a verificar que não é isso que sucede na acção popular e que a actuação processual da associação coloca em perigo os interesses dos consumidores, a Lei de Acção Popular conhece meios de reacção apropriados, conforme vimos. O problema não será, então, de ausência de legitimidade popular da associação de defesa dos consumidores, mas do carácter inadequado, ou mesmo ilícito, do modo de exercício das faculdades processuais pelo autor popular.

Não é também a circunstância de se fazer prova no processo que a associação foi determinada por um terceiro a propor a acção popular que incrementa o risco de lesão para os bens jurídicos ou para os interesses da parte demandada nessa acção. Desta situação se pode distinguir ainda uma outra, que apenas como hipótese *ad terrorem* pode ser colocada, que consistiria na prova de que o terceiro, mais do que influenciar, no sentido de instigar a pessoa colectiva a propor a acção, suprimia nela, por intervenção nos órgãos de formam a sua vontade, a sua autodeterminação, em termos tais que o caso se reconduzisse à autoria material ou mediata. Ainda neste caso, a parte processual, porque formalmente compreendida, seria a associação, cuja *legitimidade permaneceria intocada*.

87. Para além de quanto se disse, e que revela a necessidade de separar as questões relacionadas com a legitimidade daquelas que respeitam ao exercício jurídico, sublinhe-se, uma vez mais, que, se o problema está ao nível do exercício da situação jurídica, as normas que intervêm são os deveres de cooperação, as normas relativas ao abuso do direito de acção (artigo 334º do Código Civil) e à responsabilidade civil fundada na litigância de má fé (artigo 542º do Código de Processo Civil e artigo 20º, nº 4 da Lei de Acção Popular), que têm aplicação plena na acção popular.

88. As considerações que acabamos de expor relativamente à relevância da possibilidade de o advogado influenciar a associação na decisão de propor a acção popular valem, em certa medida, para o problema do exercício da influência do terceiro financiador sobre aquela associação. A disponibilização dos meios financeiros necessários para tornar suportável o risco da propositura da acção popular é insusceptível de gerar, por si, uma situação de

conflito de interesses, quer de um conflito entre os interesses desse terceiro e os interesses da parte, quer de um conflito entre os interesses do terceiro e os interesses do mandatário que representa a autora da acção popular. Este continua a ter de orientar a sua actuação processual para a melhor satisfação possível dos interesses colectivos conexos com o objecto da acção popular.

89. Por último, deve igualmente ser considerado improcedente o argumento segundo o qual a possibilidade de o financiador obter uma remuneração pelo financiamento prestado levaria a atribuir à acção popular uma finalidade orientada para o lucro, com isso subvertendo a sua vocação típica para a tutela dos interesses colectivos e, em especial, da protecção dos interesses dos consumidores.

Não é, na verdade, assim. O acordo de financiamento dos custos processuais não existe para que a acção popular passe a servir o fim de proporcionar um lucro a um terceiro. O financiamento por terceiro serve, antes, para tornar viável uma acção popular que, sem financiamento, provavelmente não seria proposta. Conforme tentaremos demonstrar quando nos dedicarmos à análise dos *third-party funding agreements*, a propositura e a condução de uma acção popular – e, por maioria de razão, de uma acção popular de *private enforcement* – implica sempre custos e riscos muitíssimo elevados. O titular do direito de acção popular não tem, na generalidade dos casos, nem capacidade para suportar esses custos e esses riscos, nem conveniência em fazê-lo, dada a desproporção relativamente ao benefício que possa retirar individualmente da procedência do pedido formulado naquela acção. Esta afirmação é verdadeira tanto para o típico consumidor lesado, quanto para a associação de defesa de consumidores: também estas dispõem, quase sempre, de recursos próprios insuficientes para suportarem os encargos tão avultados. Em todo este debate não pode perder-se de vista que as receitas das associações são tipicamente constituídas pelas quotizações de associados ou de atribuições gratuitas de terceiros; o financiamento público é inexistente.

Em suma, mais do que estranha, seria dificilmente suportável à luz da coerência valorativa do Sistema que a parte deixasse de ter legitimidade para propor a acção popular por ter recorrido ao único meio que tornava a respectiva propositura economicamente tolerável ou, se se preferir, que a sua legitimidade dependesse da preservação dos condicionalismos fácticos e económicos que impossibilitassem o seu exercício.

§4
O financiamento por terceiro das despesas conexas com a acção popular de *private enforcement*

4.1. O problema

90. Uma das frentes em que maior controvérsia se vem suscitando quanto ao modelo tipicamente escolhido na propositura de acções de *private enforcement* respeita à celebração de acordos de financiamento dos custos das acções.

E, neste contexto, a pergunta a que no final importa dar resposta é a seguinte: à luz da ordem jurídica portuguesa, é admissível a celebração de negócios jurídicos cujo escopo é a obtenção de meios de quem não é parte na acção para que aquele que é parte possa cobrir os custos em que necessariamente incorrerá com o exercício jurisdicional do seu direito? Recorrendo à linguagem que se sedimentou, serão os *third-party funding agreements* válidos caso esta validade deva ser aferida por regras materiais do ordenamento jurídico português?

A resposta afirmativa à primeira interrogação não esgota o universo de problemas que os acordos de financiamento levantam. Com efeito, e ainda que se conclua que, à luz do direito português, não pode identificar-se uma proibição específica ou fundada em vectores gerais que determine a invalidade destes acordos, haverá que perguntar que pressupostos ou requisitos devem estar verificados para que esses negócios possam produzir os seus efeitos jurídicos típicos. Em especial, avulta a questão de saber se o problema da admissibilidade dos contratos de financiamento dos custos da acção por terceiros depende de especificidades decorrentes da pretensão material. O que nos vai interessar, atendendo ao espectro de hipóteses que têm suscitado maiores divergências doutrinárias e jurisprudenciais, são os casos em que (i) a acção a propor seja uma acção condenatória e na qual seja pedida a condenação de um alegado lesante em indemnização por danos sofridos por consumidores em consequência de uma alegada violação do direito da concorrência e (ii) a acção assuma a estrutura de uma acção popular.

4.2. Os contratos de financiamento por terceiro dos custos da acção. Noção, tipologia e função. As suas virtudes e os seus perigos

a) Origem registável e evolução

91. Os acordos de financiamento dos custos processo têm uma origem antiga; tão antiga, cumpre reconhecê-lo, como a desconfiança com que têm sido considerados[64].

Na Grécia Antiga, apesar de a parte poder agir em processo em nome próprio, as necessidades de especialização na argumentação judiciária levaram ao surgimento dos *logrogaphoi*, que preparavam, por escrito, a alegação do direito da parte na acção, em troca de uma contrapartida pecuniária[65]. Isso propiciou a emergência de uma classe especializada de "assistentes" da parte, mas também de desigualdades económicas e sociológicas do

[64] V., com referências, MAX RADIN, «Maintenance by Champerty», *California Law Review*, 24, 1935, pp. 48-78; ALEXANDER BRUNS, «Third-Party Financing in the Perspective of German Law – Useful Instrument for Improvement of the Civil Law Justice System or Speculative Immoral Investment?», *Journal of Law, Economics & Policy*, 8.3, 2012, pp. 525-548 (pp. 531 e ss.); MICHAEL VELCHIK/JEFFEREY ZHANG, «Islands of Litigation Finance», *Stanford Journal of Law, Business & Finance*, 24, 2019, pp. 1-46 (pp. 6 e ss.); GIAN MARCO SOLAS, *Third Party Funding: Law, Economics and Policy*, Cambridge University Press, 2019, pp. 17 e ss.. ISEU DE ATENAS dá o exemplo de Dicaeogenes que, tendo herdado um terço da herança de um homem abastado (Proxenus), foi convencido por um grupo de amigos a peticionar o restante, que lhe emprestaram dinheiro em contrapartida de uma parte daquilo que conseguisse obter na acção (ISAEUS, *On the Estate of Dicaeogenes*, nºs 7 e 40, traduzido por E. S. FORSTER, Harvard University Press, Cambridge, 1943, pp. 151-193). Outro exemplo é o do litígio entre Agyhhrius de Kollytos e Andocides, relativamente à obtenção da autorização para cobrar tributos para a cidade, em contrapartida do pagamento de uma remuneração; Agyhhrius acabou por criar um fundo de litigância comum, com vista a obter o apoio financeiro de dois homens abastados da cidade, Cllias e Céfiso: MICHAEL VELCHIK/JEFFEREY ZHANG, «Islands of Litigation Finance», *Stanford Journal of Law, Business & Finance*, 24, 2019, pp. 1-46 (p. 8).

[65] As reformas de Sólon (594/3 a. C.), ao preverem a possibilidade de auxílio dos *logrogaphoi* por quem não tivessem meios para prover pela sua remuneração, são vistas como a primeira forma de auxílio judiciário: GIAN MARCO SOLAS, *Third Party Funding: Law, Economics and Policy*, Cambridge University Press, 2019, pp. 19-20.

ponto de vista do acesso ao Direito. Com o tempo vieram a surgir associações (*hetaireiai*) que, além de um fim de natureza política, se destinavam por vezes a financiar os custos inerentes à promoção de processos pelos respectivos membros[66]. À medida que estas organizações foram conquistando um papel proeminente na sociedade ateniense, a fronteira entre os dois objectos foi-se esbatendo: com maior dimensão, mais meios e um grau crescente de sofisticação, o financiamento das acções passou a estar subordinado a estratégias de poder, como a aquisição do controlo económico de certa actividade ou a conquista de apoio político[67]. A ausência de esquemas de regulação tornou inevitável que o financiamento dos custos do processo passasse a ser instrumentalizado à processução de fins inidóneos, como a propositura de acções desprovidas de fundamento para descredibilizar concorrentes ou adversários políticos, a recolha de depoimentos falsos ou caluniosos de outros membros da associação, a forja de

[66] Segundo MICHAEL VELCHIK/JEFFEREY ZHANG, «Islands of Litigation Finance», *Stanford Journal of Law, Business & Finance*, 24, 2019, pp. 1-46, loc. cit., alguns dos *hetaireiai* tinham mesmo como fim principal o de lucrar com o financiamento de acções de terceiro.

[67] A relevância cultural dos *hetaireiai* é descrita de forma impressiva por MICHAEL VELCHIK/JEFFEREY ZHANG, «Islands of Litigation Finance», *Stanford Journal of Law, Business & Finance*, 24, 2019, pp. 1-46 (p. 9): «a pertença a uma agremiação política poderia trazer benefícios de diversas formas. A primeira e mais importante era a de permitir aos seus membros solicitar com facilidade o financiamento para a promoção de acções. Na altura, à semelhança do que acontece agora, o dinheiro era aquilo de que as partes litigantes mais careciam e aquilo que os amigos poderiam prestar de forma mais providencial. Em segundo lugar, os membros dessa agremiação poderiam oferecer-se para testemunhar, para representar a parte ou para persuadir um terceiro a fazê-lo. Aqueles que dispusessem de uma relevância política significativa poderiam, então, prestar testemunhos particularmente persuasivos ou usar o seu poder de influência para conseguir os melhores advogados para os seus pares e, igualmente importante, para dissuadir esses advogados de representarem a parte contrária. Em terceiro lugar, os membros da associação poderiam promover campanhas de apoio público. A antiga Atenas tinha um universo de pessoas elegíveis como jurados, proporcionalmente diminuto (cidadãos masculinos com propriedades) por comparação com a composição dos júris (entre 201 e 501 membros). Tal circunstância, ao mesmo tempo que tornava difícil o suborno dos jurados, incentivava as partes a cacicarem em seu favor antes do julgamento; uma empresa que podia ser prosseguida com maior eficiência e credibilidade com a ajuda dos amigos. Em quarto lugar, os membros da associação poderiam prestar assistência a um réu para reconvir ou mesmo a propor, em nome próprio, uma acção autónoma contra o autor. Essa parece ter sido uma via muito eficaz para paralisar a intenção de demandar. Finalmente, os associados podiam oferecer dinheiro aos autores para transigirem, permitindo com isso evitar os riscos de um julgamento desfavorável ou, por vezes, simplesmente, persuadir os autores a desistirem do pedido».

outros meios de prova ou mesmo a corrupção dos decisores. Esta prática abusiva, que ficou conhecida como a *sykophanteia*[68], conduziu ao descrédito dos seus seguidores e a uma censura moral generalizada[69]. Os gregos não dispunham de uma regulação precisa do financiamento do contencioso, seguindo a intuição genérica de que haveria que tolerar os instrumentos de cooperação com terceiros que viabilizassem a propositura de acções meritórias e que a parte, por insuficiência de meios, não estaria em condições de propor sem o auxílio de um terceiro. Isto ao mesmo tempo que punia o *sycophant* por incentivar a formulação de pedidos frívolos, manifestamente infundados, persecutórios ou extorsores[70].

92. No Direito romano clássico, a função dos advogados (*advocati, causidici, patroni causarum*) em auxiliar a parte no acesso à justiça começou por ser gratuita, tendo a partir do terceiro século a. C. passado a ser prestada mediante o pagamento de uma contrapartida prestada antecipadamente (*honorarium*)[71]. Para pôr termo aos abusos na estipulação de honorários

[68] MATTHEW R. CHRIST, *The litigious Athenian*, Baltimore, Johns Hopkins University Press, 1998, p. 50, descreve o *sykophant* nos termos seguintes: «*(1) he seeks to make money by (a) blackmailing individuals with the threat of a legal prosecution; (b) bringing suits of the variety in which the prosecutor received a share of the fine; (c) prosecuting people for a fee. (2) He levels false charges; (3) he engages in sophistical quibbling; (4) he makes slanderous attacks; (5) he frequently takes people to court; (6) he acts after the event and rakes up old charges; (7) he is a fluent speaker*».

[69] MAX RADIN, «Maintenance by Champerty», *California Law Review*, 24, 1935, pp. 48-78 (pp. 49 e ss.); MICHAEL VELCHIK/JEFFEREY ZHANG, «Islands of Litigation Finance», *Stanford Journal of Law, Business & Finance*, 24, 2019, pp. 1-46 (pp. 8 e ss); a dado ponto, era da praxe que as partes iniciassem as suas exposições orais declarando não serem «*sykophantes*».

[70] Segundo MICHAEL VELCHIK/JEFFEREY ZHANG, «Islands of Litigation Finance», *Stanford Journal of Law, Business & Finance*, 24, 2019, pp. 1-46 (p. 9), a regulação do financiamento dos custos do processo em Atenas assentava fundamentalmente no recurso ao conceito da *sykophanteia* e à indagação sobre se o terceiro assistente da parte merecia ou não essa qualificação e acrescentam: ao contrário das doutrinas surgidas posteriormente no *Common Law*, as normas estavam então mais dirigidas a prevenir ou a punir os ilícitos cometidos na acção (como processos frívolos, o perjúrio, a corrupção de júris, *etc.*), do que a combater as possíveis causas desse fenómeno (como a «*sale of lawsuit*»).

[71] CÍCERO, *De officiis*, 2.66: «*[...] Disserti igitur hominis et facile laborantis, quodque in patriis est moribus, multorum causas et non gravate et gratuito defendentis beneficia et patrocinia late patent*». GIAN MARCO SOLAS, *Third Party Funding: Law, Economics and Policy*, Cambridge University Press, 2019, p. 20. Com desenvolvimento, ANTOINE BERNARD, *La rémunération des professions libérales en droit romain classique*, Paris, 1935; PIETRO PESCANI, *Honorarium Studi del Lavoro nel Diritto Romano*, Trieste, 1961; LINDA DE MADDALENA, *Litis causa malo more pecuniam promittere.*

excessivos, veio a prever-se pela *Lex Cincia de Donis et Muneribus* (204 a. C.) a proibição de cobrança de honorários *ante causam*, podendo a parte, querendo, realizar uma prestação remuneratória *post causam*; a pena fixada para a violação da lei parece não ter conhecido aplicação alargada, e com o Imperador CLAUDIUS passou a ser permitida a fixação como devidos dos honorários, *post causam* e limitados a 10.000 sestércios[72]. Nada se dispunha quanto à possibilidade de prever que o mandatário se fizesse pagar a partir de uma parte da prestação na qual o réu viesse a ser condenado. Segundo ULPIANUS, não seria admissível o acordo celebrado entre a parte e o advogado durante a pendência da lide que atribuísse ao segundo o direito a uma porção do valor do objecto do processo (uma *societas futuri emolumenti*), mas já seria lícita a convenção que fizesse depender parte dos honorários da probabilidade de obtenção de um resultado favorável, inclusivamente em razão do valor da causa (*palmarium*)[73].

A proibição de a parte transferir para o advogado os custos da acção (proibição da *quota litis*) contrastava com a admissibilidade da cessão a terceiros do crédito litigioso (*cessio actionis*). A generalização do comércio do crédito litigioso teve repercussões sócio-políticas: muitos cessionários utilizavam a sua posição económica ou social para influenciar o tribunal[74]. BARTOLUS, que terá sido o primeiro a utilizar a expressão *quota litis*, viria a identificar o fundamento do seu carácter proibido com o propósito de pôr cobro aos comportamentos abusivos ou ilícitos assumidos, na acção, pelos *calumniatores*[75]. Esta prática só veio, no entanto, a ser combatida no direito

Sulla contrarietà ai boni mores del "patto di quota lite", Dike, Zürich, 2015 (a versão que citamos é a da Dissertação, apresentada na Università degli Studi di Milano em 2013/4, e está disponível online: https://core.ac.uk/download/pdf/187926631.pdf, pp. 51 e ss.).

[72] ULPIANUS, D. 50, 13, 1, 12 (100 *aurei*). LINDA DE MADDALENA, *Litis causa malo more pecuniam promittere. Sulla contrarietà ai boni mores del "patto di quota lite"*, Diss. 2013/4, pp. 57 e ss.; GIAN MARCO SOLAS, *Third Party Funding: Law, Economics and Policy*, Cambridge University Press, 2019, p. 21.

[73] D. 50.13.1.12. VINCENZO ARANGIO-RUIZ, *Il mandato in diritto romano*, Roma, 1965, p. 116; BETTINA WIRTH-DUNCAN, *Rechtsberatung in der römischen Antike: von der Ehrentätigkeit zum Beruf*, Lit Verlag, Berlin, 2020, pp. 263 e ss..

[74] GIAN MARCO SOLAS, *Third Party Funding: Law, Economics and Policy*, Cambridge University Press, 2019, p. 22.

[75] BARTOLUS DE SAXOFERRATO, *Bartolus in primam Codiciis partem secundam*, Jacobum Sacon, 1518, p. 71 («*nam advocatus cogeretur retinere multe iuste vel iniuste*»). Segundo a definição extensiva presente no Código de Teodósio, 9, 39, 3: «*Calumniatores sunt, quicumque causas ad se non pertinentes sine mandato alterius proposuerunt. Calumniatores sunt, quicumque iusto iudicio victi*

justinianeu, através da *Lex Anastasiana*, em 506 d. C., a qual, visando acabar com a prática especulativa da aquisição por baixo preço de créditos insuficientemente garantidos, limitava ao cessionário o valor da compra do crédito, acrescido de um juro (*exceptio legis Anastasianae*)[76].

93. SOLAS dá conta de que não existe consenso na romanística quanto à razão da proibição da cessão de créditos litigiosos: segundo alguns, tratava-se da mesma razão da proibição da *quota litis*, ou seja, a de prevenir um aproveitamento da parte pelo respectivo mandatário ou procurador; segundo outros, porém, estaria em causa um princípio mais difuso de tutela do devedor, uma vez que o comércio especulativo do crédito faria aumentar o risco da assunção, pelo cessionário, de comportamentos processuais temerários ou abusivos[77].

Independentemente da questão de saber qual das orientações deve ser aceite, parece claro que a proibição da interferência de um terceiro no litígio mediante a cessão do crédito surgia, no Direito romano, como uma forma de *prevenir* o *uso abusivo* do processo ou a causação de danos através do *exercício ilícito do direito de acção*[78].

causam iterare tentaverint. Calumniatores sunt, quicumque quod ad illos non pertinente, petunt aut in iudicio proponent. Calumniatores sunt, qui sub nominee fisci facultates appetunt alienas et innocents quietos esse non permittunt. Calumniatores etiam sunt, qui falsa deferentes contra cuiusque innocentis personam principium ânimos ad iracundiam commovere praesumunt. Qui omnes infames effecti in exsilium detrudentur. Hic de iure addendum, qui calumniatores esse possunt».

[76] C. 4.35.22. LUÍS DE MENEZES LEITÃO, *Cessão de Créditos*, Almedina, Coimbra, 2005, pp. 30 e ss.. ARNOLD HERRMANN, «Noch einige Bemerkungen über die lex Anastasiana», *Archiv für die civilistische Praxis*, 31, 1848, pp. 63-83.

[77] GIAN MARCO SOLAS, *Third Party Funding: Law, Economics and Policy*, Cambridge University Press, 2019, p. 22, que adere à opinião de MAREN RENNPFERDT (*"Lex Anastasiana" – Schuldnerschutz im Wandel der Zeiten*, Muster – Schimdt, Göttingen, 1991), de que a proibição tinha uma categoria de destinatários muito precisa – os adquirentes da coisa ou direito litigiosos (*redemptores litium*), não podendo a mesma ser estendida a procuradores ou mandatários, ainda que estivesse em causa uma partilha dos proveitos da procedência da acção. Em causa poderia estar também o receio de o cessionário poder fazer uso da sua influência sobre o tribunal, por forma a obter uma decisão favorável. Recorde-se a proibição da *cessio* a pesssa mais poderosa do que o cedente, presente no Código de Justiniano: 2, 13, 1.

[78] MAX RADIN, «Maintenance by Champerty», *California Law Review*, 24, 1935, pp. 48-78 (pp. 54-5); MICHAEL VELCHIK/JEFFEREY ZHANG, «Islands of Litigation Finance», *Stanford Journal of Law, Business & Finance*, 24, 2019, pp. 1-46 (p. 11). PAULA COSTA E SILVA, A Litigância de Má Fé, Coimbra Editora, Coimbra, 2008, pp. 155 e ss..

94. A associação da proibição da cessão do crédito litigioso à proibição da *quota litis*, e de ambas ao financiamento por terceiro dos custos da acção – ou melhor, a identificação de um fundamento comum a estas três regras – está bem patente na língua inglesa. O «*champerty*», termo que começou a ser utilizado no direito medieval, significa etimologicamente «participar na coisa de outrem» («*campi partus*»)[79]. O facto de o termo designar também certo tipo de direitos feudais em vigor em determinadas regiões do continente não deve ser acidental, uma vez que, na Idade Média, o financiamento dos custos da acção foi precisamente uma das formas que os *domini* utilizavam para consolidar o seu poder político e económico, mas também para perseguir opositores ou concorrentes. A proibição foi, por isso, rapidamente alargada à «*maintenance*»[80] – qualquer forma de assistência financeira à promoção prestada por terceiro, ainda que sem uma contrapartida patrimonial directa –, e à «*barratry*», a insistente estimulação ou provocação da propositura de acções[81]. Em qualquer caso, é evidente que o recurso intensivo a estas figuras, potenciando abusos e desvios, colidia com o projecto político de centralização do poder judicial nas mãos do Rei[82]. Aqui, como em Inglaterra, pesaram mais as razões de organização jurídico-política do Estado do que a ideologia para se ter mantido a proibição do financiamento dos custos da parte por terceiro. Mas é evidente que também esta, sobretudo em virtude da proibição da usura e de uma visão «não conflitual» do processo[83], destinada ao apuramento da verdade e à preservação da paz que é tributária do cristianismo, contribui para que a proibição perdurasse no tempo[84].

[79] No *Chapter* 25 do *Statute of Westminster* de 1275 (3 Edw. I), podia ler-se: «*None shall commit Champerty, to have Part of the Thing in Question*».

[80] No *Chapter* 49 do *Statute of Westminster de 1985* (13 Edw. I): «*the Chancellor, Treasurer, Justices, nor any of the King's Council, no Clerk of the Chancery, nor of the Exchequer, nor of any Justice or other Officer, nor any of the King's House, Clerk, ne Lay, shall not receive any Church, Land nor tenement in Fee, by Gift nor by Purchase, nor to Farm, nor by Champerty, nor otherwise, so long as the Thing is in Plea before Us, or before any of our Officers; nor shall take no Reward thereof. And he that doth [contrary to this Act], either himself or by another, or make any [Bargain], shall be punished at the King's Pleasure, as well as he doth purchaseth, as he doth sell*».

[81] Gian Marco Solas, *Third Party Funding: Law, Economics and Policy*, Cambridge University Press, 2019, p. 25.

[82] Gian Marco Solas, *Third Party Funding: Law, Economics and Policy*, Cambridge University Press, 2019, pp. 25-6, 28.

[83] Max Radin, «Maintenance by Champerty», *California Law Review*, 24, 1935, pp. 48-78 (p. 59).

[84] Gian Marco Solas, *Third Party Funding: Law, Economics and Policy*, Cambridge University Press, 2019, p. 25.

95. Com o iluminismo, a solução proibitiva ganhou, de resto, uma força acrescida, não só porque o modelo processual individualista e típico do Estado liberal tinha dificuldades em considerar as realidades que não cabiam na geometria fechada da relação triangular entre as partes e o tribunal, mas também porque a memória histórica da instrumentalização do processo por quem nele não figurava como parte era tida como uma ameaça ao princípio da separação de poderes[85]. Não surpreende, por isso, que a maioria dos Códigos da primeira sistemática tivessem mantido a solução restritiva quanto à cessão do direito litigioso, paralelamente à proibição da *quota litis*, no cerne de uma deontologia profissional do advogado que se ia sedimentando ao longo dos séculos. Exemplo disto mesmo é o facto de o Código de Napoleão de 1804 prever tanto a proibição da *quota litis* – que, aliás, estendia a outros terceiros além do advogado – quanto a *exceptio Anastasiae*, que permitia ao devedor exonerar-se pela prestação do preço pago pelo cessionário para adquirir o crédito litigioso[86]. Neste ponto, o *Code Civile* veio a influenciar muitas ordens jurídicas, incluindo a portuguesa[87].

96. Com a realização do princípio da separação de poderes, a independência dos tribunais, o desenvolvimento científico da responsabilidade processual e o crescente poder de organização das ordens profissionais, foram perdendo força as razões da desconfiança relativamente ao financiamento dos custos do processo e, em geral, à tutela de um interesse (legítimo) de um terceiro numa acção pendente[88]. Pelo contrário, a realidade

[85] GIAN MARCO SOLAS, *Third Party Funding: Law, Economics and Policy*, Cambridge University Press, 2019, pp. 26 e ss..

[86] *Cf.* o artigo 1699º do *Code Civil*: «*celui contre lequel on a cédé um droit litigieux peut s'en faire tenir quite par le cessionaire en lui remboursant le prix réel de la cession avec les frais et loyaux coûts, et avec les intérêts à compter du jour où le cessionaire a pave le prix de la cession à lui faite*». Na mesma linha, o § 879 (2), inciso 2 do *ABGB* inclui entre os contratos nulos por ofensa aos bons costumes a cessão total ou parcial do objecto do processo, bem como a promessa de uma parte da quantia pedida pelo autor, a um «auxiliar jurídico» da parte («*ein Rechtsfreund*»).

[87] Nos artigos 785º, § único, e 786º do Código Civil de 1867, previa-se que, no caso de cessão onerosa de crédito litigioso, o devedor fica liberado da sua obrigação se, em lugar do pagamento da dívida, se limitasse a pagar o preço de aquisição do crédito, acrescido de juros e despesas suportadas com a aquisição. A solução encontra-se ainda vigente no Direito espanhol (artigo 1535º do Código Civil).

[88] JEREMY BENTHAM, *A Defense of Usury – Shewing the Impolicy of the Present Legal Restraints on the Terms of Pecuniary Bargains, in a series of Letters to a Friend*, T. Foster, New York, 1837 (o original foi publicado em Londres, 1818), defendia veementemente a admissibilidade da

foi demonstrando que a existência e a tutela desses interesses poderia servir a realização dos interesses da própria parte: assim sucedia, desde logo, com o interesse em poder aceder efectivamente aos tribunais[89]. Nos direitos contemporâneos, a primeira grande brecha na lógica da proibição da transferência para terceiro dos custos do processo verifica-se com o direito ao apoio judiciário, justamente com a constatação de que uma das atribuições fundamentais do Estado social é o de garantir a todos, independentemente da sua situação económica, o acesso ao Direito e aos tribunais (20º, nº 1 da Constituição da República Portuguesa, artigo 10º da Declaração Universal dos Direitos Humanos, artigo 6º, nº 1 da Convenção Europeia dos Direitos do Homem).

A circunstância de o apoio de que beneficia a parte ser público e gratuito não altera o facto de se tratar de uma forma de financiamento (parcial) dos custos do processo[90]. Isto é suficiente para que se relativizem alguns dos argumentos que são comummente aduzidos contra o *third-party litigation funding*. Designadamente, o de que ele induz um aumento incontrolável da litigância: o incremento do número de processos por comparação com a situação que existiria sem a existência de um sistema de apoio judiciário é inevitável, mas ela demonstra, antes de qualquer outro fenómeno, que o direito de acesso aos tribunais não é plenamente realizado sem uma forma de financiamento ou de transferência de custos para terceiros.

champerty e da maintenance (Letter XII, pp. 36-7): «*whether, in the barbarous age which gave birth to these barbarous precautions, whether, even under the zenith of feudal anarchy, such fettering regulations could have had reason on their side, is a question of curiosity rather than use. My notion is, that there was never a time, that there never could have been, or can be a time, when the pushing of suitors away from court with one hand, while they are beckoned into with another, would not be a policy equally faithless, inconsistent, and absurd. But what everybody must acknowledge is, that to the times which called forth these laws, and in which alone they could have started up, the present are as opposite as light to darkness. A mischief, in those times, it seems, but too common, though a mischief not to be cured by such laws, was, that a man would buy a weak claim, in hopes that power might convert it into a strong one, and that a sword of a baron, stalking into court with a rabble of retainers at is heels, might strike terror into the eyes of a judge upon the bench. At present, what cares an English judge for the swords of a hundred barons? – Neither fearing nor hoping, hating nor loving, the judge of our days is ready with equal phlegm to administer, upon all occasions, that system whatever it may be, of justice or injustice, which the law has put into his hands*».

89 Gian Marco Solas, *Third Party Funding: Law, Economics and Policy*, Cambridge University Press, 2019, pp. 31 e ss..

90 Gian Marco Solas, *Third Party Funding: Law, Economics and Policy*, Cambridge University Press, 2019, loc. cit..

97. Nas últimas décadas, o financiamento dos custos processuais por terceiro adquiriu uma importância muito significativa em diversas áreas do Direito. O recrudescimento dos instrumentos, de diversa índole, destinados a financiar dos custos da acção iniciou-se nos anos 90 do século passado, nos Estados Unidos da América[91], tendo-se acentuado de forma notória a partir da crise financeira de 2008/2012[92]. Este fenómeno tem certamente muitas causas, mas a primeira e a mais evidente prende-se com o recuo do Estado na satisfação efectiva do direito de acesso aos tribunais (pensamos, evidentemente, nas sociedades pós-industrializadas do mundo ocidental) que se manifesta não apenas no agravamento dos pressupostos e das condições do apoio judiciário, mas também no encarecimento dos serviços jurídicos[93] e ao aumento da aversão ao risco que é própria de um contexto de crise[94], acompanhado de um abrandamento significativo do crescimento económico e das condições de vida, transversal a todas as classes sociais, e observável nas famílias e nas empresas[95]. Bem se compreende que os *third party funding agreements* tenham passado a ser vistos como um instrumento para uma gestão mais racional e eficiente da actividade societária, integrando, de pleno, a temática do *corporate finance*[96]. Não surpreende

[91] SUSAN LORDE MARTIN, «Syndicated Lawsuits: Illegal Champerty or New Business Opportunity?», *American Business Law Journal*, 30, issue 3, 1992, pp. 485-511, Id., «Financing plaintiffs' lawsuits: an increasingly popular (and legal) business», *University of Michigan Journal of Law Reform*, 33, 1999, pp. 57-86. Certa doutrina refere-se ao *first wave litigation funding*, estruturalmente mais simples e essencialmente consistentes no empréstimo com a finalidade de cobrir as despesas conexas com o processo (*litigation lending*), distinguindo-o do *second wave litigation funding*, protagonizado por investidores especializados: MAYA STEINITZ, «Whose claim is this anyway? Party Litigation Funding», *Minnesota Law Review*, 95, 2011, pp. 1268-1338 (p. 1272, n. 7).

[92] SUSAN LORDE MARTIN, «Litigation Financing: Another Subprime Industry that has a place in the United States Market», Villanova Law Review, 53, issue 1, 2008, pp. 83-116.

[93] *Cf. US Chamber for Legal Reform, International Comparisons of Litigations Costs – Canada, Europe, Japan and the United States, June 2013*, disponivel em https://instituteforlegalreform.com/wp-content/uploads/media/ILR_NERA_Study_International_Liability_Costs-update.pdf. Outras indicações podem ser consultadas em CHRISTOPHER HODGES/STEFAN VOGENAUER/MAGDALENA TULIBACKA (ed.), *The Costs and Funding of Civil Litigation – A comparative perspective*, Hart Publishing, Portland, 2010, pp. 29 e ss..

[94] MAYA STEINITZ, «Whose claim is this anyway? Party Litigation Funding», *Minnesota Law Review*, 95, 2011, pp. 1268-1338, p. 1271.

[95] GIAN MARCO SOLAS, *Third Party Funding: Law, Economics and Policy*, Cambridge University Press, 2019, p. 35.

[96] IÑAKI CARRERA, «O financiamento do direito litigioso como opção de gestão: em especial, os non-recourse funding agreements», *Revista de Direito das Sociedades*, X, 2018, pp. 689-724.

que ele tenha despontado primeiramente num domínio onde os custos do exercício jurisdicional do direito são especialmente elevados, e onde não há apoio judiciário, que é o da arbitragem[97]. Depressa se estendeu a outros domínios, com destaque para a protecção de interesses colectivos, com o interesse na preservação ou protecção do ambiente, mercê de um «activismo» que reflecte um certo grau de amadurecimento das democracias participativas, mas também aqui das insuficiências dos mecanismos públicos de apoio para a prestação da tutela colectiva adequada. Este movimento surgiu primeiramente nos Estados Unidos da América, pelo motivo evidente que a proibição da «*champerty*» nunca teve implantação num Estado que não tem a experiência histórica do feudalismo[98]. O surgimento de um novo mercado para o financiamento dos custos processuais abriu as portas da comunidade judiciária aos actores dos mercados financeiros: foi só uma questão de tempo até o fenómeno se alargar a outras ordens jurídicas do *Common Law*, como a inglesa, a galesa ou a australiana[99]. No *Civil Law*,

[97] A título meramente exemplificativo, Mark Kantor, «Third-Party Funding in International Arbitration: An Essay About New Developments», *ICSID Review – Foreign Investment Law Journal*, 2009, pp. 65-79; Bernardo M. Cremades Román. Jr., «Third-Party Litigation Funding: Investing in Arbitration», *Transnational Dispute Management*, 8, 2011, pp. 8-41; Duarte Gorjão Henriques, «"Third-Party Funding ou o Financiamento de Litígios por Terceiros em Portugal», *Revista da Ordem dos Advogados*, ano 75, vol. III-IV, Jul./Dez. 2015, pp. 573-624, Id., «Third-Party Funding: a Protected Investment?», *Spain Arfipu ºbtration Review*, 30, 2017, pp. 101-140, Id., «Third-Party Funding: in Search of a Definition», *The American Review of International* Arbitration, 28, 2018, pp. 405-431.

[98] Michael B. Abramowicz, «On the Alienability of Legal Claims», *Yale Law Journal*, 114, 2005, pp. 69-779; Jonathan T. Molot, «A Market in Litigation Risk», *University of Chicago Law Review*, 76, 2009, pp. 36-439; Deborah Hensler, «Financing Civil Litigation: the U.S. Perspective», *New Trends in Financing Civil Litigation in Europe*, Mark Tuil/Louis Visscher (ed.) E. Elgar, 2010, pp. 149-174; Michele De Stefano Beardslee, «Non-Lawyers Influencing Lawyers; Too Many Cooks in the Kitchen or Stone Soup», *Fordham Law Review*, 80, 2012, pp. 2791-2845; Maya Steinitz, «Whose claim is this anyway? Party Litigation Funding», *Minnesota Law Review*, 95, 2011, pp. 1268-1338 ; David S. Abrams/Daniel L. Chen, «A Market for Justice: A First Empirical Look at Third Party Litigation Funding», *University of Pennsylvania Journal of Business Law*, 15, 2013, pp. 1075-1109; Thurbert Baker, «Paying to Play: Inside the Ethics and Implications of Third-Party Litigation Funding», Widener Law Journal, pp. 229-241.

[99] No Reino Unido, por exemplo, Michael Zander, «Will the revolution in the funding of civil litigation in England eventually lead to contingency fees?», *DePaul Law Review*, 52, 2002, pp. 259-298; Rachael Mulheron, «England's Unique Approach to the Self-Regulation of Third-Party Funding: A Critical Analysis of Recent Developments», *Cambridge Law Journal*, 73, 2014, pp. 570-597. Na Austrália, Lee Aitken, «Before the High Court: "litigation lending"

os acordos de financiamento por terceiro têm surgido na Alemanha, em França e também em Portugal, como um produto da prática processual recente e que vai merecendo a atenção dos estudiosos[100].

Ao tempo em que escrevemos, o *Third-Party Funding* constitui uma prática perfeitamente institucionalizada na generalidade dos Direitos europeus e um dos mercados mais pujantes no espaço europeu, no que respeita à prestação de serviços relativos ao Direito. Num recentíssimo estudo preparado pelos serviços técnicos do Parlamento Europeu destinado a determinar o valor acrescentado da introdução de regras em vista de um «*responsible private funding of litigation*»[101], assumiu-se como pressuposto a existência de um mercado europeu para a prestação deste tipo de serviços no valor global de mil milhões de euros em 2019, cifra que já representa, por sua vez, uma proporção de cerca de 10% do valor do mercado global e 0,8% do volume do mercado de prestação de serviços jurídicos na União, e que se espera vir a crescer à taxa anual média de 8,8% até 2028[102]. Estes dados empíricos demonstram que o financiamento dos custos processuais integra a realidade social e económica actual: poder-se-á, pois, questionar se a sua proibição pelos Estados, em abstracto possível, não surgiria como uma inversão, cujas razões não se conseguem apreender.

after Fostif: an advance in consumer protection, or a licence to "bottomfeeders"?», *Sydney Law Review*, 28, 2006, pp. 171-180.

100 Cathernie Kessedjian (ed.), *Le financement de contentieux par un tiers*, Panthéon-Assas, Paris, 2012; Nick Rowles-Davies/Jeremy Cousins QC, *Third Party Litigation Funding*, Oxford University Press, 2014; W. H. Van Boom, «Litigation Costs and Third-Party Funding», *in Litigation Costs and Behaviour. Implications for the Law*, Willem H. Van Boom (ed.), Routledge, New York, 2017, pp. 6-30 (especialmente pp. 19 e ss.)

101 European Parliamentary Research Service (EPRS), *Responsible private funding of litigation*, Feb. 2021, disponível em https://www.europarl.europa.eu/RegData/etudes/STUD/2021/662612/EPRS_STU(2021)662612_EN.pdf

102 Estima-se que o sector de mercado europeu, actualmente avaliado em cerca de mil milhões de euros, possa atingir 1,6 mil milhões já em 2025. Segundo as mesmas previsões, o mercado norte-americano, actualmente o maior à escala mundial (estima-se que represente actualmente cerca de 6,6 mil milhões de euros) pode duplicar até 2029. Os valores em causa abrangem o *third-party litigation funding* nos diversos sectores, incluindo a arbitragem. Um texto divulgado pela Bloomberg em 2018 – «*Fort he World's Super Rich Litigation Funding is the New Black*» – as taxas de rendibilidade deste tipo de investimento fixavam-se num múltiplo de 2,2 do valor do capital investido, superando a taxa de retorno média do investimento em *private equity*, no imobiliário, em crédito ou *hedge funds*.

b) Noção

98. A elaboração de uma noção do contrato de financiamento dos custos de acção não é uma tarefa simples. Essa a consequência, por um lado, de se tratar de uma realidade nova para a dogmática jurídica e, por outro, de a sua configuração social-típica se revelar ainda instável, comportando as modulações mais variadas consoante as necessidades e os interesses económicos das partes e as condicionantes normativas e regulatórias vigentes nas diversas ordens jurídicas. Até o mínimo de operatividade técnica que qualquer noção da dogmática jurídica deve estar em condições de prestar é difícil de assegurar, dada a ausência de um regime na lei. Entendido como tipo social, o contrato de financiamento por terceiro dos custos processuais compreende três elementos essenciais:

(i) a disponibilização, por uma das partes – o financiador – a outrem – a parte financiada – de uma quantia pecuniária com a finalidade de assegurar, no todo ou em parte, o pagamento de custos da segunda, conexos com a propositura de uma acção;
(ii) a assunção, pela parte financiada, de uma prestação aleatória de restituição da quantia financiada, em termos tais que esta dependa da obtenção, no processo, de uma decisão que lhe seja favorável;
(iii) a assunção, pela parte financiada, de uma prestação, também aleatória, de remuneração do financiador, em termos tais que esta remuneração dependa, na sua constituição e no seu montante, da obtenção, no processo de uma decisão que lhe seja favorável.

99. Os elementos que acabamos de expor podem verificar-se no caso concreto de uma feição muito variada[103]. Assim, do ponto de vista da configuração subjectiva da operação de financiamento dos custos processuais, ela pode ter como partes do contrato apenas a parte financiada e o financiador, mas pode também envolver o mandatário judicial que representará a primeira na acção a propor. De resto, pode igualmente suceder, e é frequente que assim suceda, que o credor das prestações pecuniárias devidas

[103] A título exemplificativo, Irmgard Gleussner, «Prozessfinanzierung», *in Neue Wege zum Recht – Festschrift für Max Vollkommer zum 75. Geburtstag*, Reinhard Greger/Irmgard Gleussner/Jörn Heinemann (Hrsg.), Otto Schmidt, Köln, 2006, pp. 25-59; Michael Breyer, *Kostenorientierte Steuerung des Zivilprozesses: das deutsche, englische und amerikanische Prozesskostensystem im Vergleich*, Mohr Siebeck, Tübingen, 2006, pp. 184 e ss..

pelo financiador seja o próprio mandatário judicial, que assim tem direito a exigir directamente ao financiador o pagamento das despesas com a preparação e a propositura da acção.

100. O objecto do financiamento também pode revestir as características mais diversas. Podemos ter a disponibilização antecipada das quantias que se estima serem necessárias para cobrir as despesas futuras ou, em alternativa, o reembolso dos dispêndios que a parte ou o seu mandatário forem assumindo na condução do processo. No entanto, outras formas de financiamento, diversas do pagamento de quantias em dinheiro, são concebíveis, como o financiamento mediado por um terceiro (uma sociedade veículo ou uma *joint venture* acordada com o financiador) ou mesmo a realização de uma entrada no capital da própria sociedade financiada.

Verdadeiramente determinante para a recondução de um determinado contrato à figura do contrato de financiamento por terceiro dos custos do processo é a circunstância de o financiador não ter um direito à restituição da quantia financiada. Esta é, por sua vez, uma consequência do facto de o financiador participar com a parte financiada no *risco do processo*, e de, portanto, só ter direito à recuperação do capital investido na hipótese de, nesse processo, ser proferida uma decisão favorável à parte[104].

É a natureza aleatória da prestação da parte financiada que impede que este tipo de contratos possa ser qualificado como um mútuo ou, sequer, como a celebração de uma operação de crédito reservada às instituições de crédito[105]. Parte da doutrina que se tem pronunciado sobre esta temática tem entendido que, em virtude da função económica e social de *partilha de riscos* que é chamado a assumir[106], o contrato de financiamento dos custos da acção se aproxima mais de uma forma de exercício jurídico colec-

[104] Martin L. Kochheim, *Die gewerbliche Prozessfinanzierung – Rechtsfragen der Fremdfinanzierung von Prozessen gegen Erfolgsbeteiligung*, LIT Münster – Hamburg – London, 2003, pp. 37 e ss.; Matthias Homberg, *Erfolgshonorierte Prozessfinanzierung*, Alma Mater, 2006, pp. 387 e ss.; Johann Braun, *Lehrbuch des Zivilprozessrechts – Erkenntnisverfahren*, Mohr Siebeck, Tübingen, 2014, pp. 172-3.

[105] Contra, Alexander Bruns, «Das Verbot der quota litis und die erfolgshonorierte Prozessfinanzierung», *JuristenZeitung*, 55. Jahrg., Nr. 5, 2000, pp. 232-241 (p. 238).

[106] Não falta quem, valorizando o carácter aleatório da prestação da parte financiada, aproxime o acordo de financiamento do contrato de seguro: Jörg Fritzsche/Steffen Schmitt, «Eine neue Form der Versicherung?», *Neue Juristische Wochenschrift*, 1999, pp. 2998-3002 (p. 3001).

tivo, como um contrato de sociedade[107], ou de um negócio de cooperação, como uma associação em participação (artigos 21º e ss. do Decreto-Lei nº 231/81, de 28 de Julho)[108].

Naturalmente que a alocação ao financiador do risco da acção pode ser apenas relativa, como sucede nos casos em que as partes acordem que a parte financiada se encontra obrigada a efectuar um pagamento mínimo, qualquer que seja a sorte do processo.

101. Finalmente, cumpre observar que também no tocante à componente remuneratória do financiamento, são várias as opções à disposição das partes. Embora a remuneração possa ser acordada sob a forma de juros vencidos sobre o capital financiado segundo uma taxa acordada pelas partes, é mais frequente as partes fixarem como devida a prestação de um múltiplo sobre o valor financiado ou, mais frequentemente ainda, de uma parte da prestação em que o réu vier a ser condenado.

No tocante à estrutura da obrigação remuneratória, pode ainda distinguir-se entre os casos em que a parte cede ao financiador (no todo ou em parte) o crédito que pretende fazer valer na acção, daqueles outros em que a titularidade do crédito indemnizatório continua a pertencer ao autor ou às pessoas por ele representados institucionalmente no processo: neste último caso, a lei ou as partes podem prever ou não o direito do financiador a fazer-se pagar pela prestação recebida.

102. Além dos deveres de prestação principais, o princípio da boa fé no cumprimento das obrigações (artigo 762º, nº 2 do Código Civil) faz surgir, na esfera de ambas as partes, diversos deveres acessórios de conduta. Assim, a parte financiada tem o dever de informação do financiador acerca da tramitação do processo, da estratégia que pretende seguir e dos

107 Nina Dethloff, «Verträge zur Prozessfinanzierung gegen Erfolgsbeteiligung», *Neue Juristische Wochenschrift*, 2000, pp. 2225-2230 (p. 2227); Barbara Grunewald, «Prozessfinanzierungsvertrag mit gewerbsmässigem Prozessfinanzierer – ein Gesellschafts- vertrag», *Betriebs-Berate*, 729 (Heft 15), 2000, pp. 729-733; Norbert Maubach, *Gewerbliche Prozessfinanzierung gegen Erfolgsbeteiligung, Deutscher Anwaltsvertrag*, Deutscher Anwaltverlag, 2002, p. 103.

108 António Pinto Leite, «Third-Party Funding as a Joint Venture and not as a mere Finance Agreement: the Independence and Impartiality of Arbitrators», *in VII Congresso de Arbitragem da Câmara de Comércio e Indústria (Centro de Arbitragem Comercial)*, António Vieira da Silva/Sofia Martins (org.), Almedina, Coimbra, 2014, pp. 105-113.

actos que nele são praticados, incluindo todas as vicissitudes que possam afectar o crédito remuneratório do financiador ou as condições de que dependa a satisfação do seu direito. Mesmo no silêncio do texto contratual, a parte financiada não poderá desistir do pedido ou da instância, nem celebrar um acordo transacional sem disso avisar previamente o financiador. Em qualquer caso, não é incomum prever-se no acordo o direito de o financiador resolver o contrato na hipótese da violação de um destes deveres.

Do lado do financiador, há sobretudo que sublinhar o dever de lealdade, que tem diversas projecções: na informação prévia quanto à existência de um conflito de interesses; no dever de sigilo e de aproveitamento de informações e elementos relativos à parte financiada; na proibição de exercer uma influência perturbadora da liberdade da parte no exercício da sua pretensão processual; eventualmente também num dever de colaborar com a parte com vista à obtenção de uma decisão favorável na acção. Em virtude de um dever de protecção dos interesses da contraparte, deve o terceiro financiador abster-se de actos que possam colocar em causa a garantia do financiamento acordado (como assumir práticas que coloquem em crise a capacidade económica da sua empresa) ou do dever de suportar as despesas processuais da parte que tiver conseguido ganho de causa na acção, bem como fazer cessar o contrato de financiamento de forma injustificada, com isso comprometendo a possibilidade de a parte poder prosseguir o exercício jurisdicional do seu direito.

A análise preliminar dos riscos conexos com o litígio não constitui propriamente um dever do financiador, mas antes um encargo, de cujo cumprimento pode depender a protecção do investimento futuro: isso não exclui o surgimento, a indagar caso a caso, de um dever de informação da parte interessada no financiamento do carácter particularmente intenso dos riscos da acção ou de uma probabilidade de sucesso particularmente reduzida, em termos análogos àqueles que valem para o mandatário judicial[109].

103. É frequente apontar-se ao contrato de financiamento dos custos da acção a atribuição à parte financiadora de um poder de controlo ou de exercício de influência sobre a parte financiada no exercício da sua preten-

[109] Assim, por exemplo, HEINZ KREJCI, «Gilt das Quota-litis-Verbot auch für Prozessfinanzierungsverträge?», *Österreichische Juristen Zeitung*, 08/2011, pp. 341-350 (p. 348).

são processual[110]. Esse elemento não é, em nossa opinião, identificativo do tipo social de contrato em causa nem a sua presença é necessária para que um determinado negócio deva receber tal qualificação[111]. Por um lado, é em certa medida compreensível que muitas vezes as partes acordem a atribuição ao financiador de uma faculdade de intromissão da conduta processual da parte financiada. Pensamos, por exemplo, no direito a designar o mandatário da parte financiada, o dever de obtenção do consentimento prévio para a celebração de um negócio processual, para a interposição de recurso ou para a nomeação ou substituição de mandatário judicial, a emissão de orientações acerca da estratégia processual a seguir, entre outras. Na verdade, o poder de controlo do devedor que é potenciado por cláusulas deste tipo pode surgir como uma das formas mais eficazes de proteger o financiador relativamente ao risco contratual que assumiu, uma vez que a recuperação do investimento realizado depende da sorte de um processo que ele, na qualidade de terceiro, não pode influenciar directamente. Por outro lado, é igualmente verdade que outras formas existem de mitigar o risco de perda do capital investido, que não exigem a titularidade de uma permissão normativa de impor à parte financiada que assuma no processo a conduta desejada. Pensamos, desde logo, na determinação e na valoração do risco do processo que qualquer financiador zeloso e autoresponsável realiza antes da celebração do acordo de financiamento. O contrário também pode naturalmente verificar-se: a possibilidade, fáctica ou jurídica, de um terceiro influenciar ou mesmo de determinar a conduta da parte na acção pode verificar-se – e verifica-se muitas vezes – fora do quadrante socialmente típico dos *third party funding agreements*[112]. Podemos mesmo

[110] Entre nós, por exemplo, DUARTE GORJÃO HENRIQUES, «"Third-Party Funding" ou o Financiamento de Litígios por Terceiros em Portugal», *Revista da Ordem dos Advogados*, ano 75, vol. III-IV, Jul./Dez. 2015, pp. 573-624.

[111] Pode recorrer-se à classificação que contrapõe os acordos de financiamento *tout court* aos acordos de financiamento atributivos de um poder de influência na acção financiada: a própria distinção assume inevitavelmente um cariz tipológico e a distinção é apenas gradativa, uma vez que o fundamento daquele poder de ingerência pode estar formalizado no texto contratual ou ter um teor mais informal e os problemas do «*governance and control*» serão tão mais sensíveis quanto mais intenso for o poder de influência atribuído ao terceiro.

[112] Pense-se, por exemplo, nas hipóteses de um «grande credor» de quem a parte dependa economicamente (como um banco), do accionista que detém uma influência dominante sobre a parte ou das relações de subordinação ou dependência que podem sobrevir da integração da parte num grupo societário. O ponto é sublinhado pelo *European Law Institute* (ELI) e pelo *UNIDROIT* em comentário às Regras-Modelo de Direito Processual Civil (*ELI/UNIDROIT*

afirmar que esse fenómeno se torna inevitável pela circunstância de o critério aferidor da legitimidade processual ter consabidamente um carácter normativo (a pertença da parte à relação material controvertida tal qual ela é configurada pelo autor, artigo 30º, nº 3 do Código de Processo Civil), e que não exclui que outros, ainda que não sejam partes daquela relação material, possam ter um interesse de ordem económica no objecto da acção.

104. Pelas razões apontadas, supomos que a atribuição ao financiador de uma faculdade de influenciar o comportamento da parte no processo constitui apenas um *elemento contingente* dos acordos de financiamento dos custos da acção. Esse poder de influenciar a conduta processual da parte – o qual, de resto, pode assumir um carácter puramente fáctico ou informal, sendo logo por essa razão dificilmente sindicável – só torna aparentemente problemática a figura dos acordos de financiamento por terceiro dos custos do processo quando a possibilidade de influenciar a conduta da parte se traduzir num *poder real*, efectivamente atribuído ao financiador. E mesmo quando for assim, a consequência jurídica da atribuição desse poder não deverá ser a da invalidade ou a ilicitude do acordo (ou, por maioria de razão, a inadmissibilidade do exercício do direito de acção da parte que tiver beneficiado do apoio económico externo), uma vez que isso teria o efeito de prejudicar a própria parte que se tem em vista proteger através da proibição do exercício da influência por terceiro. A tutela da liberdade de actuação *in judicium* deve antes assumir uma feição concreta, especificamente orientada à preservação da autonomia da parte financiada. Essa orientação pressupõe, portanto, a solução da eficácia e da licitude do contrato de financiamento dos custos do processo, fazendo deslocar o problema da tutela da autonomia da vontade da parte financiada para o plano dogmático em que ele verdadeiramente se coloca (ou pode colocar), que é o da *validade e da eficácia dos actos processuais* (postulativos ou constitutivos) que a própria parte vier a praticar no processo e, paralelamente a ele, o da *ilicitude da conduta perturbadora do financiador*, com eventuais repercussões no plano da subsistência do contrato e da responsabilidade civil pelos danos provocados à parte.

Model European Rules of Civil Procedure, de 2020), mais precisamente, àquela em que se permite expressamente o recurso ao financiamento por terceiro privado dos custos do processo, sem deixar de impor à parte a observância de determinadas exigências, desde logo, ao nível da publicidade do acordo (*cf. Rule* 245, *Comment* 3).

105. Outro exemplo de cláusulas acessórias tipicamente apostas ao acordo de financiamento dos custos processuais é o das cláusulas reguladoras do risco, de que são exemplo as *material adverse change clauses*, atribuindo ao financiador o direito a um ajustamento da remuneração ou mesmo à resolução do contrato na hipótese de uma diminuição relevante da probabilidade de proferimento de uma decisão favorável à parte financiada em consequência de um evento anormal e imprevisível, susceptível de influenciar o desfecho da acção.

106. Os elementos até aqui apresentados já deixam entrever que os acordos de financiamento por terceiro dos custos do processo tenham sido recebidos pela ciência jurídica com um assumido olhar de desconfiança e que tem sido tudo menos pacífica a questão de saber se não se impõe ao legislador que reconheça a sua idoneidade.

Em favor da admissibilidade deste tipo de acordos, deve dizer-se que essa solução permite atender da forma mais satisfatória ao dois dos valores centrais do Sistema, a *justiça* e a *eficiência*. Os acordos de financiamento dos custos da acção tornam a aplicação do Direito mais justa por duas razões fundamentais. Em primeiro lugar, a celebração deste tipo de contratos permite à parte financiada suportar os custos e riscos com a propositura da acção que de outro modo seriam incomportáveis. Pensamos, designadamente, nas hipóteses em que os custos do próprio acesso à jurisdição são especialmente elevados, como é paradigmaticamente o caso na arbitragem (em especial, na arbitragem comercial internacional e na arbitragem de protecção de investimentos), mas também no domínio da chamada «litigância de massas», em que o interesse individual do autor é diminuto por comparação com as despesas necessárias à preparação da acção e ao exercício jurisdicional do seu direito. Nestes domínios como noutros, não está o Estado social em condições de assegurar um apoio que permita superar os obstáculos com que, na realidade, o particular se confronta para aceder a uma tutela jurisdicional efectiva. A primeira e a principal virtude dos acordos de financiamento por terceiro dos custos da acção é, assim, a de conferirem uma *maior concretização* ao direito fundamental *ao acesso aos tribunais* (artigo 20º, nº 1 da Constituição da República Portuguesa)[113].

[113] Através deles, pode conseguir-se a superação ou a atenuação das condicionantes económicas que, numa perspectiva legalista do Direito, seriam meramente ambientais, mas que, na

107. Em segundo lugar, aqueles acordos contribuem de forma relevante para o cumprimento do *princípio da igualdade entre as partes* (artigos 13º da Constituição da República Portuguesa e artigo 4º do Código de Processo Civil). Também aqui não é a igualdade formal, mas a igualdade material entre as partes que está em causa. Em causa está, portanto, a verificação dos pressupostos de facto susceptíveis de afectar de uma forma significativa a expectativa da parte em obter uma decisão favorável no processo. Pensamos, por exemplo, na possibilidade de a parte ser representada por um mandatário mais qualificado ou com maior experiência nas matérias em discussão no processo, de contratar peritos ou consultores (jurídicos, económicos, financeiros ou outros), com vista ao apuramento ou à prova dos pressupostos constitutivos do seu direito. Também este aspecto se mostra particularmente relevante no contexto das acções em que uma das partes carecer de uma protecção especial, como tipicamente sucede nos litígios relativos a consumidores e, mais ainda, nas situações em que a tutela requerida para os interesses dos consumidores for uma tutela de tipo colectivo, uma vez que, nessas hipóteses, a persistência de uma "desigualdade de armas" de meios na preparação e no exercício da pretensão processual pode traduzir-se numa tutela menos eficaz dos interesses daqueles que, estando a ser representados na acção, possam ficar vinculados aos efeitos do caso julgado da decisão que nela vier a ser proferida.

108. Outra das vantagens fundamentais dos acordos de financiamento por terceiros dos custos da acção consiste num acréscimo de eficiência no funcionamento do sistema de administração da justiça[114]. A utilidade do

verdade, respeitam àquela «dimensão de realidade» que, com a «dimensão de validade», concorre no problema como problema jurídico, e à qual uma perspectiva metódica do Direito não deixar de atender. Entre muitos, António Castanheira Neves, «As Fontes do Direito e o Problema da Positividade Jurídica», *Boletim da Faculdade de Direito*, vol. LI, Universidade de Coimbra, Coimbra, 1975, pp. 115-204 (pp. 131 e ss.).

[114] A doutrina tem sublinhado o facto de o financiamento por terceiros proporcionar um valor acrescentado por comparação com o modelo tradicional da «internalização» pela parte das despesas com a propositura da acção (com limite na afectação parcial dessas despesas à contraparte nos termos das regras vigentes em matéria de custas) e, por essa via, permitir um incremento do bem-estar social. Robert Cooter, «Towards a Market in Unmatured Tort Claims», *Virginia Law Review*, 75, 1989, pp. 383-411; Jonathan T. Molot, «Litigation finance: a market solution to a procedural problem», *Georgetown Law Journal*, 99, 2010/1, pp. 65-115; Michael G. Faure/Jef P. B. de Mot, «Comparing Third-Party Financing of Litigation and Legal Expenses Insurance», *Journal of Law, Economics and Policy*, 8, 2012, pp.

financiamento do litígio por um terceiro tem a sua explicação no facto de existir, em regra, uma assimetria entre a situação do autor e do réu, quer relativamente aos custos que cada uma dessas partes tem de suportar no processo, quer quanto à capacidade de cada uma delas para os suportar, quer ainda quanto à expectativa que cada uma delas tem na obtenção de uma decisão favorável (uma diferente apetência pelo risco)[115]. Uma vez que pode suceder – e, por diversas ordens de razão, assim sucede frequentemente – que o autor tenha uma maior aversão ao risco do que o réu, o autor estará, à partida, disponível para celebrar um acordo por um montante inferior àquele que se espera obter através da decisão final, uma vez que a sua disponibilidade para despender recursos tendentes a evitar uma decisão desfavorável será também menor do que a do réu. Com isso, porém, aumenta a probabilidade da obtenção de uma *composição injusta* do litígio, porque traduzida na atribuição de um montante indemnizatório inferior àquele que resultaria da aplicação do direito pelo decisor caso não tivesse havido acordo[116]. E, por essa razão aumenta, também, a probabilidade de uma decisão desconforme com as valorações materiais do Sistema, com o princípio da compensação integral do dano e com o princípio da prevenção dos comportamentos lesivos dos bens e dos interesses de outrem.

Ora, o financiamento por terceiro dos custos associados ao exercício do direito, ao promover a transferência dos custos e dos riscos para um terceiro que se encontra numa melhor posição para suportá-los, vem permitir um certo nivelamento de posições das partes e a uma certa aproximação entre elas no tocante à margem de cada uma para negociar uma transacção em termos economicamente vantajosos (até ao limite dos respectivos custos processuais)[117].

743-777; Keith N. Hylton, «The Economics of Third-Party Financed Litigation», *Journal of Law, Economics and Policy*, 8, 2012, pp. 701-741; Ronen Avraham/Abraham Wickelgren, «Third-Party Litigation Funding – A Signaling Model», *De Paul Law Review*, 63, 2014, pp. 233-264.

115 Steven Shavell, *Economic Analysis of Accident Law*, Harvard University Press, 1987, pp. 186 e ss.; Robert Cooter/Daniel L. Rubinfeld, «Economic Analysis of Legal Disputes and Their Resolution», *Economic Literature*, 28, 1989, pp. 1067-1097.

116 Robert J. Rhee, «Tort Arbitrage», *Florida Law Review*, 2008, pp. 125-182; Ronen Avraham/Abraham Wickelgren, «Third-Party Litigation Funding – A Signaling Model», *De Paul Law Review*, 63, 2014, pp. 233-264 (p. 235).

117 Podemos recorrer ilustração do argumento prestada por Brian Fitzpatrick, «Can and Should the New Third-Party Litigation Financing Come to Class Actions?», *Theoretical Inquires in Law*, vol. 19.1, 2018, pp. 109-123 (p. 114):

Em suma, o financiamento dos custos da acção por terceiro promove a propositura de acções que, de outro modo, não seriam propostas ou o exercício jurisdicional do direito em termos que, de outro modo, não poderia ser exercido, num caso como no outro, com isto aumentando de uma forma não despicienda as chances práticas de procedência da pretensão formulada na acção[118].

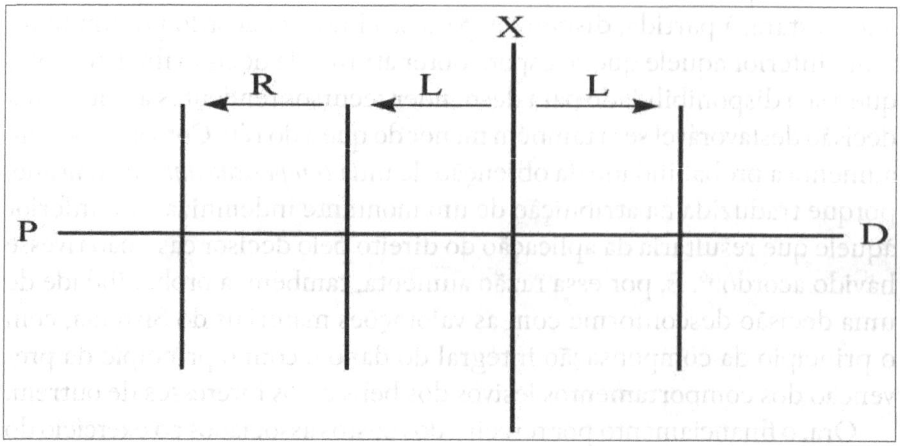

«P» representa a posição económica do autor e «D» a do réu. «L» denota o horizonte de custos que cada parte espera ter de suportar na acção, com vista à obtenção de uma decisão favorável. «R» representa a preferência de risco específica do autor (a sua aversão ao risco). Por fim, «X» corresponde ao valor da decisão de mérito correcta e que uma parte ideal poderia esperar obter através da acção. Numa situação como aquela que aqui surge representada, seria razoável supor que duas partes igualmente bem informadas e preparadas para negociar chegassem a um acordo por um valor inferior a «X», o que se traduziria na prestação a «P» de uma indemnização inferior ao dano real e na não imposição a «D» da obrigação de suportar todas as consequências do seu comportamento (eventualmente, prestando mesmo um incentivo à repetição de comportamentos lesivos). A transferência do risco do litígio para um financiador externo à acção, que suporta os custos do processo em troca de um benefício eventual, na hipótese de procedência do pedido, permite reduzir o «R» ao limite dos custos do financiamento (incluindo a remuneração do financiamento) e, assim, aproximar o resultado de uma transacção hipotética de «X», a decisão justa, que é também a decisão eficiente numa lógica paretiana.

[118] Não é apenas pela via da possibilitação prática da propositura de acções que de outro modo seriam inviáveis que o financiamento dos custos do processo por terceiro promove o aumento do bem-estar social. Em certos sectores, como o contencioso comercial ou a arbitragem, em vista da dimensão dos riscos e dos custos iniciais avultados deste tipo de litigância, ela constitui mais um instrumento ao dispor das partes para mitigar de riscos, racionalizar as finanças societárias ou maximizar a eficiência da gestão.

4.3. Os argumentos contra a admissibilidade dos acordos de financiamento por terceiro dos custos da acção

109. Os contratos de financiamento por terceiro dos custos da acção têm também suscitado receios de diversa ordem, tendo sido por vezes defendida a sua proibição.

Os argumentos contra a admissibilidade acordos de financiamento dos custos da acção podem ser agrupados numa de quatro categorias, consoante os inconvenientes em causa respeitem[119]:

(i) à perturbação geral ou sistémica da administração da justiça;
(ii) ao plano das relações entre as partes do acordo de financiamento;
(iii) ao plano das relações entre a parte financiada e o respectivo mandatário judicial;
(iv) ao plano das relações entre a parte financiada e a contraparte na acção.

110. No tocante ao primeiro conjunto de problemas, argumenta-se que a generalização dos acordos de financiamento dos custos processuais conduz à prestação de incentivos à formulação de pedidos frívolos, com fundamento frágil ou meramente «oportunístico», visando pressionar a contraparte para a celebração de transacções e, em qualquer caso, conduzindo a uma litigância excessiva, com custos sociais e perdas de bem-estar para todos os participantes da comunidade[120]. Acrescenta-se, aliás, que esse fenómeno tenderia a agravar os custos do processo[121], inclusivamente em acções em que as partes não recorram ao financiamento por terceiro, o que poderia ter o resultado algo paradoxal de causar dificuldades acrescidas em aceder aos tribunais. Haveria, além disto, que contar com riscos especificamente ligados ao «deslizamento» para formas não convencionais

[119] Num sentido próximo, ALEXANDER BRUNS, «Third-Party Financing in the Perspective of German Law – Useful Instrument for Improvement of the Civil Law Justice System or Speculative Immoral Investment?», *Journal of Law, Economics & Policy*, 8.3, 2012, pp. 525-548 (pp. 533 e ss.).

[120] Alguns referem-se a um «*overdevelopment of the litigation service market*», de que já seriam visíveis sinais em certas jurisdições, como o Reino Unido ou a Austrália). PAUL H. RUBIN, «Third-Party Financing of Litigation», *Northern Kentucky Law Review*, 38, 2011, pp. 673-685 (p. 675).

[121] DAVID S. ABRAMS/DANIEL L. CHEN, «A Market for Justice: A First Empirical Look at Third Party Litigation Funding», *University of Pennsylvania Journal of Business Law*, 15, 2013, pp. 1075-1109.

de financiamento (como a constituição de portfólios de investimento em processos com perfis de risco assimétricos, em *private equity* ou em investimentos efectuados através de sociedades-veículo), que ofereceriam menores garantias de transparência quanto à origem dos fundos utilizados no financiamento e, com isso, maiores chances de conflitos de interesses.

111. No que respeita às relações entre as partes do contrato de financiamento dos custos processuais, o principal perigo a ter em consideração é o da existência de um conflito de interesses. Esse conflito pode ser exógeno, quando resultar da existência de um interesse extraprocessual do terceiro financiador conflituante com o interesse da parte em obter uma decisão favorável[122]. Mas pode igualmente ser endógeno, quando o terceiro financiador pretenda que a parte adopte na acção uma estratégia que não seja aquela que, de acordo com um juízo de prognose, não surja como a mais conforme com a sua expectativa numa decisão favorável, por exemplo, a celebração de uma transacção que apenas permita compensar uma pequena parte dos danos provocados pela prática anticoncorrencial (embora suficiente para assegurar a remuneração do seu investimento), com o único objectivo de evitar o risco de uma decisão final desfavorável à parte (e que implicaria a impossibilidade de recuperar o capital investido).

Quando se pensa no problema do conflito entre os interesses do financiador e os interesses que se pretende satisfazer através da tutela requerida, o principal perigo em que imediatamente se pensa é o perigo de uma remuneração excessiva ou economicamente opressiva para a parte. O argumento não deixa de causar imediatamente alguma estranheza, tendo em conta que o princípio da autonomia privada autorizaria que as partes acordassem a remuneração que entendessem ser adequada. Não deixamos, no entanto, de notar o carácter impressivo dos valores tipicamente envolvidos, com remunerações geralmente fixadas entre 25% e 50% do valor da acção, ascendendo por vezes a montantes mais elevados. Poder-se-ia então duvidar da consistência de um sistema que confiasse ilimitadamente na liberdade negocial da parte no tocante ao financiamento dos

[122] Por exemplo, o financiador é um concorrente da parte financiada ou tem uma relação especial com a parte demandada: nesse caso, poderia dar-se o caso de procurar influenciar a parte financiada a adoptar no processo uma conduta que a prejudique, para com isso obter uma decisão de improcedência do pedido que favoreça o seu interesse próprio ou o interesse do demandado no processo.

custos processuais, mas já considerasse imprescindível a uma tutela eficaz dos seus interesses a intervenção de normas imperativas a outros níveis: seja no tocante às relações com o mandatário, através das normas deontológicas que impõem limites à remuneração, seja no que respeita às relações entre a parte e outros potenciais financiadores, designadamente, as instituições de crédito, as quais, além da proibição civil geral dos juros usurários (artigo 1146º do Código Civil), devem respeitar os limites específicos vigentes no âmbito da concessão de crédito ao consumo.

O problema da necessidade de protecção da parte financiada relativamente ao financiador colocar-se-ia com especial intensidade nos casos em que a assimetria informativa entre ambas, ou a situação de necessidade económica da primeira, a tornasse particularmente vulnerável a um financiador profissional, qualificado e exclusivamente interessado na realização do maior lucro[123]. Quer isto dizer que não só a incerteza objectiva quanto ao resultado do litígio poderia favorecer uma certa aproximação entre a situação da parte financiada e a do apostador no contrato de jogo organizado, como também, e sobretudo, a desigualdade em que tipicamente se encontram as partes quanto à possibilidade de avaliar racionalmente essa situação de incerteza contariam como razões para justificar um princípio paternalista de protecção da parte financiada contra um excesso de solicitude para celebrar um acordo de financiamento[124]. Para atender a esta necessidade de evitar a disponibilidade da parte para subestimar os proveitos futuros (a disposição de uma parte significativa do seu crédito) por comparação com os benefícios imediatos (a elevação, sem uma diminuição patrimonial, da *chance* de obter a satisfação material do seu direito) e celebrar «a qualquer preço» um acordo de financiamento, tem-se entendido ser insuficiente o apelo ao tipo geral da usura (artigo 282º do Código Civil), às normas tendentes a assegurar um padrão de justiça distributiva mínima nos contratos celebrados com recurso a cláusulas contratuais gerais (arti-

[123] Alexander Bruns, «Das Verbot der quota litis und die erfolgshonorierte Prozessfinanzierung», *JuristenZeitung*, 55. Jahrg., Nr. 5, 2000, pp. 232-241 (pp. 236-7), Id., «Third-Party Financing in the Perspective of German Law – Useful Instrument for Improvement of the Civil Law Justice System or Speculative Immoral Investment?», *Journal of Law, Economics & Policy*, 8.3, 2012, pp. 525-548 (pp. 536-7). Malcom E. Wheeler/Theresa Wardon Benz, «Litigation Financing: Balancing Access with Fairness», *Journal of Tort Law*, 13, 2020, pp. 281-301.

[124] Alexander Bruns, «Das Verbot der quota litis und die erfolgshonorierte Prozessfinanzierung», *JuristenZeitung*, 55. Jahrg., Nr. 5, 2000, pp. 232-241 (p. 237).

gos 15º e ss. do Decreto-Lei nº 446/85, de 25 de Outubro), ou ao princípio da protecção da parte mais fraca (pense-se, por exemplo, na proibição das práticas comerciais desleais, artigos 11º e 12º do Decreto-Lei nº 57/2008, de 26 de Março)[125]. Por se entender que, na generalidade das situações da vida, não estarão preenchidos os elementos destas *factispecies* legais, a tutela eficaz dos interesses da parte financiada só poderia ser assegurada por via da solução mais drástica da invalidade dos acordos de financiamento ou, pelo menos, dos acordos de financiamento que não assegurassem o preenchimento de certos requisitos específicos, quer quanto à formação do acordo – assegurando o cumprimento prévio de deveres de informação, ou fazendo depender a validade do contrato de a parte financiada ter sido representada por um mandatário próprio na sua celebração –, quer quanto ao seu conteúdo – e, aqui, obstando à previsão da interferência do financiador no processo ou à fixação de uma remuneração considerada excessiva ou desproporcionada. Entre os defensores da invalidade dos acordos de financiamento que não respeitem estas cautelas, não existe, porém, consenso quanto às consequências, havendo quem, por um lado, defenda a nulidade absoluta do negócio e quem, por outro, defenda uma invalidade mista ou uma nulidade relativa, consoante se considere que além do fim de protecção da parte financiada, existam também interesses de ordem pública (como aqueles a que anteriormente nos referimos) a justificar a proibição deste tipo de negócios.

112. A controvérsia estende-se ao problema de saber se, sendo o acordo inválido, consente ele alguma forma de aproveitamento parcial da sua eficácia, designadamente, por via da redução (artigo 292º do Código Civil), amputando do texto negocial a previsão autorizativa da ingerência do financiador na conduta processual da parte ou reduzindo a remuneração devida a valores considerados proporcionais ou adequados[126].

[125] Alexander Bruns, «Third-Party Financing in the Perspective of German Law – Useful Instrument for Improvement of the Civil Law Justice System or Speculative Immoral Investment?», *Journal of Law, Economics & Policy*, 8.3, 2012, pp. 525-548 (pp. 543-4).

[126] Rejeitando ambas as possibilidades, por entender que a nulidade da cláusula relativa à remuneração do financiador constitui uma situação de invalidade total e insanável, Alexander Bruns, «Das Verbot der quota litis und die erfolgshonorierte Prozessfinanzierung», *JuristenZeitung*, 55. Jahrg., Nr. 5, 2000, pp. 232-241 (p. 238), Id., «Third-Party Financing in the Perspective of German Law – Useful Instrument for Improvement of the Civil Law Justice

113. O problema da remuneração do financiador tem sido colocado com especial premência nas acções colectivas, não tanto pelo facto de os titulares dos interesses em causa na acção serem tipicamente consumidores, mas sobretudo porque neste tipo de situações a fixação da prestação devida ao financiador não é sequer o produto da autonomia da vontade desses titulares, resultando antes do acordo entre o autor da acção colectiva – tipicamente, uma associação ou fundação de defesa dos consumidores – e o financiador[127].

114. Outras razões fazem avolumar este receio[128]. Argumenta-se que o autor da acção não tem forçosamente os seus interesses alinhados com

System or Speculative Immoral Investment?», *Journal of Law, Economics & Policy*, 8.3, 2012, pp. 525-548 (p. 539).

[127] O facto de os titulares dos interesses colectivos não intervirem como partes na negociação e na execução do contrato, a acrescer à circunstância de poder não ser a parte directamente financiada a suportar os custos do financiamento (quando as despesas com a acção forem pagas a partir das quantias arbitradas a título de indemnização e não distribuídas) podem vir a justificar a introdução, por via legislativa, de limitações à autonomia privada, designadamente, sob a forma da sujeição da contrapartida do financiamento a limites máximos. No panorama da discussão internacional sobre a regulação do direito do financiamento por terceiro dos custos do processo são várias as questões que, neste domínio, permanecem em aberto: a da conveniência da previsão legal de uma remuneração máxima para o financiamento da acção; sendo esse o caso, a opção entre limites de tipo qualitativo ou de tipo quantitativo; sendo a segunda alternativa a seguida, haverá que definir o referente de aplicação do limite, se o objecto do pedido (o que não é aconselhável, por induzir uma inflacção do pedido formulado e do valor da acção), o objecto da decisão condenatória em termos globais (o que tem como inconveniente o de desincentivar uma distribuição eficaz das indemnizações) ou uma percentagem das quantias que hajam sido efectivamente distribuídas aos lesados: European Parliamentary Research Service (EPRS), *Responsible private funding of litigation*, February 2021, p. 22, disponível em https://www.europarl.europa.eu/RegData/etudes/STUD/2021/662612/EPRS_STU(2021)662612_EN.pdf. Particularmente determinante para a realização do princípio da primazia dos interesses dos lesados representados na acção popular é que as quantias indemnizatórias conseguidas através do cumprimento de uma sentença condenatória sejam afectas preferencialmente à satisfação dos respectivos créditos indemnizatórios, com a consequência de a satisfação dos créditos do terceiro financiador ter de ser realizada pelo remanescente das quantias não reclamadas pelos titulares não identificados naquela acção. Conforme referimos, é precisamente esta regra da satisfação prioritária das situações jurídicas dos titulares do interesse colectivo que encontramos consagrada no nº 7 do artigo 19º da lei portuguesa do *Private Enforcement*.

[128] O Direito europeu parece ser sensível à preocupação de proteger a parte financiada contra a imposição de remunerações excessivas, embora no domínio circunscrito da tutela colectiva

os interesses de todos os membros da classe representada – ele pode até não ser um dos titulares do interesse colectivo que se procura satisfazer através da acção –, e ainda que o direito do financiador à remuneração, a constituir-se, não será satisfeito com meios próprios do autor, mas antes com o produto da prestação que o réu tiver realizado em cumprimento da sentença condenatória proferida na acção colectiva.

No entanto, faz-se notar que este perigo só é real no caso de o Direito vigente permitir que a remuneração seja paga ao financiador antes de serem satisfeitos os créditos dos particulares institucionalmente representados na acção colectiva. O risco de o interesse do financiador se sobrepor aos interesses dos particulares representados na acção colectiva já não se coloca nas ordens jurídicas em que, vigorando uma regra de graduação entre os créditos dos representados, do autor da acção e do financiador, se determine que a prestação realizada pelo réu seja preferencialmente afecta à satisfação dos créditos dos primeiros. É essa, de resto, a situação vigente na ordem jurídica portuguesa (artigo 19º, nº 7 da Lei do *Private Enforcement*), conforme veremos mais detalhadamente adiante. Não deixamos, no entanto, de antecipar um aspecto da maior relevância: o argumento segundo o qual os acordos de financiamento dos custos da acção devem ser considerados proibidos sob pena de se permitir que um terceiro financiador obtenha uma vantagem indevida ou excessiva às custas

(inibitória e indemnizatória) de direitos atribuídos ou reconhecidos pela ordem jurídica europeia. *Cf.*, nesse sentido, a Recomendação da Comissão de 11 de Junho de 2013, nomeadamente, a recomendação nº 16, al. c) (os Estados-Membros devem garantir que, nos casos em que uma acção de tutela colectiva for financiada por uma entidade terceira privada, é vedado a esta a cobrança de juros excessivos) e a recomendação nº 32 (os Estados-Membros devem assegurar que, além dos princípios gerais de financiamento, nos casos de financiamento de tutela colectiva indemnizatória por entidade terceira privada, é proibido adoptar como critério aferidor da remuneração devida ao financiador, ou da taxa de juro por esta cobrada, o montante do pagamento obtido ou da indemnização atribuída, salvo se o financiamento for regulado por uma autoridade pública para assegurar os interesses da parte). Sobre a recomendação da Comissão, Ralf Deutlmoser, «Die Büchse der Pandora; Kollektiver Rechtsschutz in Europa», *Europäische Zeitschrift für Wirtschaftsrecht*, 2013, pp. 652-656. Para uma visão crítica: Rolf Hempel, «War da nicht noch etwas? – Zum kollektiven Rechtsschutz im Kartellrecht», *Neue Zeitschrift für Kartellrecht*, 2013, pp. 494-501; Carsten Krüger/Andreas Weitbrecht, «Kollektiver Rechtsschutz im Kartellrecht», *in Handbuch Private Kartellrechtsdurchsetzung*, Andreas Fuchs/Andreas Weitbrecht (Hrsg.), 1. Auflage, C. H. Beck, München, 2019, pp. 745-788, Rdr. 149 (as restrições à remuneração do financiamento por terceiro são desnecessárias e, de todo o modo, dificilmente praticáveis).

dos particulares representados na acção popular não vale num sistema que, como o nosso, vê no crédito do financiador um crédito subordinado à prévia satisfação dos interesses dos lesados.

115. Entre outras razões, que serão expostas seguidamente, uma obriga a concluir ser afinal *totalmente desnecessário* restringir os acordos de financiamento dos custos processuais em nome de um princípio de protecção dos representados na acção colectiva tendente a obter a reparação dos danos causados por uma prática anticoncorrencial. Uma vez que a quantia prestada pelo réu a título de indemnização será destinada, em primeiro lugar, ao pagamento das indemnizações devidas aos consumidores lesados, o autor da acção popular só pode ser compensado dos custos que suportou com a propositura da acção na medida em que a quantia prestada pelo réu *exceder* o valor das indemnizações devidas aos lesados identificados que sejam identificados na acção ou que venham a reclamar as suas indemnizações. Isso significa, portanto, que *por mais avultada que seja a remuneração devida ao financiador*, o dever de prestar essa remuneração revela-se *sempre inidóneo a afectar* os interesses dos representados. Na verdade, o direito destes últimos a uma reparação plena do dano causado pelo comportamento lesivo da concorrência jamais pode ser sacrificado em ordem a satisfazer a remuneração devida ao financiador. E isto por duas ordens de razões.

Em primeiro lugar, porque o financiador não pode reclamar directamente o direito a ser remunerado a expensas da prestação indemnizatória; o terceiro financiador não tem o estatuto de credor reclamante na acção de condenação. Os valores que a este poderão vir a ser prestados deverão, ao invés, ser reclamados e atribuídos ao autor da acção popular que pode ser compensado dos custos que ele suporta com tal remuneração.

Mas, em segundo lugar e numa linha de razões bem mais importante, porque o próprio autor da acção popular só será compensado do custo que tiver suportado com o financiamento se os representados, na qualidade de titulares legítimos da indemnização *decidirem não exercer o seu direito à percepção efectiva da indemnização, atribuída* no prazo razoável que tiver sido fixado pelo tribunal (artigo 19º, nº 7, da Lei do *Private Enforcement*). Mas aqui nada há de extraordinário no que toca aos interesses dos lesados: o direito à indemnização sempre deixaria de poder ser exercido se a indemnização individual não fosse reclamada. Neste caso, haveria que dar destino a valores não atribuídos aos concretos lesados; a solução sempre foi a da sua reversão para um terceiro, nomeadamente para o Estado (artigos 19º, nº 8 da Lei do *Private Enforcement* e 22º, nº 5 da Lei de Acção Popular). Por tudo isto, não fica o representado colocado numa situação pior do que aquela em que estaria se não tivesse havido financiamento.

116. Outros riscos têm sido identificados na prática processual, em especial, na arbitragem, como o de o financiador revelar, afinal, não dispor dos meios para cumprir as obrigações assumidas, quer perante a parte financiada, quer relativamente à parte demandada na acção, no caso de esta vir a obter uma decisão favorável e dispuser de uma pretensão relativa ao pagamento das custas e despesas por si suportadas. Ou ainda o perigo, vendo a probabilidade de a parte financiada conseguir uma decisão favorável no decurso da acção, de o financiador fazer cessar ilicitamente o contrato de financiamento, com isso frustrando a confiança da parte financiada na obtenção de financiamento de que ainda precisasse (na instrução da causa ou na solicitação de pareceres jurídicos, por exemplo)[129].

117. A ausência de um «contrapeso» ao poder fáctico de influência do terceiro financiador, ou de uma garantia institucional da primazia dos interesses da parte financiada, revela-se, segundo alguns, mais problemática nas situações em que existir uma relação de especial proximidade entre o financiador e o mandatário da parte financiada, o que seria particularmente visível quando, como é a regra, a remuneração do segundo for devida ou prestada directamente através do primeiro. Uma das razões invocadas contra a admissibilidade dos acordos de financiamento é a de que eles promovem o perigo de o mandatário judicial deixar de orientar a sua conduta pelas normas deontológicas que regem a sua profissão[130].

[129] Alexander Bruns, «Third-Party Financing in the Perspective of German Law – Useful Instrument for Improvement of the Civil Law Justice System or Speculative Immoral Investment?», *Journal of Law, Economics & Policy*, 8.3, 2012, pp. 525-548 (p. 530).

[130] Alexander Bruns, «Das Verbot der quota litis und die erfolgshonorierte Prozessfinanzierung», *JuristenZeitung*, 55. Jahrg., Nr. 5, 2000, pp. 232-241 (p. 236), Id., «Third-Party Financing in the Perspective of German Law – Useful Instrument for Improvement of the Civil Law Justice System or Speculative Immoral Investment?», *Journal of Law, Economics & Policy*, 8.3, 2012, pp. 525-548 (p. 535).

O «sobreincentivo económico» decorrente de a remuneração do mandatário ser devida pelo financiador e não pela parte e de aquela remuneração depender (no todo ou em parte) do resultado da acção poderia levá-lo a deixar de adoptar a conduta conforme com o melhor interesse do mandante, nomeadamente, quando essa conduta não fosse a desejada pelo terceiro financiador. Igualmente se criaria o risco da violação do dever de exercer o mandato no interesse público da realização da justiça e da proibição de não litigar contra a verdade ou contra o Direito. De acordo com esta perspectiva, os acordos de financiamento seriam menos atentatórios da deontologia profissional do advogado do que a convenção da *quota litis*, ainda assim comprometendo o dever de objectividade na prossecução dos interesses do mandante e, a prazo, contribuindo para o descrédito social, tanto das funções de interesse público desenvolvidas pelos advogados como do próprio sistema judicial de aplicação do Direito.

118. O comprometimento dos deveres do advogado é, aliás, uma das razões pela quais, em certas ordens jurídicas, como a alemã e a austríaca, se tem, por vezes, defendido a nulidade dos contratos de financiamento por terceiro das despesas da acção, seja a partir de um alargamento do campo de aplicação da norma proibitiva da *quota litis*[131], seja considerando que se

[131] Esse resultado interpretativo é, umas vezes, defendido com o argumento de que a posição do financiador é valorativamente equivalente ao comportamento do advogado (na medida em que a prestação efectuada pelo financiador, envolvendo ou não a prestação de informações acerca da situação jurídica do credor, é instrumental ao exercício da sua pretensão processual), noutras, a partir da ideia de que as normas da deontologia profissional não proíbem apenas o mandatário judicial, mas qualquer terceiro que auxilie a parte na acção de aproveitar o resultado da decisão que nessa acção vier a ser proferida ou, ainda, a partir da ideia que seria suficiente que quem participasse no resultado da acção não fosse apenas a parte, mas um terceiro de quem dependesse a remuneração do advogado, para que ficassem comprometidas a independência deste último, bem como alinhamento dos seus interesses com os interesses da parte que representa. Com maiores desenvolvimentos, ROLAND PARZMAYR/THOMAS SCHOBEL, «Prozessfinanzierung: zulässiges Erfolgshonorar oder verbotene *quota litis*?», *Österreichische Juristen Zeitung*, 12/2011, pp. 533-539 (pp. 537-8); HEINZ KREJCI, «Gilt das Quota-litis-Verbot auch für Prozessfinanzierungsverträge?», *Österreichische Juristen Zeitung*, 08/2011, pp. 341-350 (pp. 346 e ss.); ALEXANDER BRUNS, «Das Verbot der quota litis und die erfolgshonorierte Prozessfinanzierung», *JuristenZeitung*, 55. Jahrg., Nr. 5, 2000, pp. 232-241 (pp. 236 e ss.), Id., «Third-Party Financing in the Perspective of German Law – Useful Instrument for Improvement of the Civil Law Justice System or Speculative Immoral Investment?», *Journal of Law, Economics & Policy*, 8.3, 2012, pp. 525-548 (pp. 534 e ss.).

mostra atentatória dos bons costumes, por ofender o núcleo ético-jurídico fundamental das normas que conformam o comportamento profissional do mandatário judicial[132].

Mesmo aí, porém, esse entendimento não se tem afirmado como o dominante, tendo a doutrina e a jurisprudência maioritárias vindo a defender, pelo menos como orientação geral, a validade dos acordos de financiamento dos custos processuais[133]. O financiador não pode ser equiparado ao mandatário judicial, não podendo agir no processo em nome da parte: o exercício de influência sobre a conduta da parte, a existir, assume ali uma natureza qualitativamente diversa. Por outro lado, o acordo de financiamento pode ser totalmente irrelevante para a remuneração do mandatário judicial, a qual é acordada com a parte e, em regra, é por ela suportada. Por outro lado, ainda que seja o financiador a suportar as despesas com o mandato judicial, as regras que impõem limites para a fixação da remuneração continuam a aplicar-se. De resto, esta observação é válida para afastar o perigo do descuramento, pelo mandatário, dos interesses da parte: a deontologia profissional impõe-se por si e a reacção da ordem jurídica aos comportamentos ilícitos deve ter lugar em sede própria – a da responsabilidade civil e disciplinar do advogado – não devendo contaminar a validade e a eficácia do acordo de financiamento. Se assim não for, prejudica-se a parte financiada, vedando-lhe à partida a possibilidade de aceder ao auxílio económico do terceiro que se mostra necessário ao exercício jurisdicional do seu direito.

[132] Alexander Bruns, «Das Verbot der quota litis und die erfolgshonorierte Prozessfinanzierung», *JuristenZeitung*, 55. Jahrg., Nr. 5, 2000, pp. 232-241 (p. 236), Id., «Third-Party Financing in the Perspective of German Law – Useful Instrument for Improvement of the Civil Law Justice System or Speculative Immoral Investment?», *Journal of Law, Economics & Policy*, 8.3, 2012, pp. 525-548 (pp. 534-5).

[133] No Direito austríaco: Alexander Klauser, «Von der „Sammelklage nach österreichischem Recht“ zur echten Gruppenklage», *Ecolex*, 2005, pp. 744-747, Id., «Prozessfinanzierung, Rechtsfreunde, quota litis und Sammelklage», *Zeitschrift für Verbraucherrecht*, 01/2013, pp. 12-16; Paul Oberhammer, «Sammelklage, quota litis und Prozessfinanzierung», *Ecolex*, 2011, pp. 972-980; Georg E. Kodek, «Massenverfahren und Verfahrensmassen: Einige Gedanken zur aktuellen Diskussion», *Zak*, 2012, pp. 66-69. No Direito alemão: Matthias Homberg, *Erfolgshonorierte Prozessfinanzierung*, Alma Mater, 2006, pp. 142 e ss.; Michael Breyer, *Konstenorientierte Steuerung des Zivilprozesses: Das deutsche, englische und amerikanische Prozesskostensystem im Vergleich*, Mohr Siebeck, Tübingen, 2006, pp. 238 e ss..

119. Por fim, uma quarta ordem de razões levaria a concluir pela inadmissibilidade dos acordos de financiamento por terceiro dos custos da acção, esta respeitante ao plano das relações entre as partes no processo em vista da qual é prestado o financiamento. Mais precisamente, argumenta-se que, ao permitir que o autor possa beneficiar do apoio económico de um financiador, se acaba por inverter o problema da desigualdade de armas entre as partes, uma vez que o réu não teria a mesma possibilidade de transferir para um terceiro nem as despesas nem os riscos associados ao exercício do seu direito de defesa[134]. Não estaria em causa uma impossibilidade *de jure*, mas uma impossibilidade de facto, ditada pela ausência de um mercado para o financiamento dos custos da defesa. A suposta dificuldade do réu em aceder ao financiamento dos custos da defesa teria como motivo o facto de o réu não ter «nada a oferecer» ao terceiro financiador: a procedência da defesa apresentada pelo réu conduz à improcedência do pedido e esta, por sua vez, é insusceptível de gerar um acréscimo ao seu património. A transferência para um financiador dos custos conexos com o exercício do direito de defesa só poderia ser aceite por um financiador racional mediante um prémio de risco: isso implicaria um incremento dos riscos e dos custos pré-existentes do lado do réu, o que demonstraria que os acordos de financiamento do contencioso só aparentemente seriam idóneos a promover a igualdade entre as partes[135] – os mesmos benefícios conseguidos pelo autor (designadamente, as melhores condições prático-económicas para o exercício jurisdicional do seu direito e a possibilidade

[134] Alexander Bruns, «Das Verbot der quota litis und die erfolgshonorierte Prozessfinanzierung», *JuristenZeitung*, 55. Jahrg., Nr. 5, 2000, pp. 232-241 (pp. 237-8), Id., «Third party Financing in the Perspective of German Law – Useful Instrument for Improvement of the Civil Law Justice System or Speculative Immporal Investment?», *Journal of Law, Economics & Policy*, 8.3, 2012, pp. 525-548 (pp. 537-9).

[135] «Third party Financing in the Perspective of German Law – Useful Instrument for Improvement of the Civil Law Justice System or Speculative Immporal Investment?», *Journal of Law, Economics & Policy*, 8.3, 2012, pp. 525-548, loc. cit.: supondo que um terceiro estivesse disponível para financiar os custos da defesa do réu contra o pagamento de uma quantia equivalente àquela que um financiador comummente exige ao autor – entre 20% a 50% do valor do litígio – o resultado não deixaria de ser o de um tratamento desigual entre as partes. O autor poderia optar entre pagar ao financiador o equivalente a parte do seu interesse ou suportar o risco do desaproveitamento das despesas com a propositura da acção, ao passo que o réu, para transferir para terceiro os custos da defesa, teria sempre de suportar o equivalente a uma parte da prestação que lhe fosse exigida pelo autor.

de litigar sem o risco do desaproveitamento de despesas próprias) não podem ser obtidos pelo réu.

4.4. A improcedência dos argumentos contra a admissibilidade dos acordos de financiamento, por terceiro, dos custos da acção

120. Que dizer de tudo isto? São as razões apontadas adequadas a justificar a ilicitude ou a invalidade dos acordos de financiamento por terceiro dos custos da acção? Ou pode com base nelas considerar-se ser inadmissível a acção que o autor tiver proposto com recurso a financiamento prestado por terceiro? Supomos que a resposta a ambas as perguntas seja negativa.

121. Na verdade, a orientação que se vai afirmando como dominante, quer no espaço jurídico-científico[136], quer nas recomendações internacionalmente vigentes[137], quer no âmbito da política legislativa da União Europeia[138], é decididamente a de aceitar a admissibilidade do financiamento por terceiro dos custos associados ao exercício do direito de acção com âmbito geral, sem deixar de cuidar por uma regulação adequada dos inte-

[136] Além dos autores anteriormente citados: Christopher Hodges/Stefan Vogenauer/Magdalena Tulibacka, «The Oxford Study on Costs and Funding of Civil Litigation», *in The Costs and Funding of Civil Litigation – A comparative perspective,* Christopher Hodges/Stefan Vogenauer/Magdalena Tulibacka (ed.), Hart Publishing, Portland, 2010, pp. 3-194 (pp. 106-7); Keith N. Hylton, «Toward a Regulatory Framework for Third-Party Funding of Litigation», *De Paul Law Review,* 63, 2014, pp. 527-545.

[137] Nesse sentido, na preparação das Regras-Modelo aplicáveis ao Processo Civil, o *ELI* e o *UNIDROIT* decidiram afastar quer a solução de proibir de forma estrita o *third-party funding,* quer a opção diametralmente oposta de um *laissez-faire* que restringisse as exigências nesta matéria ao plano da regulação das empresas dedicadas ao *litigation finance,* para adoptar uma via intermédia, que assenta sobre uma permissão genérica de celebração deste tipo de acordos – inclusivamente, no domínio das acções colectivas –, a conjugar com a vigência de certos limites em matéria de remuneração do financiador e da imposição à parte financiada de obrigações relativas à actuação no processo financiado: v. *Rule* 245 e o Comentário nº 3, p. 428.

[138] No citado estudo do Parlamento Europeu, *European Parliamentary Research Service (EPRS), Responsible private funding of litigation, February 2021,* p. 33, conclui-se que a aprovação, no quadro europeu, de uma regulação do financiamento por terceiro dos custos da acção traria aumentos significativos de bem-estar, com uma estimativa da criação de riqueza entre 187 e 229 milhões de euros (considerando, respectivamente, um cenário de «regulação moderada» e um cenário de «regulação forte»). Com interesse, v. também o estudo do U.S. Chamber Institute for Legal Reform, *Unchartered Waters: Analysis of TPLF in European Collective Redress,* de 2019 (disponível em https://instituteforlegalreform.com/research/uncharted-waters-analysis-of-tplf-in-european-collective-redress/).

resses em confronto, por forma a operar uma concretização prática entre o exercício do direito de acesso aos tribunais e ao Direito dos «pequenos litigantes», o princípio da primazia dos seus interesses no exercício do direito de acção popular e a preocupação sistémica com o funcionamento normal e eficaz do sistema de administração da justiça.

122. É, de resto, expectável que o *third-party funding* seja em breve objecto de regulação a nível europeu. Na sequência da preparação de um estudo relativo ao impacto económico da adopção de medidas regulatórias nesta matéria[139], foi apresentada no Parlamento Europeu uma proposta de resolução, recomendando à Comissão que apresente uma proposta de Directiva que venha fixar um enquadramento normativo comum no espaço europeu relativamente à actividade de financiamento dos custos do processo, e apresentando, em anexo, uma recomendação quanto ao conteúdo da proposta a apresentar pela Comissão[140].

O primeiro aspecto a sublinhar desta recomendação é que o Parlamento Europeu não visa a introdução de uma norma proibitiva do *third-party litigation funding*. O financiamento por terceiro dos custos processuais é descrito como uma realidade económica actual e como um serviço prestado no mercado europeu por largas dezenas de empresas. Embora proponha uma regra de respeito pela competência dos Estados-Membros para, à luz dos Direitos nacionais, decidirem sobre a autorização da actividade do *third party funding*[141], a orientação fundamental do Parlamento Europeu não é, de modo algum, a de proibir a celebração deste tipo de negócios jurídicos, mas antes o de assegurar o cumprimento de um conjunto alargado de exigências, quer de Direito privado (por exemplo, do cumprimento deveres do financiador no período pré-contratual e na execução do contrato), quer de Direito público (como o cumprimento de exigências de carácter regulatório, por exemplo, relativas à observância de requisitos mínimos em termos de capitais próprios do financiador). Entre outros aspectos, as recomendações do Parlamento Europeu compreendem:

139 O documento intitula-se «*Responsible Private Funding of Litigation*», foi elaborado pelos Serviços de Investigação do Parlamento Europeu em Março de 2021, e já foi por nós citado anteriormente.

140 *Draft report with recommendations to the Commision on Responsible private funding of litigation*, 17.6.2021, 2020/2130 (INL).

141 Artigos 4º e 5º da Proposta de Directiva.

- a implementação de um sistema de autorização para os *litigation funders*, impondo exigências ao nível do *corporate governance* e da supervisão externa, por forma a assegurar que o financiamento seja exclusivamente prestado por sociedades que cumpram requisitos mínimos em termos de transparência, de governo societário, de requisitos mínimos de capitais próprios, e de cumprimento de deveres fiduciários na relação com clientes e potenciais beneficiários (ponto 4 e artigos 5º, 6º e 7º da Proposta de Directiva);
- a nulidade dos acordos de financiamento celebrados por pessoas não autorizadas ao exercício dessa actividade (artigo 13º, nº 1 da Proposta de Directiva);
- a atribuição a uma autoridade pública independente da competência para a supervisão dos financiadores e que, compreende, entre outros poderes, o de apreciar queixas com fundamento na violação, pelo financiador, do Direito europeu e nacional (artigos 8º a 10º da Proposta de Directiva);
- a proibição do exercício de controlo do processo pelo financiador, seja em termos formais, por exemplo, através da atribuição ao financiador do direito a determinar a conduta da parte no processo, seja em termos informais, como a ameaça da resolução ou denúncia do contrato (ponto 5 e artigo 13º, nº 2, da Proposta de Directiva);
- a adopção de medidas adequadas a prevenir e a gerir os conflitos de interesses, designadamente, entre o financiador e o advogado, sobretudo nas situações em que exista uma relação especial e continuada entre ambos (por exemplo, através de acordos de financiamento de um conjunto de acções – «*portfolio funding*»), e que compreende, entre outras propostas, a previsão de um dever de informação da contraparte acerca da existência do acordo de financiamento e da descrição da relação entre o financiador e alguma das partes envolvidas no litígio (ponto 6 e artigo 12º da Proposta de Directiva);
- a previsão de uma norma que restrinja o direito ao financiador a fazer cessar o contrato à verificação de certos pressupostos, previstos na lei de forma taxativa, por forma a evitar o perigo de o autor se ver confrontado com a necessidade de suportar, sozinho, os custos de uma acção que só decidira propor por ter confiado no cumprimento das obrigações do financiador (ponto 7 e artigo 14º da Proposta de Directiva);

- a previsão de uma norma que impute directamente ao financiador as custas da parte demandada, em caso de improcedência do pedido formulado no processo financiado, tornando-o solidariamente responsável com a autora por esses custos, e que exclua a admissibilidade de uma limitação contratual da responsabilidade do financiador nessa hipótese (ponto 8 e artigos 13º, nº 5, e 17º da Proposta de Directiva);
- a previsão de uma norma que limite a remuneração devida ao financiador segundo uma lógica de proporcionalidade e que só em situações excepcionais a remuneração do financiador possa prejudicar a atribuição aos autores (ou outros beneficiários) de um mínimo de 60% do valor da prestação devida pela demandada em consequência de uma sentença condenatória ou de uma transacção (ponto 9 e artigo 13º, nº 4 da Proposta de Directiva);
- a imposição à parte financiada e ao seu advogado de deveres de informação e de transparência relativamente à contraparte e ao tribunal no que respeita à vigência de um acordo de financiamento (ponto 10 e artigo 15º da Proposta de Directiva).

123. Só o futuro permitirá responder à questão de saber se a Comissão vai incorporar na proposta vindoura todas ou algumas das recomendações que acabamos de enumerar. Ainda assim, os trabalhos de preparação do enquadramento legal dos *third-party funding agreements* em curso permitem já entrever como extremamente improvável qualquer solução do Direito europeu no sentido da proibição dos acordos de financiamento dos custos processuais. Fazemos, aliás, notar que o princípio favorável à celebração de acordos deste tipo, embora não afirmado de forma expressa, avulta já das soluções constantes da Directiva nº 2020/1828, relativa às acções colectivas tendentes a obter a tutela dos interesses dos consumidores, conforme veremos com pormenor em momento ulterior do presente texto.

124. Também na ordem jurídica portuguesa não existe qualquer norma que proíba a celebração de acordos de financiamento dos custos do processo[142]. Não porque este contrato não encontre expressa previsão legal,

[142] No sentido da admissibilidade geral dos acordos de financiamento dos custos do processo, além dos autores já citados anteriormente, Henrique Sousa Antunes, «Portugal», *in*

mas, acima de tudo, porquanto as diversas regras gerais que determinam a inadmissibilidade de certos contratos não admitem aquele resultado[143].

Se nenhuma norma obsta à celebração deste tipo de acordos, é forçoso concluir que a sua celebração é válida e lícita, por imposição do princípio da autonomia privada (artigo 405º do Código Civil), que é também uma das dimensões do direito constitucionalmente consagrado ao livre desenvolvimento da personalidade (artigo 26º da Constituição da República Portuguesa) e uma das formas de exercício da iniciativa privada (artigo 61º da Constituição da República Portuguesa). Este aspecto é, só por si, suficiente para que se conclua pela admissibilidade, quer do acordo de financiamento, quer da acção proposta com recurso aos meios por ele facultados. As razões da desconfiança relativamente ao *third-party finance agreements*, nos termos em que anteriormente as expusemos, não podem sobrepor-se ao argumento de que o sistema de direito privado assenta no princípio estruturante da *autonomia privada*, nos termos do qual as partes podem vincular-se aos efeitos jurídicos que desejem a menos que esse acto de auto-regulamentação de interesses colida com algum dos limites que o Direito objectivo conheça (como a ordem pública, os bons costumes ou a lei imperativa, *cf.* artigos 280º, 281º e 294º do Código Civil).

125. A conclusão de que os acordos de financiamento dos custos do processo devem ser considerados admissíveis no Direito português decorre também de razões de outra ordem. Em termos sintéticos, poderemos afirmar que a tese da proibição dos acordos de financiamento por terceiro dos custos da acção merece ser rejeitada, não só por constituir uma *solução impraticável*, mas também *desnecessária* para assegurar os fins que visa atingir e, bem assim, por pressupor restrições *inadequadas* e *desproporcionadas* a outros interesses protegidos e com tutela constitucional, como a autonomia privada (artigo 18º, nº 2 da Constituição da República Portuguesa). Conforme diremos seguidamente, as razões que depõem contra a admissibilidade dos acordos de financiamento, além de não terem aco-

The Costs and Funding of Civil Litigation – A comparative perspective, Christopher Hodges/ Stefan Vogenauer/Magdalena Tulibacka (ed.), Hart Publishing, Portland, 2010, pp. 467-482 (p. 478)

[143] A conformidade dos acordos de financiamento com as normas gerais que impõem limites à autonomia privada (como o respeito pelos bons costumes e pela proibição da usura) serão objecto da nossa atenção em momento ulterior do presente texto).

lhimento na lei, podem, nos termos das normas vigentes, ser asseguradas por uma outra via.

126. Em primeiro lugar, cumpre reconhecer que a norma que obrigasse a valorar como ilícitos ou ineficazes os acordos de financiamento por terceiro dos custos da acção estaria condenada à ineficácia. Com efeito, a parte que tiver robustez financeira própria para suportar os custos de uma operação de transferência de risco já dispõe hoje de um conjunto muito alargado de formas de aceder ao financiamento de que precisa para suportar os custos inerentes à propositura da acção. Isso não sucede com uma parte cujo património é incapaz de permitir o acesso ao crédito ou de se financiar com o recurso a capitais próprios da parte.

Incluem-se no primeiro conjunto de hipóteses, além do contrato de mútuo (de que é exemplo mais representativo o mútuo bancário), a cessão de créditos, incluindo aqui a cessão do próprio crédito que a parte pretende que seja satisfeito através da acção (artigos 579º a 581º do Código Civil)[144]. A generosidade com que é admitida a *cessão de créditos litigiosos* no nosso Direito constitui, de resto, um indício inequívoco de que o nosso sistema rejeitou a solução de proibir que um terceiro, que não seja titular do direito, mas apenas de um interesse indirecto na decisão da causa, possa intervir no processo e, por essa via, tentar influenciar o conteúdo daquela decisão. Repare-se que uma das funções económicas e sociais primeiras da cessão de créditos é precisamente a de financiar o cedente que tipicamente renuncia ao proveito futuro do recebimento da prestação devida pela vantagem actual da prestação pelo cessionário; este o preço ou contrapartida da cessão do seu direito. Ora, a lei processual reconhece ao cedente a legitimidade para agir no processo como parte, no interesse e por conta do cessionário, que passou a ser o titular legítimo das situações jurídicas a que se refere o objecto da acção (artigo 263º, nº 1 do Código de Processo Civil)[145]. A situação de não congruência entre a titularidade da

[144] Aproximando, de um ponto de vista prático e económico, a cessão dos créditos indemnizatórios de todos pessoas lesadas por uma mesma prática lesiva ao autor que actua no processo por sua conta e no seu interesse dos acordos de financiamento das despesas da acção por terceiro, Astrid Stadler, «Die Bündelung von gleichgerichtenen Ansprüchen durch Inkassozession», *Juristenzeitung*, nº 12, 2014, pp. 613-622 (pp. 614-5: «*Zivilprozesse als Investitition*»).

[145] V., com desenvolvimento, Paula Costa e Silva, *Repensando a transmissão da coisa ou direito em litígio – Ainda um contributo para o Estudo da Substituição Processual (Uma segunda Edição?)*, Coimbra Editora, Coimbra, 2009, pp. 183 e ss..

situação jurídica substantiva e a legitimidade processual só cessa em caso de substituição processual do cedente pelo cessionário, através da habilitação (artigo 263º, nº 2 do Código de Processo Civil).

Note-se também que, entre nós, a cessão de créditos litigiosos só é proibida quando o crédito for transmitido a uma pessoa que, em virtude da sua profissão, possa determinar ou influenciar a decisão da causa, como juízes, magistrados do Ministério Público, funcionários de justiça ou mandatários judiciais. A proibição limita-se, pois, a evitar o exercício disfuncional – e penalmente ilícito – das funções de interesse público cometidas aos intervenientes no processo. Por esta razão, a mesma cessa quando se demonstre que a cessão do crédito não tem como fim influenciar a decisão da causa (conforme sucede nos casos previstos no artigo 581º do Código Civil).

127. As proposições normativas que acabam de se enunciar permitem retirar duas conclusões. A primeira vai no sentido de a proibição da cessão de créditos litigiosos se esgotar na prevenção do uso disfuncional do processo. A segunda, a de que, sendo a cessão do crédito litigioso feita a um terceiro, esta consubstancia uma forma admissível de financiamento do cedente, que permanece na acção a litigar no interesse no cessionário. O facto de a cessão do crédito poder assumir uma forma de financiamento da acção pela qual se pretende fazer valer esse crédito é demonstrado pela circunstância de, em certas ordens jurídicas, ser precisamente esse o modelo vigente a título de *third-party litigation funding*. É esse o caso dos Países Baixos[146] e da Áustria[147].

[146] Nos Países Baixos, existem duas formas admissíveis de tutela colectiva, uma acção colectiva comum, essencialmente assente no modelo da auto-inclusão (*opt-in*) e uma outra, fundada no artigo 3:305a do Código Civil neerlandês, que segue o modelo da auto-exclusão (*opt-out*) e que, desde 1 de janeiro de 2020, pode ser utilizada para obter o ressarcimento de danos de massas («*Wet Collectieve Afwikkeling Massaschade*», «WCAM»). As diferenças entre as duas formas de tutela colectiva reflectem-se também nas diferentes formas de financiamento dos custos processuais da parte: na acção colectiva *opt-in*, os tribunais têm admitido a cessão dos créditos indemnizatórios pelos particulares lesados, seja à associação ou fundação que os representa na acção, seja a um fundo constituído com o fim de assegurar a cobertura dos custos processuais e controlado por aquela associação ou fundação, considerando infundados os argumentos de que esses preceitos seriam violadores da ordem pública ou poriam em causa o processo equitativo. Ianila Tzankova, «Funding of Mass Disputes: Lessons from the Netherlands», *George Mason Journal of Law, Economics & Policy*, 8, 2012, pp. 577-583, Id., «Collective Settlements in the Netherlands: Some Empirical Observations», Astrid Stadler/Christian Hodges (Ed.), *Resolving Mass Disputes: ADR and Settlement of Mass*

128. Além da cessão de créditos – e de figuras análogas, como o «*factoring*» – a parte pode recorrer a outras formas igualmente lícitas de transferir para um terceiro os custos do processo[148]. Pense-se num contrato típico de *mútuo*, incluindo o mútuo bancário. De facto, à luz do Direito vigente, a parte pode ser financiada por uma instituição de crédito, a qual, por sua vez, pode compreensivelmente reservar para si o poder de participar na gestão processual, de forma directa ou indirecta (por exemplo, estipulando como «*covenant*» a não celebração de negócios processuais sem o seu consentimento).

O contrato de seguro de protecção jurídica (artigos 167º e ss. do Decreto-Lei nº 72/2008, que dispõe sobre o regime jurídico do contrato de seguro) que, de resto, pode ser celebrado após o surgimento do litígio («*after-the-event insurance*»), permite idêntico resultado.

No limite, o financiamento por terceiro dos custos processuais pode ser assegurado por via de interposta pessoa (como uma sociedade do mesmo grupo ou uma sociedade constituída para o efeito) ou através da participação no próprio capital da autora (no caso de esta assumir uma forma societária). A hipótese de proibir a celebração deste tipo de negócios com a finalidade de financiar os custos processuais da parte pode, por isso, ser imediatamente rejeitada, uma vez que ela estaria, em face da existência de tipos inequivocamente lícitos com idêntica finalidade, condenada a ser uma norma ineficaz.

Claims, Edward Elgar, 2013, pp. 91-105 (pp. 100 e ss.); Jeroen Kortmann/ Simon Mineur, «Netherlands», *The EU Antitrust Damages Directive*, Barry Rodger/Miguel Sousa Ferro/Francisco Marcos (Ed.), Oxford Univ. Press, Oxford, 2018, pp. 271-289 (pp. 286-7).

147 Na ordem jurídica austríaca, ao abrigo do modelo específico de coligação de autores lesados («*Sammelklagen*»), tem-se admitido a cessão dos créditos indemnizatórios discutidos na acção a uma associação de representação dos interesses dos consumidores: Erika Wagner, «Rechtsprobleme der Fremdfinanzierung von Prozessen», *Juristische Blätter*, 2001, pp. 416-441.; Roland Parzmayr/Thomas Schobel, «Prozessfinanzierung: zulässiges Erfolgshonorar oder verbotene *quota litis*?», *Österreichische Juristen Zeitung*, 12/2011, pp. 533-539; Georg E. Kodek, «Massenverfahren und Verfahrensmassen: Einige Gedanken zur aktuellen Diskussion», *Zak*, 2012, pp. 66-69. No Direito alemão, sobre a admissibilidade do modelo da Inkassozession como forma de financiar as despesas do processo e os seus limites, entre muitos Astrid Stadler, «Die Bündelung von gleichgerichtenen Ansprüchen durch Inkassozession», *Juristenzeitung*, nº 12, 2014, pp. 613-622 (pp. 617 e ss.).

148 Carsten Krüger/Andreas Weitbrecht, «Kollektiver Rechtsschutz im Kartellrecht», *in Handbuch Private Kartellrechtsdurchsetzung*, , Andreas Fuchs/Andreas Weitbrecht (Hrsg.), 1. Auflage, C. H. Beck, München, 2019, pp. 745-788.

129. Em cada uma das situações referidas, é também possível encontrar mecanismos mais ou menos formalizados destinados a atribuir ao credor meios de interferir com a conduta do devedor no processo. O facto de isso não levar a concluir pela inadmissibilidade do negócio creditício em si é já demonstrativo da irracionalidade da solução de proibir a celebração dos acordos de financiamento por terceiro das despesas com o processo. A consequência de tal proibição seria a de forçar as partes a optarem por tipos negociais menos adequados às finalidades em vista: com isso não só se criariam distorções concorrenciais entre os diversos sectores, como se imputariam às partes custos de transacção excessivamente elevados, prejudicando a eficiência global do sistema. E, sublinhe-se, sem qualquer garantia de com isso se conseguir assegurar uma menor probabilidade de um terceiro influenciar o comportamento do beneficiário do financiamento do que aquela que já existe perante a adopção de outras formas de financiamento à disposição das partes.

130. Além de acabar por se revelar impraticável, a solução de proibir o financiamento por terceiro dos custos processuais da parte constituiria também uma medida inadequada, desnecessária e desproporcionada.

De facto, os argumentos que vêm sendo aduzidos contra os acordos de financiamento por terceiro dos custos do processo fundam-se apenas num *perigo abstracto* para a lesão de certos direitos ou bens jurídicos. A solução de proibi-los, e com isso privar as partes do exercício satisfatório da sua liberdade negocial, seria uma forma inadequada de realizar a teleologia dessa norma proibitiva. As finalidades de política legislativa que se procuram alcançar através da inadmissibilidade do *third-party funding* pode ser conseguida por outras vias, com *maior eficiência* e sem obrigar ao custo elevado da *limitação da liberdade negocial* das partes, vedando-lhes o acesso a uma forma eficaz de conseguir a realização dos seus objectivos. Na verdade, os riscos associados aos acordos de financiamento por terceiro dos custos do processo podem ser contidos de uma forma mais adequada por outra via que não seja a da sua proibição[149].

[149] Brian Fitzpatrick, «Can and Should the New Third-Party Litigation Financing Come to Class Actions?», *Theoretical Inquires in Law*, vol. 19.1, 2018, pp. 109-123; Ronen Avraham/ Anthony Sebok, «An Empirical investigation of third party consumer litigant funding», *Cornell Law Review*, 104, 2018-9, pp. 1133-1179 (pp. 1172 e ss.).

a) A conformidade dos **third-party agreements** *com os interesses de ordem geral*

131. Consideremos primeiramente o conjunto dos riscos conexos com a boa administração da justiça. Neste plano, o aspecto essencial está em reconhecer que o problema do excesso de litigância, motivado ou não pela propositura de acções temerárias ou carecidas de fundamento, não se combate negando o acesso aos tribunais a quem procura legitimamente aceder a eles, nem tão-pouco assegurando que a propositura das acções com fundamento se mantém inviável por motivo de insuficiência de meios do autor. Antes importa reconhecer que a formulação de pedidos injustificados é um *problema processual de outra ordem*, que encontra uma resposta adequada no direito vigente, seja no proferimento de uma decisão de improcedência do pedido, seja na exclusão ou na restrição do direito de acção com fundamento no abuso do direito[150], seja ainda na hipótese da responsabilidade do autor pelos danos causados à contraparte, nos termos previstos no tipo delitual específico da litigância de má fé (artigo 542º do Código de Processo Civil)[151]. Nos casos do financiamento utilizado para promover o exercício ilícito ou de má fé do direito de acção, o problema não está no acordo de financiamento, mas na inidoneidade do exercício jurídico da parte. A repressão da litigância de má fé, quer da má fé dita «instrumental», quer da má fé «substancial», deve ser assegurada em sede própria, através dos tipos que visam paralisar o exercício jurídico ilícito ou reagir às suas consequências pela via indemnizatória (imputação dos danos causados à contraparte) ou pela via punitiva (condenação no pagamento de multa).

132. O que escrevemos não significa que não existam motivos para adoptar medidas regulatórias que visem evitar que o instituto do financiamento dos custos processuais contribua para agravar o perigo da propositura de acções que a parte sabe serem desprovidas de fundamento ou da dedução

150 O direito de acção, à semelhança de qualquer outra situação jurídica encontra-se sujeito aos parâmetros gerais do correcção do exercício jurídico que encontramos no abuso do direito (artigo 334º do Código Civil): Paula Costa e Silva, *A Litigância de Má Fé*, Coimbra Editora, Coimbra, 2008 pp. 617 e ss.. António Menezes Cordeiro, *Litigância de Má-Fé, Abuso do Direito de Acção e Culpa "In Agendo"*, 3ª ed., Almedina, Coimbra, 2016, pp. 139 e ss.

151 Paula Costa e Silva, *A Litigância de Má Fé*, Coimbra Editora, Coimbra, 2008, pp. 379 e ss., 513 e ss.. António Menezes Cordeiro, *Litigância de Má-Fé, Abuso do Direito de Acção e Culpa "In Agendo"*, 3ª ed., Almedina, Coimbra, 2016, pp. 190 e ss..

de pedidos temerários ou frívolos[152]. Essas medidas podem assumir formas diversas, desde a imposição aos terceiros financiadores de modelos de risco adequados, à fixação de um quadro remuneratório dos titulares dos órgãos de gestão que compreenda incentivos ao financiamento criterioso e prudente[153], podendo inclusivamente traduzir-se na alteração da lei vigente, por forma a prever-se a hipótese da imputação ao financiador dos custos do processo ou a sua responsabilidade pelos danos causados ao réu pela actuação processual ilícita da parte financiada[154].

A existência de meios que permitam conter adequadamente os riscos associados a uma expansão não controlada do *litigation finance* é, também ela, demonstrativa do carácter desproporcionado da solução de proibir os acordos de financiamento ou de considerar inadmissível a acção proposta com recurso a este tipo de financiamento.

[152] Importa, de todo o modo, fazer notar que, mesmo na perspectiva da prevenção geral do excesso da litigância colectiva, há outros aspectos a considerar além do financiamento dos custos processuais e que, à partida, se mostram tão ou mais relevantes do que este para assegurar aquele desiderato político-legislativo. Tomando como exemplo modelar a experiência estadunidense, dir-se-á ser impossível dissociar o problema do recurso excessivo (e, não raro, abusivo) das *class actions* de dois institutos, amplamente aceites na maior parte dos Estados federados, e que não encontram acolhimento nas ordens jurídicas europeias, como a portuguesa: a admissibilidade das indemnizações sobrecompensatórias, incluindo os *punitive damages*; a vigência de normas deontológicas que permitem ao advogado ser exclusivamente remunerado com base na decisão proferida no processo e inclusivamente de acordo com uma parte dos interesses dos terceiros representados na acção (*contingency fees*).

[153] Por exemplo, prevendo um suficiente desfasamento temporal entre a decisão de financiar a propositura da acção e o horizonte temporal de referência para o apuramento das remunerações devidas aos órgãos de gestão da sociedade financiadora e/ou fazendo depender uma parte do valor dessas remunerações das decisões proferidas nos processos financiados numa base individual (e não, ou não exclusivamente, numa lógica global, considerando o resultado dos processos que constituem o portfólio dos investimentos da sociedade financiadora).

[154] Também aqui a responsabilidade do financiador pelos danos causados pela parte financiada pode assumir diferentes modelos, desde a configuração de uma responsabilidade de tipo delitual, que não prescinda de um facto ilícito culposo (decalcada ou não do tipo de ilícito específico do artigo 542º do Código de Processo Civil), até à adopção de uma solução de tipo objectivo, nos termos da qual a responsabilidade do financiador se perfile como uma garantia do cumprimento do dever de indemnizar da parte (ou do seu mandatário) que actue de má fé, com o consequente direito de regresso contra aquela.

b) A admissibilidade do **third-party funding** *na perspectiva das relações entre as partes do contrato*

133. Também no que respeita ao *plano das relações entre as partes do acordo de financiamento,* não encontramos qualquer razão que leve a valorar como inadmissível este tipo de negócios jurídicos. Sintetizando as considerações que expusemos anteriormente, os argumentos que levariam a rejeitar a admissibilidade dos acordos de financiamento com base numa ideia de protecção da parte financiada são de quatro tipos:

(i) prevenção de conflitos de interesses e primazia dos interesses da parte financiada;
(ii) tutela da autonomia da vontade da parte financiada, em especial, ante o perigo da celebração de acordos economicamente desequilibrados (por exemplo, atributivos de uma remuneração excessiva ao financiador);
(iii) tutela da liberdade de actuação da parte no processo;
(iv) garantia do cumprimento das obrigações assumidas pelo financiador.

134. Nenhuma destas preocupações justifica a proibição dos acordos de financiamento dos custos processo. Se, por um lado, todas elas encontram uma resposta adequada no Sistema actual, por outro, os avanços que podem ser conquistados do ponto de vista político-legislativo, dependem – também neste ponto – da introdução de um quadro regulatório dos acordos de financiamento dos custos processuais e não da sua proibição.

135. No que respeita aos conflitos de interesses, supomos ser conveniente a introdução de uma norma que imponha o dever de a parte informar o tribunal da circunstância de ter proposto a acção com recurso ao financiamento por terceiro, da identidade do financiador e dos termos essenciais do contrato com ele celebrado. Uma norma semelhante pode ser encontrada em certos sectores. É o que sucede na arbitragem internacional, seja em instrumentos de *soft-law* como as Orientações da «*International Bar Association*» (IBA) para a prevenção de conflitos de interesses[155],

[155] *Cf.* o *General Standard* 7(a) das *IBA Guidelines on Conflicts of Interest in International Arbitration*, que tem vista a divulgação da existência de conflitos entre o árbitro e a parte, e que se alarga a

ou as Recomendações adoptadas nesta matéria pelo «*International Council for Commercial Arbitration*» (*ICCA*)[156], seja em regras de centros de arbitragem organizada, como as regras do centro de arbitragem da CCI[157].

No domínio da justiça estadual, essa solução surge nas Regras-Modelo de Processo Civil Europeu aprovadas pelo «*European Law Institute*» *ELI/UNIDROIT*, de 2020, embora com um âmbito limitado às acções colectivas[158]. E é também essa a solução que vem sendo acolhida no direito europeu, tanto na Recomendação da Comissão de 11 de Junho de 2013, sobre os princípios comuns que devem reger os mecanismos de tutela colectiva dos Estados-Membros aplicáveis às violações de direitos garantidos pelo

qualquer pessoa que tiver um interesse económico na decisão a proferir na acção arbitral: «*a party shall inform an arbitrator, the Arbitral Tribunal, the other parties and the arbitration institution or other appointing authority (if any) of any relationship, direct or indirect, between the arbitrator and the party (or another company of the same group of companies, or an individual having a controlling influence on the party in the arbitration), or between the arbitrator and any person or entity with a direct economic interest in, or a duty to indemnify a party for, the award to be rendered in the arbitration. The party shall do so on its initiative at the earliest opportunity*». Sobre o problema, Catherine Rogers, *Ethics in International Arbitration*, Oxford University Press, Oxford, 2014, pp. 177 e ss.; Ricardo Silva Pereira, «Third-Party Funding e implicações éticas na relação com os árbitros», *Revista Internacional de Arbitragem e Conciliação*, 9, 2016, pp. 87-122.

156 Nesse sentido, a regra A.1 dos *ICCA-Queen Mary Task Force Principles on Third-Party Funding*: «*a party and/or its representative should, on their own initiative, disclose the existence of a third-party funding arrangement and the identity of the funder to the arbitrators and the arbitral institution or appointing authority (if any), either as part of a first appearance or submission, or as soon as practicable after funding is provided or an arrangement to provide funding for the arbitration is entered into*». *Cf.* o Report of the ICCA-Queen Mary Task Force on Third-Party Funding in International Arbitration, versão de Abril de 2018, disponível em https://cdn.arbitration-icca.org/s3fs-public/document/media_document/Third-Party-Funding-Report%20.pdf.

157 *Cf.* o artigo 11º , nº 7 das *ICC Rules od Arbitration*, na versão de 2021, que prevê: «*in order to assist prospective arbitrators and arbitrators in complying with their duties under Articles 11(2) and 11(3), each party must promptly inform the Secretariat, the arbitral tribunal and the other parties, of the existence and identity of any non-party which has entered into an arrangement for the funding of claims or defences and under which it has an economic interest in the outcome of the arbitration*».

158 *Cf.* a *Rule* 245 (1) das *Model Rules on Civil Procedure* aprovadas pelo *ELI/UNIDROIT*, que dispõe: «*a party who receives funding for the proceedings from a professional third-party funder or from a crowd-funder shall disclose this fact and the identity of the funder to the court and the other party at the commencement of the proceedings. The details of such a third-party funding arrangement are, however, not subject to this requirement*». V. o Comentário 8, p. 430, em que se expôs a argumentação tendente a recusar o alargamento do dever de informação além da tutela colectiva, afirmando-se que o acordo de financiamento é, ali, um assunto exclusivamente respeitante à parte que o tiver celebrado.

direito europeu[159], e, mais recentemente, na Directiva nº 2020/1828, do Parlamento e do Conselho, relativa a acções colectivas para a protecção dos interesses económicos dos consumidores[160].

136. Saber se um dever de informação como aquele que se vem descrevendo se pode inferir das normas hoje vigentes é duvidoso[161]. Este é, por esta razão e sem qualquer hesitação, um aspecto que justifica a intervenção do legislador no sentido da previsão de um dever prévio de informar o tribunal acerca do financiamento[162].

159 *Cf.* a recomendação nº 14, a primeira respeitante, em geral, aos mecanismos de tutela colectiva inibitórios e indemnizatórios: «a parte requerente deve declarar ao tribunal no início do processo a origem dos fundos que utilizará para financiar a acção judicial».

160 *Cf.* artigo 10º da Directiva nº 2020/1828, em especial, o nº 3, que prevê que os Estados-Membros adoptem regras que atribuam ao tribunal os poderes necessários para averiguar que o financiamento da acção colectiva não envolve um conflito de interesses nem é susceptível de causar um desvio da acção do fim de tutelar os interesses dos consumidores e, além disso, que a autora da acção de natureza colectiva apresente ao tribunal «uma síntese financeira que enumere as fontes de financiamento utilizadas para apoiar a acção».

161 É, na verdade, questionável que, à luz do princípio da cooperação, a parte se encontre obrigada a revelar a vigência de um contrato de financiamento, do mesmo modo que se pode duvidar que os poderes inquisitórios do decisor possam legitimar a decisão de impor à parte que revele tais elementos. No contexto específico da acção popular, em que o princípio do inquisitório vigora com maior amplitude, existem, porém, argumentos mais ponderosos para crer que o tribunal tem o poder-dever de requerer as informações em causa, com o motivo de que as considera relevantes para apreciar a conformidade da actuação do autor com os interesses dos particulares institucionalmente representados na acção.

162 Mais discutível é o problema de saber se também a parte demandada tem o direito a ser informada sobre se o autor propôs a acção com recurso ao financiamento por um terceiro. Se, por um lado, se pode argumentar que o acesso, pelo réu, a essa informação é necessário para que este tome conhecimento das circunstâncias práticas e económicas em que se encontra a parte contrária (e, nesse sentido, para evitar que o seu desconhecimento redunde numa desigualdade de armas, por assim dizer, «de sinal contrário), sempre se poderá dizer que parece faltar uma norma que, em geral, tutele o interesse de uma das partes em conhecer de antemão o «poder de fogo» de que a contraparte pode dispor no processo. E não é meramente académica a hipótese em que o interesse da contraparte seja precisamente o inverso, *i.e.*, o de que o contrato de financiamento *não seja conhecido*. E, sobretudo, que o acordo de investimento não seja conhecido pelo juiz, por recear que este se crie no seu espírito uma pré-compreensão favorável à pretensão deduzida pelo autor, fundada no facto de que um terceiro, uma empresa tipicamente bem assessorada por peritos altamente especializados tenha, a partir de uma posição imparcial, considerado procedente aquela pretensão a ponto de tomar uma decisão de investimento com base nela. Seja como for, e ainda que se valore como merecedor de protecção jurídica o interesse da contraparte em saber da existência do

137. Igualmente merecedor de ponderação, numa perspectiva de Direito a constituir, é a proibição do financiamento caso exista um perigo real de lesão dos interesses da parte financiada, como é o caso em que a acção financiada tiver sido proposta contra uma sociedade controlada pelo financiador, uma sociedade que exerça sobre ele alguma espécie de domínio ou uma sociedade na qual ele tiver algum interesse. De qualquer forma, o aspecto fundamental a reter é o de que o *mero perigo abstracto do surgimento de conflitos de interesses não constitui uma razão para a proibição dos acordos de financiamento*: basta que se prevejam formas de prevenir o seu surgimento ou de assegurar a primazia dos interesses da parte financiada, na hipótese de esse conflito surgir no caso concreto.

138. O argumento segundo o qual os acordos de financiamento deveriam ser valorados como inadmissíveis como forma de proteger a parte financiada de soluções desproporcionadas ou abusivas é falacioso e deve, por isso, ser igualmente rejeitado. Não é um mero exercício de cinismo afirmar que a parte que não dispõe dos meios necessários para aceder aos tribunais ficará certamente sempre pior do que aquela que, recorrendo ao financiamento junto de um terceiro, fica obrigada a prestar-lhe, a título de remuneração, o equivalente a uma parte substancial da quantia que espera vir a obter por via da acção financiada. Na verdade, o escopo deste tipo de acordos é justamente o de atribuir à parte um benefício: o de superar a falta de meios que lhe permitam exercer a sua pretensão em tribunal ou exercê-la em condições que incrementem as chances de obtenção de uma decisão que lhe seja favorável.

contrato de financiamento, haverá que delimitar com a máxima prudência o acesso a tais informações, sob pena de se impor ao autor e ao próprio financiador o sacrifício desproporcionado do respectivos direitos à reserva e aos segredos de negócio. De resto, um dever desprovido de limites no sentido de divulgar integralmente o texto do acordo, juntamente com elementos pré-contratuais ou de comunicações entre as partes obrigaria a parte financiada a partilhar com a contraparte a sua representação própria sobre os riscos e das fraquezas da estratégia processual adoptada, colocando-a novamente, numa situação de desvantagem. Estes aspectos levam-nos a considerar que, sempre numa perspectiva *de jure constituendo*, não deve pensar-se em regular o dever de revelação do acordo de financiamento sem concomitantemente se cuidar de regular também o dever de sigilo do terceiro financiador (o qual, não se tratando de um mandatário, nem de uma instituição de crédito, parece escapar aos deveres deontológicos de reserva que se impõem a estas categorias de profissionais) e, bem assim, os limites desse dever.

139. O receio, relativamente difundido, de que esse benefício só possa ser conseguido mediante a realização de um sacrifício excessivamente oneroso é, de certo modo, compreensível, considerando o facto de a remuneração tipicamente exigida pelos financiadores ser elevada, ascendendo a uma proporção só raramente inferior a um terço do valor da acção. Esta circunstância, sendo efectivamente impressiva, é, contudo, insusceptível de demonstrar o carácter manifestamente desequilibrado do contrato e, menos ainda, a existência de um desequilíbrio económico do contrato com uma expressão tal que justifique a sua invalidade. Encontramos no Sistema um dado que confirma de modo inequívoco a validade desta afirmação: *a parte sempre poderia ter cedido ao terceiro o seu crédito*. Mais: a parte poderia tê-lo cedido na pendência da acção; e poderia, de resto, tê-lo feito a *título gratuito* (artigos 578º e 940º e ss. do Código Civil). E, se poderia ter transmitido integralmente o seu crédito a um terceiro, poderia também ter circunscrito o negócio transmissivo apenas *a uma parte* do seu direito: nessa hipótese, a parte estaria numa situação em tudo semelhante àquela que ocupa o terceiro financiador.

Não encontramos na lei civil geral qualquer regra ou princípio que permita justificar outra solução que não a da admissibilidade dos acordos de financiamento. E essa solução certamente não pode ser localizada num *princípio de protecção da parte mais fraca*, não só porque não é certo que a parte financiada mereça a qualificação de parte mais fraca no contrato (o *third-party funding* está igualmente disponível para empresas), mas também porque inexiste qualquer norma que imponha um limite à liberdade de estipulação da remuneração devida neste tipo acordos. Novamente: se a parte pode ceder o crédito a um terceiro pelo preço que entender ser o adequado, seria aparentemente pouco coerente com o Sistema que as partes do acordo de financiamento não pudessem livremente estipular a remuneração devida ao financiador.

140. A irrenunciabilidade antecipada aos direitos, mesmo para quem a aceite como um princípio geral de limitação da autonomia privada[163], tão pouco pode legitimar a proibição dos acordos de financiamento, uma vez

[163] Assim, por exemplo, António Menezes Cordeiro, *Tratado de Direito Civil*, VI, com a colaboração de António Barreto Menezes Cordeiro, Almedina, Coimbra, 2019, pp. 67 e ss..

que, nestes, a parte financiada não dispõe de qualquer situação jurídica futura, antes assume uma obrigação sujeita a uma condição (a de remunerar o financiador no caso de ser proferida na acção uma decisão favorável)[164].

141. A solução poderia efectivamente ser outra, caso se mobilizasse para a hipótese do acordo de financiamento o regime de protecção do consumidor que vigora nos contratos de crédito ao consumo (artigo 28º do Decreto-Lei nº 133/2009, de 2 de junho). Contudo, a aplicabilidade desses regimes está, à partida, afastada, uma vez que, conforme afirmámos, o contrato de financiamento por terceiro das despesas processuais não pode ser assimilado a um contrato de mútuo ou, sequer, a uma forma de concessão de crédito à parte. O aspecto tipicamente distintivo do acordo de financiamento consiste na circunstância de o financiador participar na álea processual que é própria da parte: a sua obrigação é certa, mas a remuneração que lhe cabe depende do conteúdo da decisão a proferir sobre o mérito da pretensão processual da parte. A ausência de um crédito restitutório obriga a considerar o malogro do investimento realizado com a suportação dos custos do processo um evento normal e plenamente inserido na zona de riscos contratuais que lhe pertence. O postulado básico da economia segundo o qual a rendibilidade do investimento segue a dimensão dos riscos assumidos pelo investidor não pode deixar de ter aqui aplicação. Torna-se, por

[164] Dir-se-ia mesmo que a razão fundamentadora da nulidade da renúncia antecipada ao direito prevista no artigo 809º do Código Civil mais facilmente pode ser identificada do lado do financiador do que do lado da parte financiada: é, na verdade, o primeiro que assume uma disposição patrimonial cuja extensão depende de estados de coisas futuros. Sempre se pode objectar que, no caso do financiamento dos custos processuais, o financiador não renuncia a uma situação jurídica favorável (futura), antes aceita a constituição (presente) de uma situação jurídica desfavorável, mas o argumento parece não escapar a um certo formalismo: se a remuneração do financiador é como que a contrapartida da prestação devida à parte (e com esta forma um «quase-sinalagma»), a sujeição daquela remuneração a um acontecimento futuro e incerto (ou, como acontece no Direito português do *private enforcement*, a vários acontecimentos futuros e incertos) coloca-o numa posição economicamente equivalente à da parte que dispõe antecipadamente de uma vantagem cuja aquisição é também futura e incerta. É precisamente esta grande zona de incerteza assumida pelo financiador que torna economicamente justificada a estipulação de uma remuneração à primeira vista considerada significativa: no entanto, ela só deve ser perspectivada como exorbitante quando comparada com a prestação devida ao financiador nos termos de outro tipo de financiamento, como o mútuo. A álea que o financiador assume no contrato de financiamento é, porém, muito maior, tornando incomparáveis a posição do mutuante e a do financiador.

isso, compreensível que a remuneração recebida pelo financiador seja mais próxima do benefício que a própria parte retira da procedência do pedido formulado na acção do que o benefício que o mutuante teria retirado se tivesse disponibilizado a mesma quantia a título de empréstimo. Essa circunstância não é mais do que o reflexo de o financiador assumir riscos que são, de um ponto de vista qualitativo, idênticos aos riscos próprios da parte e que não coincidem com (nem podem ser aproximados aos) riscos assumidos por um mutuante num contrato de mútuo.

142. Suscita maior melindre o problema da tutela da liberdade de actuação da parte financiada no processo face à pretensão do financiador de influenciar a sua conduta, levando-a adoptar a estratégia que lhe pareça a mais favorável de modo a conseguir a recuperação do investimento efectuado.

O problema obrigaria a considerar uma outra questão, que é a de saber se, e em que medida, o Direito português tolera a ingerência de terceiros na determinação da parte na prática de actos no processo. Não podemos tomar aqui posição conclusiva sobre o problema, a qual reclama um estudo mais desenvolvido[165]. Não podemos, contudo, deixar de notar que, em nossa

165 Entre outras questões, o ponto obrigaria a considerar a admissibilidade das cláusulas contratuais que envolvam para a parte a obrigação de praticar no processo determinado um acto processual (negócios que, na falta de melhor expressão, podemos denominar como «negócios paraprocessuais»). Sem pretendermos ensaiar uma reflexão exaustiva e definitiva sobre este tema, não deixamos de afirmar que a validade deste tipo de acordos não pode ser, em bloco, posta em causa. Além de a realidade actual já contemplar manifestações deste fenómeno (pense-se no pacto *de non petendo*, ou num contrato-promessa de partilha ou de transacção), há várias razões que depõem de forma ponderosa em favor da sua admissibilidade. A primeira dessas razões é a de que a limitação da liberdade de agir no processo que resulta deste tipo de negócios é, ela própria, já o resultado de um acto de autonomia da própria parte. A parte decide, fora do processo e eventualmente mesmo antes da pendência do processo, que acto vai praticar e com que conteúdo. O resultado da «auto-suspensão» da autonomia da parte (da anulação da vontade através do seu próprio exercício) não ocorre enquanto a vinculação obrigacional da parte não assumir uma expressão desproporcionada, o que pode suceder em razão do âmbito objectivo da vinculação (por exemplo, a parte obriga-se a não propor qualquer acção relativamente a quaisquer litígios que possam emergir de uma relação com um terceiro, ou a transigir em todos eles), ou do seu âmbito temporal (a parte fica obrigada a não resolver judicialmente o contrato enquanto este vigorar, não se tendo previsto um período de vigência). Nesses casos, o carácter desproporcional da restrição da autonomia da vontade e do direito de acção da parte leva a valorar aquelas cláusulas como desconformes com a ordem pública (artigo 281º do Código Civil).

opinião, a atribuição a um terceiro de um poder de influenciar a conduta processual da parte[166] *não é, só por si, uma razão suficiente para que se valore essa cláusula contratual como inválida ou como ilícita*. Na verdade, a atribuição do poder de influência não deixa de surgir como um acto de autonomia da própria parte, a quem não deve deixar de ser reconhecida a competência para valorar como mais proveitosa a contrapartida recebida pela obrigação de agir no processo segundo as instruções do terceiro do que a liberdade para assumir uma conduta processual alternativa. A solução contrária, de associar imediatamente a permissão de influência do terceiro a uma violação ilícita do direito de acção da autodeterminação processual da parte, não é, em nossa opinião, facilmente conjugável com os dados fundamentais do Sistema: se a parte pode, de forma lícita e eficaz, praticar actos com as consequências mais gravosas da extinção do direito subjectivo ou da pretensão material, seja no processo (como a desistência do pedido ou transacção gratuita), seja fora dele (pense-se na transmissão gratuita da coisa litigiosa, na remissão do crédito ou na renúncia abdicativa), que razão obriga a valorar como ilícito ou inválido o preceito contratual que a obrigue a praticar no processo os actos processuais determinados pelo terceiro? A nosso ver, a resposta é que nenhuma razão pode legitimar esse resultado, contanto que a parte actue no processo por sua conta e no seu próprio interesse.

143. Uma razão reforça a convicção sobre a justeza deste entendimento. Repare-se que os actos processuais praticados pela parte sob a influência do terceiro podem perfeitamente *beneficiá-la*: no limite, pode a intervenção do terceiro revelar-se até mais proveitosa do que o acto que a parte teria, sozinha, praticado não fora aquela intervenção[167]. Este aspecto é suficiente para que se conclua que a consequência da ineficácia ou da ilicitude do contrato autorizativo da ingerência do terceiro seria não apenas desproporcionada, mas desde logo inadequada a atingir o seu fim. Se este fim é o da protecção dos interesses da parte – o de prevenir que esta seja prejudi-

[166] Pense-se, por exemplo, na sujeição da parte financiada à obrigação de obter o consentimento prévio do financiador para a celebração de um negócio processual, sob pena do dever de pagamento de uma cláusula penal.

[167] A utilidade da interferência do terceiro para a parte será, naturalmente, tanto maior e tão mais provável quanto maior for a assimetria informativa entre as partes, a informação, a experiência e o grau de preparação técnico-jurídica do terceiro e o quanto mais alinhados estiverem os interesses de ambos.

cada pela interferência do terceiro – então o ponto de referência relevante tem de deixar de ser o contrato para passar a ser o do *comportamento processual* da parte. Uma vez que a necessidade de proteger a parte só se coloca a partir do momento em que a conduta processual imposta pelo terceiro lhe for desfavorável, essa protecção há-de poder ser conseguida no plano da eficácia e da licitude da conduta processual devida.

Quer isto dizer que, caso se entenda que a parte financiada não pode ficar obrigada a seguir as instruções do financiador no processo, a consequência jurídica adequada a paralisar o exercício da influência externa sobre a parte não é a da invalidade do acordo de financiamento, mas antes o da *ineficácia da instrução concretamente emitida*, se e na medida em que esta se traduzisse numa instrução para a prática de acto processual prejudicial à parte financiada. De facto, a partir do momento em que se identificar a razão fundamentadora da proibição do exercício de influência sobre a parte no fim de proteger os interesses desta última da influência que sobre ela for exercida – se o objecto da proibição não for, em rigor, o exercício de todo e qualquer tipo de influência, mas somente o da influência *indevida*[168]

[168] Apesar de não ser aplicável às acções propostas pela Consulente, convém notar que, a Directiva nº 2020/1828, ao prever um princípio desfavorável aos acordos de financiamento que autorizem ou atribuam ao financiador um poder de influência sobre a parte financiada, não consagra qualquer proibição geral quanto à celebração deste tipo de acordos, nem obriga a valorar, de uma forma geral, como ilícito o exercício da influência externa do financiador. O artigo 10º da Directiva, respeitante ao financiamento de acções colectivas para medidas de reparação, limita-se a impor aos Estados-Membros que assegurem que as decisões tomadas pelo autor na acção colectiva não sejam *indevidamente influenciadas* por um terceiro, e de forma que *prejudique os interesses colectivos* dos consumidores abrangidos por essa acção (*cf.* igualmente o considerando 52 da Directiva). Além de a Directiva manifestar, também aqui, um *princípio geral favorável ao financiamento por terceiro* dos custos da acção colectiva tendente a obter uma reparação dos danos sofridos pelos consumidores, importa concluir que, à luz deste preceito não existe qualquer imposição genérica aos Estados-Membros de recusa de um qualquer acordo de financiamento autorizativo do exercício da influência externa, contanto que essa influência não deva ser considerada indevida, designadamente, por não se traduzir na adopção de actos lesivos os interesses dos consumidores institucionalmente representados na acção. Neste sentido, existem razões para entender que o legislador europeu consagrou uma solução menos estrita do que aquela que consta da Recomendação da Comissão sobre os princípios comuns que devem reger os mecanismos de tutela colectiva inibitórios e indemnizatórios aplicáveis à violação de direitos garantidos pelo Direito europeu, anteriormente adoptada em 11 de Junho de 2013, que é de que os Estados-Membros garantam que, nos casos em que uma acção de tutela colectiva for financiada por um entidade terceira privada, seja vedado a esta «tentar influenciar decisões de natureza processual da parte requerente, incluindo as

–, em coerência, a consequência adequada só pode ser a de se considerar a parte financiada *desonerada do dever de acatar a instrução desconforme com os seus interesses*, ficando, pois, preservada nessa hipótese a sua liberdade de actuação no processo[169].

144. Pode mesmo perguntar-se se não se deve ir mais longe, no sentido de admitir que a parte financiada permaneça vinculada às instruções ou orientações provenientes do financiador, mesmo que objectivamente consideradas prejudiciais ao seu interesse. É importante sublinhar que a exposição da parte ao exercício da influência externa pode ser apenas o resultado da vontade da própria parte, e que a máxima segundo a qual «cada um deve ser o melhor juiz dos seus interesses» obriga a aceitar que a parte entenda que a contrapartida recebida pela vinculação às orientações exteriores justifica a diminuição da sua liberdade de decidir livremente como agir no processo.

respeitantes a acordos». Esta última solução é criticada por autores como Astrid Stadler, «Die Vorschläge der Europäischen Kommission zum kollektiven Rechtsschutz in Europa – der Abschied von einem kohärenten europäischen Lösungsansatz?», *Zeitschrift für das Privatrecht der Europäischen Union*, 5, 2013, pp. 281-292 (p. 289), com razões convincentes: se não se permitir ao financiador exercer alguma espécie de interferência sobre a conduta do devedor, na medida em que tal se revele necessário para acautelar a expectativa de recebimento do seu crédito, a consequência será naturalmente a de que ninguém estará disponível para realizar este tipo de investimento, o que acaba por prejudicar todos os prospectivos lesados. Ao invés da proibição estrita e «abstracta» do exercício da influência sobre o devedor, mostra-se preferível a solução que consiste em distinguir entre a influência que deve ser valorada como admissível e aquela outra que deve justificadamente ser considerada ilícita. Também as Regras-Modelo em Processo Civil, aprovadas pelo *ELI/UNIDROIT* em 2020 se limitam a prever a proibição dos acordos de financiamento que atribuam ao terceiro o poder de exercer uma influência indevida (*undue influence*) sobre a conduta da parte financiada no processo, *cf.* a *Rule* 245 (2) (e Comentário 5, p. 429, referindo-se como exemplo a imposição da recusa de um acordo vantajoso para os interesses da parte financiada).

169 No caso de se entender que o objecto da ineficácia não é o acordo de financiamento que atribui ao financiador a faculdade de emitir instruções à parte, mas as próprias *instruções emitidas* no exercício dessa faculdade (eventualmente, conforme escrevemos no texto, circunscrevendo o âmbito dessa ineficácia à circunstâncias de as instruções serem, em concreto, lesivas dos interesses da parte), haverá que retirar todas as consequências da ausência de uma obrigação da parte de acatar tais instruções. Assim, entre outros efeitos, não haverá qualquer responsabilidade da parte financiada pela adopção de um comportamento processual diverso daquele que o financiador pretendia que ela adoptasse, estando igualmente excluída a faculdade de recusa da prestação do financiamento acordado ou da resolução do contrato fundada no incumprimento.

145. No limite, até a prática do acto prejudicial ou a adopção de uma estratégia processual menos conseguida podem ser desejados pela própria parte; desde que a sua vontade tenha sido validamente formada, haverá que aceitar a eficácia do acto em causa, sob pena de se sacrificar a autonomia decisória da parte em nome de um princípio paternalista[170]. O núcleo essencial da autonomia da parte que a ordem jurídica visa proteger só é comprometido a partir do momento em que a interferência do terceiro se tiver repercutido numa deficiente formação da vontade daquela. O mesmo é dizer: quando tiver originado um *vício da vontade* – designadamente, uma situação de coacção (artigos 255º e 256º do Código Civil) – ou quando assumir uma forma de *usura* (artigos 282º e ss. do Código Civil). Não sendo esse o caso, a determinação ou orientação emitida pelo terceiro releva apenas no quadro dos *motivos* da acção e, porventura, dos motivos determinantes da vontade: o facto de esse motivo provir de um terceiro não afecta, porém, a liberdade de decisão da parte[171].

146. Importa, no entanto, sublinhar a ressalva que há pouco fizemos. A relevância da interferência do terceiro na conformação do comportamento da parte não afecta, só por si, o carácter livre do acto praticado pela parte no processo, nem a conformidade desse acto com o interesse da parte, *desde que a parte actue no processo no seu interesse e por sua conta.*

Nas hipóteses em que a parte actue por conta ou no interesse de terceiros, como sucede nos diversos tipos de legitimidade indirecta (incluindo a legitimidade representativa), é compreensível que a existência do poder de influência do terceiro suscite maior melindre. Esse receio decorre da circunstância de, nessas hipóteses, a parte poder ver-se no conflito entre respeitar as determinações ou as orientações daquele terceiro ou agir em

170 É inegável que a interferência do terceiro constitui uma razão para que a parte actue num sentido determinado. No entanto, isso, só por si, em nada conflitua com o valor da autonomia da parte, não só porque, conforme dissemos, a obrigação de considerar a vontade do terceiro é já o produto da vontade anterior da parte, mas também porque a autonomia individual não é, nem pode ser, insensível a factores externos, sejam estes respeitantes a circunstâncias ambientais ou a determinações de terceiros.

171 A parte continua a ser livre para adoptar uma conduta alternativa a tal determinação ou orientação até ao momento em que o acto praticado no processo se tornar irrevogável: expor-se-á então às consequências do incumprimento da obrigação assumida fora do processo ante o terceiro, mas a existência da sanção não prova a ausência da liberdade da parte, pelo contrário, confirma-a.

conformidade com os interesses daqueles por conta de quem litiga. Por outras palavras, existe o perigo de o contrato autorizativo do poder de influência do terceiro – por exemplo, o contrato de financiamento dos custos processuais – desviar a parte do dever de actuar no processo prosseguindo da melhor forma os interesses dos particulares que ela representa.

147. Semelhante perigo coloca-se paradigmaticamente na acção popular, em termos que nos levam a formular a seguinte questão: pode o autor da acção popular ficar obrigado a seguir instruções ou orientações de terceiro sobre a conduta a assumir no processo? Ou é a celebração de um contrato que autorize esse tipo de exercício de influência externa sobre a conduta do autor da acção popular já uma forma de lesar ou de colocar em perigo os interesses dos particulares que a legitimidade representativa se destina a atender?

148. Em nossa opinião, a conclusão a que chegámos no parágrafo anterior não deixa de ser válida também neste conjunto de casos. A cláusula contratual segundo a qual o autor da acção popular se obriga a seguir instruções ou orientações do terceiro não deve ser, só com estes dados de partida, considerada inválida ou lesiva dos interesses dos particulares representados na acção popular. Na verdade, também neste domínio se observa que a existência do poder de influência do terceiro é, ela própria, *neutra* quanto ao dever da parte de prosseguir os interesses dos particulares representados na acção. Pode suceder – como será a situação normal, não patológica – que as determinações do terceiro se traduzam na obrigação de a parte assumir a conduta processual que, da perspectiva desse financiador, melhor atenda à expectativa de obtenção de uma decisão favorável no processo[172]. É esse o desfecho que, em princípio, aproveitará quer à própria parte, quer ao financiador. Nessa hipótese o acordo de financiamento exerce a função de reforçar o dever da parte e do seu mandatário prosseguirem da melhor forma os interesses dos particulares representados na acção.

[172] Astrid Stadler, «Die Vorschläge der Europäischen Kommission zum kollektiven Rechtsschutz in Europa – der Abschied von einem kohärenten europäischen Lösungsansatz?», *Zeitschrift für das Privatrecht der Europäischen Union*, 5, 2013, pp. 281-292 (p. 289).

149. Mais importante, importa recordar que a lei portuguesa já dispõe *de mecanismos adequados e eficazes a assegurar o resultado da primazia dos interesses dos particulares representados na acção popular.* Assim, no caso de a determinação ou a orientação do terceiro consistir, no caso concreto, no dever de a parte assumir na acção popular um comportamento lesivo dos interesses individuais dos representados, poder-se-á concluir que essa parte está a exercer de uma forma irregular a legitimidade representativa que a lei lhe atribui, podendo, em consequência, ela ser processualmente substituída nessa acção pelo Ministério Público (artigo 16º, nº 1 da Lei de Acção Popular). No caso da celebração de um negócio processual, entendemos que o juiz não fica impedido de avaliar a conformidade do conteúdo desse negócio com os interesses dos particulares representados na acção, podendo, caso conclua pela existência de uma desconformidade, recusar a homologação do negócio processual ou limitar os seus efeitos às partes outorgantes, excluindo a extensão da sua eficácia aos particulares representados na acção (artigo 19º, nº 1 da Lei de Acção Popular, por analogia). Estas proposições legais confirmam, no âmbito da acção popular, a ideia segundo a qual o *ponto de referência* para ajuizar da admissibilidade da influência do terceiro financiador no processo não é o do negócio jurídico que lhe atribua esse poder, mas antes o do *acto processual da parte* através do qual esse poder é exercido[173].

[173] Não se rejeita que, também da perspectiva da tutela preventiva dos interesses dos representados na acção popular, o quadro legal pode ser alterado tendo em vista uma gestão mais adequada dos riscos que coloca o exercício da influência do terceiro financiador no processo. Pensamos, designadamente, na possibilidade de o próprio direito processual reconhecer a existência do fenómeno do financiamento dos custos processuais, passando a reservar ao financiador um estatuto próprio na instância. Não se trataria de equipará-lo a uma parte principal, uma vez que ele não tem um interesse directo na acção (os efeitos jurídicos da procedência não se produzem na sua esfera jurídica), mas antes de considerá-lo como uma parte acessória, estatuto que é consentâneo com o facto de o financiador ter um *interesse indirecto* na sorte do processo, uma vez que a procedência do pedido é, em regra, um pressuposto constitutivo do seu direito à remuneração. A instituição do financiador como parte acessória – um *assistente* do autor – teria não apenas a virtude de potenciar o auxílio processual ao autor, mas também a de tornar visíveis os conflitos de interesses entre ambos que porventura viessem a surgir. Os ganhos em termos de funcionalidade, de transparência e de controlo recomendam, pois, a institucionalização do financiador como um assistente do autor. Em sentido próximo, Astrid Stadler, «Die Vorschläge der Europäischen Kommission zum kollektiven Rechtsschutz in Europa – der Abschied von einem kohärenten europäischen Lösungsansatz?», *Zeitschrift für das Privatrecht der Europäischen Union*, 5, 2013, pp. 281-292 (p. 289). É também esta uma

150. Suponha-se, no entanto, que era outro o entendimento correcto à luz do Direito vigente. Suponha-se, portanto, que a mera atribuição contratual ao terceiro (financiador) do poder de influenciar a conduta do autor da acção popular devesse ser considerada inadmissível, qualquer que fosse o sentido da determinação desse terceiro, ou a natureza das consequências, para os titulares dos interesses individuais representados na acção, do acatamento dessa determinação pelo autor da acção popular.

Pergunta-se, então: seria essa uma razão que levasse a concluir que todo o contrato de financiamento fosse integralmente inválido? E mais: seria a inadmissibilidade dessa previsão contratual suficiente para que os actos praticados pelo autor (parte financiada) devessem ser considerados desconformes com o dever de prosseguir no processo os interesses dos representados da forma mais satisfatória?

Supomos que estas questões merecem uma resposta negativa. Ainda que se entendesse ser nulo qualquer preceito contratual que visasse condicionar o exercício da pretensão da parte na acção popular à vontade de um terceiro, a consequência dessa invalidade não deveria ser a ineficácia integral do contrato de financiamento das despesas do processo, mas apenas a da ineficácia do preceito em causa (*utile per inutile non vitiatur*).

151. Esta é a consequência que não apenas se mostra mais consentânea com o princípio do aproveitamento dos actos jurídicos, mas também aquela que melhor realiza o *princípio protector dos interesses da parte financiada* ou, no caso de uma acção popular, dos interesses dos terceiros que a parte financiada prossegue através da acção[174]. As duas normas-princí-

das medidas sugeridas no estudo preparado pelos serviços do Parlamento Europeu sobre o financiamento responsável dos custos do litígio, como a previsão da competência do juiz para nomear um mediador ou um árbitro para superar as eventuais divergências entre ambos acerca do comportamento a adoptar pela parte no acção, ou para avaliar o carácter adequado do negócio processual através do qual as partes pretendem proceder à composição do litígio: European Parliamentary Research Service (EPRS), *Responsible private funding of litigation*, February 2021, p. 21.

[174] A questão das consequências da celebração de um acordo de financiamento que atribua ao financiador a faculdade de exercer uma influência indevida sobre a autora foi objecto da atenção recente do *ELI/UNIDROIT* aquando da preparação das suas Regras-Modelo aplicáveis ao Processo Civil, de 2020. As Regras-Modelo recusam este tipo de preceitos contratuais, configurando-os, juntamente com a previsão de remunerações excessivas, como *unfair terms*. No entanto, as Regras-Modelo afastaram expressamente a possibilidade de o réu no processo

pio confluem no mesmo resultado: a parte deve poder considerar-se livre para decidir como agir no processo, sendo, portanto, lícita a conduta da parte que se desviar da orientação ou da instrução do financiador. O restante conteúdo do contrato de financiamento permaneceria, no entanto, como válido, o que evitaria o resultado de se sujeitar a parte financiada a uma outra consequência desfavorável, porventura ainda mais prejudicial: a de ser privada dos meios de que necessita, e com os quais legitimamente conta, para prosseguir a acção.

152. Ao contrário do que poderia fazer supor a razão de desconfiança que por vezes manifesta o Direito europeu relativamente aos acordos de financiamento dos custos processuais atributivos ao financiador de um poder de influência sobre a parte financiada, encontramos na recente Directiva relativa às acções colectivas para a protecção de interesses dos consumidores (a Directiva nº 2020/1828) uma solução que vai ao encontro da orientação que defendemos.

Na verdade, também ali verificamos ter sido acolhida a tese que distingue entre o plano da admissibilidade do poder de influência do financiador sobre a parte financiada e o plano da validade do acordo de financiamento, e entre ambos esses aspectos e o da legitimidade da parte financiada para representar os consumidores na acção colectiva. Note-se que o legislador europeu, tendo-se ocupado *ex professo* do problema dos acordos de financiamento que atribuem ao financiador o poder de influenciar a conduta da

financiado poder invocar a inadmissibilidade do acordo como um meio de defesa contra a pretensão formulada por aquela parte. As consequências da celebração de um acordo de financiamento inadmissível podem, apenas, influir na decisão relativa à imputação das despesas e dos custos do processo. *Cf.* a *Rule* 245 (4) das Regras-Modelo: «*a violation of the requirements of Rules 245 (1), (2) and (3) does not constitute a defence against the claim of the party availing itself of third-party funding or a success fee arrangement. But, having made its decision on the claim, the court may ask for detais of fee arrangements with a third party or counsel relevant for the instance at stake, and, upon consultation with the parties, it may take into account any disregard of applicable law or lacking fairness of the arrangement when it renders the final decision on costs determining the part of the claimant's costs to be reimbursed*». Na justificação prestada para esta solução, argumenta-se – quanto a nós de forma inteiramente justificada – que a valoração como abusivas da atribuição ao financiador de uma remuneração excessiva ou de um poder de influência tem como *único fim a protecção dos interesses da parte financiada*. *Cf.* Comentário 5, p. 430: «*to permit the terms of a third-party funding agreement to form the basis of a defence to the substantive claim would be abusive; the prohibition on such terms is no more than a means to protect the funded party*»).

parte na acção colectiva, não veio impor aos Estados-Membros que consagrassem a solução da invalidade desses negócios jurídicos. Tão-pouco forçou os Estados-Membros a adoptarem um regime processual que obrigasse a julgar inadmissível a acção colectiva proposta com meios provenientes de um investidor que detivesse alguma espécie de competência para interferir com a conduta processual da parte financiada.

A solução foi outra, foi a de tentar operar a concordância prática entre os três valores em colisão: a autonomia decisória da parte, os interesses dos particulares representados pelo autor da acção colectiva e o interesse na manutenção do financiamento, considerado necessário à tutela efectiva do direito de acção da parte e dos créditos indemnizatórios dos consumidores lesados. Do compromisso entre estes três valores resultou a adopção de uma norma que impõe ao Estados-Membros o dever de assegurar que, sob a influência de um terceiro, *a parte financiada não pratique no processo um acto que prejudique os interesses colectivos dos consumidores abrangidos pela acção colectiva* (artigo 10º, nº 2, alínea a), da Directiva nº 2020/1828). Por outras palavras, os Estados-Membros apenas estão obrigados a proibir os acordos de financiamento que atribuam ao financiador o poder de influenciar a parte na acção, mas antes a garantir que o exercício da influência do financiador, a existir, não possa ter como *resultado* a prática de um *acto lesivo dos interesses dos consumidores* representados na acção.

153. Pergunta-se: e de que forma devem os Estados-Membros prosseguir esse objectivo?

Como é próprio da técnica jurídica da Directiva, o legislador europeu limitou-se a definir os escopos normativos, deixando aos Estados-Membros a determinação dos meios (dos instrumentos técnico-jurídicos) adequados a realizá-lo. No entanto, é importante fazer notar que, no nº 4 do artigo 10º da Directiva nº 2020/1828, se prevêem diferentes formas passíveis de assegurarem o fim de evitar que o financiador determine o autor a praticar na acção actos lesivos dos interesses dos consumidores. Entre as «medidas adequadas» de que os tribunais devem poder dispor a fim de evitar que a influência do financiador sobre o autor da acção se traduza num prejuízo para os consumidores está o poder de impor ao autor que rejeite o financiamento ou que logre obter uma alteração do contrato de financiamento que evite o exercício da influência indevida pelo seu credor. Em último caso («se for caso disso»), isto é, na hipótese de nenhuma outra medida se mostrar eficaz para evitar que a parte pratique na acção colectiva actos prejudiciais aos consumidores representados, os Estados-Membros deverão, então, determinar a perda da legitimidade da parte financiada.

154. Do confronto entre o regime previsto na Directiva nº 2020/1828 e o regime actualmente em vigor na Lei de Acção Popular pode concluir-se que, não obstante a ausência de normas específicas relativas ao financiamento por terceiro dos custos da acção (e da desejável introdução de normas que reforcem os poderes funcionais do tribunal no acesso à informação e na prevenção de conflitos de interesses e do uso disfuncional da acção popular), o regime actual já permite assegurar o princípio da primazia dos interesses dos consumidores representados, uma vez que, na hipótese da prática de actos processuais (negociais ou outros) prejudiciais para os interesses dos representados, a autora já pode perder a legitimidade representativa que a lei lhe reconhece, sendo substituída pelo Ministério Público.

155. A circunstância acabada de enunciar – admissibilidade da perda de legitimidade por exercício desvirtuoso do direito de acção popular – permite, pois, fixar outras conclusões.

A primeira é a de que o sentido da evolução do Direito Europeu não é o de proibir o financiamento por terceiro dos custos das acções colectivas, mas justamente o oposto, o de estabelecer como princípio a admissibilidade do *third-party funding* também neste domínio.

Por essa razão, a interpretação da Direito português no sentido de que estaria vedada à parte o recurso ao financiamento das despesas conexas com a preparação e com a propositura de uma acção popular não seria apenas uma interpretação menos correcta do Direito interno, mas seria também um resultado incompatível com um princípio de favor ao financiamento dos custos processuais da acção colectiva que vigora no Direito europeu actual.

156. Em segundo lugar, a orientação prevalecente na ordem jurídica europeia quanto aos acordos de financiamento atributivos de um poder de ingerência ao financiador não é a de proibir qualquer acordo celebrado com esse conteúdo e, menos ainda, a de julgar inadmissível qualquer acção popular proposta por uma parte potencialmente exposta ao exercício de influência por um financiador. A orientação acolhida na Directiva nº

2020/1828 é antes a de impor aos Estados-Membros a adopção de medidas adequadas à prevenção do exercício, concreto e real, de uma *influência indevida*, mais precisamente, de medidas que obstem à prática, pelo autor, de actos processuais susceptíveis de causar um prejuízo aos consumidores representados na acção popular.

157. Em terceiro lugar, verificámos que a Lei de Acção Popular já conhece mecanismos que permitem *prevenir* de uma *forma adequada e eficaz* o exercício da legitimidade popular *lesivo dos interesses dos particulares* representados na acção: as normas em causa, que, no limite, impõem a substituição processual do autor pelo Ministério Público, são plenamente aplicáveis, independentemente de a razão do autor para a prática dos actos lesivos dos interesses dos consumidores ser a influência de um terceiro (como o financiador) ou qualquer outra.

158. Em suma, pode concluir-se que o risco de o acordo de financiamento permitir que o financiador influencie a conduta da parte financiada na acção não é uma razão para rejeitar a admissibilidade deste tipo de acordos ou a admissibilidade das acções propostas a coberto deste tipo de financiamento. Desde logo, porque a atribuição de um poder de influência ao financiador é um elemento acidental e contingente do acordo de financiamento, havendo contratos de financiamento que não a contemplam. Depois porque, ainda que os contratos de financiamento atribuam ao terceiro financiador o poder de influenciar a conduta da parte, isso não é bastante para justificar a sua proibição, uma vez que a influência pode ser exercida de modo a favorecer os interesses da parte financiada (ou dos terceiros que ela representa na acção). Só a influência indevida, aquela que se traduz na motivação da parte para assumir na acção uma conduta autolesiva (ou heterolesiva, no caso de agir processualmente no interesse e por conta de terceiros) justifica uma reacção adequada da ordem jurídica.

159. A reacção adequada à previsão do exercício de uma influência indevida não é a de proibir a celebração de acordos de financiamento dos custos da acção, mas antes a de *evitar que o perigo de lesão do interesse dos consumidores no exercício adequado do direito de acção se concretize através da prática de um acto processual, concretamente lesivo* dos seus interesses.

Esse resultado pode ser assegurado por vias diversas. Em primeiro lugar, considerando que a parte não se encontra concretamente vinculada por uma instrução ou orientação lesiva, preservando a sua liberdade de actuação no processo. No plano do contrato celebrado com o financiador, desqualificando-se a não conformação com o dever assumido como uma forma de incumprimento do acordo de financiamento. Em segundo lugar, através das normas da Lei de Acção Popular que se destinam a prevenir o exercício da legitimidade popular por forma a prejudicar os interesses das pessoas institucionalmente representadas na acção, e que compreendem a recusa de um negócio processual lesivo daqueles interesses ou, no limite, a substituição processual da parte pelo Ministério Público.

160. Estas as razões que reforçam a convicção quanto à justeza da tese que considera admissíveis os acordos de financiamento dos custos processuais, inclusivamente dos acordos de financiamento de acções populares, e inclusivamente também dos acordos que atribuam ao financiador o poder de influenciar a parte financiada. Contanto que seja correctamente interpretada e aplicada, a lei em vigor já permite assegurar de uma forma plena e capaz que os interesses dos consumidores representados prevaleçam sobre os interesses da parte, do seu mandatário ou do seu financiador.

161. Por último, cumpre referir que tão-pouco o risco de o financiador não cumprir as obrigações emergentes do contrato de financiamento constitui uma razão para se recusar a admissibilidade deste tipo de negócios ou a admissibilidade de uma acção popular proposta com o recurso a ele. Na realidade, o perigo de o financiador incumprir os deveres de prestação não pode contar como uma razão contra o reconhecimento desse dever, mas antes como uma razão para melhorar a tutela dos direitos de crédito da parte financiada e, no caso de improcedência do pedido, do crédito da contraparte ao pagamento das despesas processuais. Numa perspectiva *de jure constituendo*, surge como uma medida ajustada a de sujeitar as sociedades que se dedicam ao *litigation finance* a um dever de legal de observar regras prudenciais destinadas a assegurar a manutenção da solvabilidade e da liquidez em níveis adequados ao exercício da sua actividade[175]. Essa

[175] No plano da regulação e da supervisão da actividade do *third-party litigation funding* é intuitivamente acertada a imposição de requisitos mínimos de capital ou o dever legal de prestação de garantias ou de cobertura por um seguro de crédito.

é sem dúvida uma razão que reforça o carácter urgente da introdução de um quadro regulatório deste sector. No entanto, ela em nada prejudica a validade dos acordos de financiamento, tão pouco a admissibilidade das acções propostas com recurso a este modelo de financiamento[176].

c) A admissibilidade dos **third-party funding agreements** *na perspectiva da relação entre a parte financiada e o respectivo mandatário*

162. No que respeita ao plano das *relações entre a parte financiada e o respectivo mandatário judicial*, são dois os principais argumentos contra a admissibilidade dos acordos de financiamento por terceiro dos custos da acção:

(i) a violação das normas relativas à remuneração do mandatário judicial, mais precisamente, da proibição da *quota litis* (artigo 106º do Estatuto da Ordem dos Advogados);

(ii) a prestação de incentivos para o incumprimento, pelo mandatário judicial, dos deveres deontológicos fundamentais, designadamente do dever de independência (artigo 89º do Estatuto da Ordem dos Advogados), do dever de prosseguir os interesses legítimos do seu cliente (artigo 97º, nº 2 do Estatuto da Ordem dos Advogados) e dos deveres para com a comunidade (artigo 90º Estatuto da Ordem dos Advogados).

163. Nenhuma das proposições normativas referidas é susceptível de conduzir à conclusão de que os acordos de financiamento por terceiro dos custos processuais são proibidos ou que as acções propostas com apoio neles devam ser julgadas inadmissíveis. É assim, em primeiro lugar, porque os acordos de financiamento não constituem qualquer pacto de *quota*

[176] O mesmo se diga quanto a outras medidas que, agora no plano civil, visam atenuar o risco do não cumprimento das obrigações contratuais do financiador, como sejam a limitação do direito à cessação antecipada do contrato por sua iniciativa, procurando por essa via evitar a possibilidade de uma retaliação pelo não acatamento de instruções sobre o exercício do direito de acção pela parte financiada. No tocante à parte demandada, e ao crédito relativo ao pagamento das custas processuais em caso de improcedência do pedido, pode pensar-se ser inadequado que, por força do princípio da relatividade dos contratos, a garantia do cumprimento acabe por ficar limitada ao património do autor, podendo pensar-se num desvio à relatividade (por exemplo, através da acção directa da demandada contra o financiador) ou mesmo da imputação pessoal *ex lege* dos custos processuais (no todo ou em parte) ao financiador.

litis, nem a sua convenção pode ser considerada abrangida pela proibição constante do artigo 106º do Estatuto da Ordem dos Advogados. Esta norma não pode evidentemente ser aplicada de forma directa a um acordo de financiamento, uma vez que a sua previsão pressupõe a celebração de um contrato que tem como uma das partes um advogado e que visa regular a remuneração que lhe é devida em contrapartida da prestação de um serviço.

Faz-se notar que o acordo de financiamento é absolutamente neutral relativamente à remuneração do advogado: esta, ou é livremente acordada entre a parte e o seu advogado, ou é determinada pelas normas supletivas aplicáveis (artigo 105º, nº 2 e 3 do Estatuto da Ordem dos Advogados). A proibição de atribuir ao advogado uma remuneração exclusivamente dependente do resultado obtido na acção continua, pois, a aplicar-se ainda que a parte haja concluído com um terceiro um acordo de financiamento. No máximo, a vigência deste acordo pode conduzir a que seja um terceiro (o financiador) e não o próprio mandante a prestar ao advogado a remuneração que lhe for devida. No entanto, ao contrário do que acontece noutras ordens jurídicas, o Direito português não proíbe a prestação por terceiro dos honorários devidos ao advogado, e o facto de o pagamento ser feito por terceiro não implica que a prestação remuneratória deixe de ter o mandante como devedor ou que deixe de ser fixada de acordo com os critérios previstos na lei.

164. Afastada deve ser também a hipótese da aplicação analógica daquela norma aos acordos de financiamento. Conforme afirmámos, os fundamentos da proibição da *quota litis* são objecto de controvérsia: pode questionar-se se eles visam apenas proteger o mandante do seu excesso de solicitude para aceitar o dever de prestar remuneração excessiva ao seu mandatário ou se, além disso, aquela norma tem em vista assegurar outros fins, desde o interesse público na prevenção da propositura de acções com uma reduzida probabilidade de êxito, em virtude de uma motivação puramente especulativa da parte ou do seu mandatário, até mesmo um princípio de tutela previdencial do próprio mandatário, assegurando-lhe uma remuneração mínima pelo trabalho prestado na defesa dos interesses do mandante.

Qualquer que seja a finalidade associada àquela norma, parece claro que ela não se verifica na hipótese de celebração de um acordo de financiamento. Por um lado, neste tipo de acordos, a prestação devida ao financiador não é a contrapartida de um serviço jurídico, antes a remuneração devida a um terceiro pelo facto de ter exposto o seu património ao risco do proferimento de uma decisão desfavorável na acção financiada, assumindo com isso uma posição semelhante àquela que ocupa a própria parte. Por outro lado, e conforme vimos também, a proibição dos acordos de financiamento não é nem uma medida necessária, nem uma medida adequada a prevenir a formulação de pretensões que a parte sabe, ou não deve ignorar, serem carecidas de fundamento: são outros os institutos e os regimes jurídicos destinados a acautelar esses fins, como sejam o abuso do direito de acção ou a responsabilidade processual fundada na litigância de má-fé. Por fim, é manifesto que não existe nenhuma razão para proteger os interesses do financiador perante o risco de perda definitiva do investimento realizado, vedando-lhe a possibilidade de celebração de um contrato aleatório que, de forma livre e esclarecida, ele tenha querido celebrar.

165. Em segundo lugar, os acordos de financiamento não são, só por si, susceptíveis de colocar o mandatário judicial numa situação de violação dos deveres deontológicos que sobre ele vigoram, nem forçosamente conduzem a que ele viole tais deveres. Ainda que seja o financiador a suportar, directa ou indirectamente, o custo da remuneração do mandatário, essa circunstância não é susceptível de afectar a eficácia das normas de comportamento que ele deve observar na curadoria dos interesses que lhe foram confiados.

166. Suponha-se, no entanto, que o facto de o mandatário saber que os honorários que lhe são devidos serão prestados por um terceiro funciona, na prática, como um motivo para que conduza a sua actividade no processo de modo a prosseguir os interesses do financiador, ainda que estes se mostrem, no caso concreto, divergentes dos interesses do mandante.

É essa uma razão para que se valore como inadmissíveis os acordos de financiamento dos custos da acção? Supomos que também esta interrogação mereça uma resposta negativa. Ainda que o acordo de financiamento acabe, no plano dos factos, por conduzir o mandatário a desviar a execução do mandato do fim de promover a melhor satisfação dos interesses do mandante, as normas que punem a violação dos seus deveres deontológicos não deixam de intervir. O problema assume, então, a configuração de uma situação comum de responsabilidade civil e disciplinar do advogado, a qual, de resto, pode surgir de forma tão ou mais gravosa na hipótese em que os custos do processo não tiverem sido financiados por um terceiro.

167. De resto, e apesar de faltarem ainda estudos empíricos nesta matéria, não falta quem argumente que o *third-party funding* contribui para reduzir o risco das condutas desleais do mandatário. Uma vez que a situação normal, não patológica, é aquela em que os interesses do terceiro financiador coincidem com os interesses da parte financiada na obtenção da *decisão mais favorável* com os *menores custos possíveis*, a eventual tentação do mandatário para fazer sobrepor os seus interesses próprios sobre os interesses da parte que representa[177] poderá, nestes casos, deparar com uma maior resistência. Isto porque a parte está a ser assistida por outro profissional além do advogado, provavelmente bem informado acerca das vantagens e dos riscos associados à conduta que o mandatário pretende assumir na acção[178].

d) A admissibilidade do third-party funding *na perspectiva da relação entre as partes processuais*

168. Por fim, importa considerar o argumento segundo o qual o financiamento por terceiro dos custos do processo coloca a parte financiada numa posição de vantagem iníqua na acção, uma vez que a outra parte, na qualidade de réu, não pode, ela própria, transferir para um terceiro os custos da defesa e o risco da procedência do pedido que contra ela foi deduzido.

[177] Pense-se, por exemplo, que o mandatário recomenda à parte que rejeite um acordo favorável aos seus interesses, porque acredita que o prolongamento do litígio poderá permitir-lhe obter uma remuneração mais elevada.

[178] Defendendo, por isso, que o *litigation finance* pode contribuir para reduzir os problemas dos conflitos de interesses entre o advogado e a parte (típicos das relações fiduciárias), contribuindo para um maior alinhamento entre ambos os interesses, o que particularmente importante nas acções colectivas, considerado a preponderância do papel que o advogado tende a assumir nesse tipo de processos: RICHARD W. PAINTER, «Litigation on a Contingency: a Monopoly of Champions or a Market for Champerty», *Chicago-Kent Law Review*, 71, 1995, pp. 625-697 (pp. 673-4); MICHELE DESTEFANO, «Nonlawyers Influencing Lawyers: Too Many Cooks in the Kitchen or Stone Soup?», *Fordham Law Review*, 80, 2012, pp. 2791-2845 (pp. 2829-2830); ELIZABETH BURCH, «Financiers as Monitors in Aggregate Litigation», *New York University Law* Review, 87, 2012, pp. 1273-1338 (pp. 1315 e ss.); CARSTEN KRÜGER/ANDREAS WEITBRECHT, «Kollektiver Rechtsschutz im Kartellrecht», *in Handbuch Private Kartellrechtsdurchsetzung*, ANDREAS FUCHS/ANDREAS WEITBRECHT (Hrsg.), 1. Auflage, C. H. Beck, München, 2019, pp. 745-788, Rdr. 149.

Em primeiro lugar, importa referir que os pressupostos empíricos em que se funda tal argumento são *contingentes*: pode dar-se o caso de o autor necessitar de recorrer a meios de terceiro para poder aceder aos tribunais e exercer jurisdicionalmente o seu direito sem que a outra parte se encontre numa equivalente necessidade de financiamento dos custos processuais. Existem razões para se supor que a necessidade de procurar o financiamento das despesas com a defesa no processo será rara e, em especial no domínio das acções populares tendentes a satisfazer os interesses de consumidores, é razoável supor que, em regra, essa necessidade não existe. Isso deve-se ao facto de na maioria dos casos em que se discute a imputação de danos causados por profissionais, esses danos estarem cobertos por um *contrato de seguro de responsabilidade civil*, que acaba por assumir, ainda que, porventura, de uma forma parcial ou imperfeita, a mesma função de transferência de riscos e de custos que é consignada ao *third-party litigation agreement*[179].

Além disso, o facto de o impulso processual pertencer forçosamente aos consumidores lesados torna, à partida, inevitável que se replique no processo a desigualdade económica que, fora dele, existe entre as partes. A preparação da acção, a formulação do pedido e a instrução da causa (por exemplo, no tocante à prova da verificação e da quantificação dos danos) exige a suportação de despesas que, normalmente, não podem ser suportadas por um consumidor ou que este não está razoavelmente disposto a aceitar, por excederem substancialmente o valor da indemnização que lhe poderá ser atribuída, no caso de o seu pedido ser julgado procedente. O argumento de que o acordo de financiamento dos custos processuais opera uma desigualdade de armas, por assim dizer, «de sentido inverso» àquela que, sem ele, existe, é, por isso, inverosímil.

169. Mais importante: ainda que se entendesse que a falta de acesso pelo réu ao financiamento dos custos da defesa o colocava efectivamente numa

[179] Steven Garber, «Alternative Litigation Financing in the United States – Issues, Knowns and Unknowns», *RAND*, 2010, p. 42; Charles Silver, «Litigation Funding versus Liability Insurance: What's the Difference?», *DePaul Law Review*, 63, 2014, pp. 617-654 (pp. 623 e ss.); Brian Fitzpatrick, «Can and Should the New Third-Party Litigation Financing Come to Class Actions?», *Theoretical Inquires in Law*, vol. 19.1, 2018, pp. 109-123 (pp. 111 e ss.); Willem H. Van Boom, «Insuring v. Investing in litigation: a comparative legal history of litigation insurance and claim investment», *Comparative Legal History*, 8, 2020, pp. 2-26.

situação de desigualdade relativamente ao autor que tivesse proposto a acção com recurso a este tipo de apoio económico prestado por terceiro, ainda assim não se deveria entender que, por essa razão, o *third-party funding* haveria de ser considerado inadmissível[180]. Na verdade, ainda que se verificasse a impossibilidade de satisfação de uma necessidade real efectiva do réu de aceder ao financiamento, a causa dessa situação de necessidade reside apenas em circunstâncias de facto, mais precisamente, na existência de uma *falha de mercado*, na ausência de uma oferta de determinado serviço financeiro que permita cobrir a procura existente[181]. A partir do momento em que essa falha de mercado puder ser suprida – por exemplo, através de uma contrapartida que torne racionalmente justificada a decisão de um terceiro suportar o custo da defesa e o risco da procedência do pedido formulado no processo[182] – também o réu passará a dispor

[180] Essa desigualdade de facto não pode, na verdade, ser valorada como uma violação do princípio da igualdade. Conforme nota MARTIN LORENZ KOCHHEIM, *Die gewerbliche Prozessfinanzierung: Rechtsfragen der Fremdfinanzierung von Prozessen gegen Erfolgsbeteiligung*, LIT Münster - Hamburg - London, 2002, pp. 170-1, o princípio da igualdade pode constituir o princípio que legitima a norma legal que procede à repartição das despesas do processo entre as partes. O que já não pode retirar-se do princípio da igualdade é que o dever de pagar as despesas processuais da parte vencedora tenha de ser cumprido (pessoalmente) pela parte vencida: nenhuma razão existe para que não se apliquem aqui a norma geral da legitimidade genérica para o cumprimento de uma prestação fungível. O facto de o autor do sacrifício económico que provoca o cumprimento não ser a parte, mas um terceiro (o financiador, um familiar ou um amigo da parte, por exemplo), é uma circunstância que só releva no plano interno ao próprio autor, na medida em que esse facto é, de todo em todo, insusceptível de afectar a posição da parte vencedora.

[181] Neste sentido, v. a justificação assumida pelo *ELI/UNIDROIT* para não rejeitar o *third-party funding* com base no argumento da desigualdade entre as partes: com. 4 à *Rule* 245, p. 429: «*the fact that it is normally only a claimant that can utilise third-party funding is not itself a reason not to permit its use. That fact is simply a consequence of it being the case that only claimants have an asset, the claim's value, to offer in return for the funding. This is simply a normal fact of the operation of financial markets, and not an inequitable and specific feature of third-party funding of proceedings*»

[182] Essa contrapartida pode assumir, por exemplo, o pagamento de um juro a uma taxa que remunere adequadamente o risco assumido pelo financiador num momento em que o litígio já tiver surgido. Embora haja quem duvide da viabilidade dessa solução, argumentando que ela conduz a um acréscimo, não a uma diminuição do risco do réu (Alexander Bruns, «Third-Party Financing in the Perspective of German Law – Useful Instrument for Improvement of the Civil Law Justice System or Speculative Immoral Investment?», *Journal of Law, Economics & Policy*, 8.3, 2012, pp. 525-548 (loc. cit.), o certo é que já se chega ao mesmo resultado económico da retribuição específica do risco do financiador por via de outros produtos ou serviços financeiros, como o seguro de protecção jurídica, em especial, na modalidade de seguro

do acesso ao *third-party funding*. A consequência será, então, a da admissibilidade dos acordos de financiamento – para ambas as partes – e não a da inadmissibilidade desses acordos (para qualquer uma delas). Também por esta ordem de razões, haverá que concluir que não existe qualquer razão de princípio que deponha a favor de uma proibição dos acordos de financiamento; pelo contrário, existem antes razões que justificam que se promova o acesso aos modelos de financiamento dos custos processuais já existentes, bem como a respectiva diversificação.

170. Igualmente inoperante para justificar a proibição dos acordos de financiamento dos custos processuais é o argumento de que este tipo de contratos promove a causação de danos ao demandado, ao tornar economicamente viável a propositura de acções infundadas ou temerárias. A necessidade de prevenir condutas lesivas ou prejudiciais para os interesses do réu não deve ser conseguida com o sacrifício do direito do autor a uma tutela jurisdicional efectiva, mas antes e como já se disse através da aplicação dos institutos do abuso do direito de acção e da responsabilidade processual fundada na litigância de má fé. Aliás, não parece, sequer, rigoroso dizer-se que a regra da admissibilidade dos acordos de financiamento dos custos processuais eleve o risco lesivo dos bens e dos interesses do réu na acção financiada, não só porque o mesmo resultado lesivo pode ser conseguido numa acção proposta sem o recurso ao *third-party finance agreement*, mas também porque a celebração deste tipo de acordos não eleva, por si, a periculosidade típica do comportamento processual do autor: a natureza e a eficácia dos actos que esta pode praticar no processo não é a alterada pela existência do financiamento[183].

after-the-event. Martin Lorenz Kochheim, *Die gewerbliche Prozessfinanzierung: Rechtsfragen der Fremdfinanzierung von Prozessen gegen Erfolgsbeteiligung*, LIT Münster – Hamburg – London, 2002, p. 170. Também Norbert Maubach, *Gewerbliche Prozessfinanzierung gegen Erfolgsbeteiligung, Deutscher Anwaltsvertrag*, Deutscher Anwaltverlag, 2002, pp. 65 e ss..

183 *Cf.*, novamente, as Regras-Modelo do *ELI/UNIDROIT*, no Comentário 4 à *Rule* 245: «*There are, for instance, many other reasons why parties take a more or less aggressive litigation strategy, or why they may refuse to settle proceedings. Parties that have the means to fund their own litigation always have the choice whether to act in a more aggressive fashion without any third-party funder being involved*»

4.5. A admissibilidade dos acordos de financiamento por terceiro dos custos da acção popular tendente à reparação dos danos sofridos por consumidores em consequência de práticas anticoncorrenciais

171. O problema da admissibilidade dos acordos de financiamento por terceiro dos custos processuais adquire contornos específicos quando se trata de saber se tais acordos também devem ser aceites – e, em caso afirmativo, sob que pressupostos – no domínio das *acções colectivas* e, em especial, das acções colectivas tendentes a satisfazer *interesses de consumidores*.

Em nossa opinião, a resposta a esta questão não pode deixar de ser afirmativa[184], por diferentes ordens de razão. De uma forma geral, podemos afirmar que todas as razões que expusemos no anterior parágrafo valem identicamente qualquer que seja a estrutura processual típica do meio de tutela requerido, sendo por isso extensíveis, sem carecimento de uma justificação específica, às acções populares.

Existem, no entanto, razões especificamente respeitantes às acções populares que reforçam a justeza da solução favorável à celebração dos acordos de financiamento dos custos processuais.

a) O direito fundamental do acesso aos tribunais e o princípio da efectividade do direito dos consumidores à reparação dos danos

172. Entre essas razões, uma assume uma relevância acrescida: o recurso ao financiamento dos custos processuais é necessário para assegurar o *direito de acção* dos consumidores lesados pelas práticas anticoncorrenciais (artigo 20º, nº 1 da Constituição da República Portuguesa). Com efeito, os danos sofridos por consumidores em resultado de infracções do direito da concorrência são um exemplo modelar de uma hipótese em que os elevados custos do exercício jurisdicional do direito impedem efectivamente o titular de uma situação jurídica de exercê-la em juízo. O facto de os consumidores lesados se encontrarem numa quase *impossibilidade económica* do exercício do seu direito manifesta-se, desde logo, no carácter avultado

[184] Em sentido favorável aos acordos de financiamento dos custos processuais nas acções colectivas de *private enforcement*, contanto que se encontrem asseguradas certas cautelas, como aquelas que encontramos nas recomendações da Comissão Europeia de 11 de Junho de 2013, ARIANNA ANDREANGELI, *Private Enforcement of Antitrust*, Elgar, 2014, pp. 382 e ss.; anteriormente, LILLY FIEDLER, *Class Actions zur Durchsetzung des Europäischen Kartellrechts*, Mohr Siebeck, Tübingen, 2010, pp. 152 e ss..

das despesas *exigidas para preparar a propositura da acção* de responsabilidade civil fundada na violação do direito da concorrência. A dificuldade técnica, quer de um ponto de vista jurídico, quer económico, do apuramento dos factos constitutivos do respectivo direito torna incontornável a necessidade de recorrer a peritos especializados e, com isso, de suportar a remuneração correspondente aos serviços por eles prestados. Essa necessidade é particularmente evidente no tocante à *prova do dano* e, bem assim, do *nexo de causalidade* entre o dano e a prática lesiva do direito da concorrência. As dificuldades são ainda mais significativas quando está em causa a indemnização do dano do sobrepreço pago pelos consumidores pelos bens ou serviços adquiridos ao infractor: nestes casos, a prova do excedente envolve uma comparação contrafactual extremamente complexa entre a situação de mercado existente após o comportamento anticoncorrencial do lesante e aquela que existiria na hipótese em que tal comportamento não tivesse sido adoptado.

173. A necessidade de incorrer em despesas tipicamente superiores àquelas que são exigidas numa acção comum não se limita à remuneração de peritos, antes compreende também os custos com a representação adequada em juízo. Na verdade, além do pagamento da retribuição apropriada de um mandatário com formação e experiência num sector do Sistema que reclama um alto grau de especialização, a preparação de uma acção de *private enforcement* reclama a suportação de custos iniciais particularmente elevados, não só com o estudo da acção, mas também com a realização de diligências prévias, por exemplo, tendentes à obtenção de documentos necessários à preparação e à instrução futura do processo.

174. Os custos que acabamos de referir constituem, só por si, um obstáculo susceptível de comprometer o acesso efectivo dos consumidores aos tribunais para o exercício do direito à reparação dos danos sofridos em resultado da violação do direito da concorrência. Esse obstáculo torna-se, no entanto, mais significativo quando se toma em conta a *enorme desproporção* entre as despesas necessárias para a preparação, a propositura e a condução da acção, por um lado, e o concreto *interesse* de cada consumidor lesado nessa mesma acção.

Os danos sofridos individualmente por cada um dos consumidores são, nos casos mais frequentes, a imagem perfeita dos *danos bagatelares*: individualmente de valor muito baixo. Mas, todos cumulados, em massa, e porque atingem um conjunto muito alargado e dificilmente determinável de sujeitos, são, por vezes, quase incomensuráveis. O valor avultado do dano global resulta do elevado número de lesados, os quais, considerados individualmente, são titulares de indemnizações pouco mais do que irrisórias.

Esta circunstância constitui naturalmente um *forte desincentivo* para a propositura de uma acção de responsabilidade civil por danos causados através de práticas anticoncorrenciais: cada consumidor alegadamente lesado teria de suportar custos e riscos elevadíssimos para formular a sua pretensão, a qual, ainda que viesse a ser julgada procedente, jamais seria propícia a compensá-los.

175. Poderia argumentar-se que é justamente para responder às preocupações de que acabamos de dar nota que existe o direito de acção popular (artigo 52º, nº 3 da Constituição da República Portuguesa e artigos 1º e ss. da Lei de Acção Popular). Os problemas da dispersão dos danos e da eficiência dos meios de tutela dos interesses colectivos, de que é exemplo o interesse na protecção do consumo e dos consumidores, poderiam dar-se como superados a partir do momento em que qualquer cidadão no gozo dos seus direitos civis ou associação ou fundação com a fim de proteger aqueles interesses, tivessem a legitimidade para requerer uma tutela susceptível de abranger todos os titulares dos interesses colectivos em causa, como é o caso, no nosso direito, da acção popular (artigo 19º, nº 1 da Lei de Acção Popular)[185]. A procedência do pedido na acção popular indemnizatória permite obter o efeito global da reparação dos danos de todos os consumidores lesados, ao custo mínimo das despesas necessárias ao exercício do direito de acção por um dos titulares do crédito indemnizatório.

[185] *Cf.*, por exemplo, Michele Taruffo, «Some remarks on group litigation in comparative perspective», *Duke Journal of Comparative & International Law*, 11, 2001, pp. 405-421; Christopher Hodges, «Objectives, mechanisms and policy choices in collective enforcement and redress», *in Mass Justice*, Jenny Steele/Willem H. van Boom (ed.), E. Elgar, Cheltenham, 2011, pp. 101-117; Michael Faure/Franziska Weber, «The diversity of the EU approach to law enforcement – towards a coherent model inspired by a law and economics approach», *German Law Journal*, 18, 2017, pp. 823-879; Csongor István Nagy, *Collective Actions in Europe – A Comparative, Economic and Transsystemic Analysis*, Springer, 2019, pp. 10 e ss..

176. Tal argumento é, no entanto, improcedente. Apesar de a acção popular ser, em teoria, um instrumento apto a superar a «apatia racional» dos consumidores lesados, na prática este efeito não ocorre, como o comprova a experiência da aplicação da lei popular entre nós. Na verdade, são raríssimas as acções populares para a protecção de interesses de consumidores propostas por associações representativas desses interesses[186]. Entre as acções que vieram efectivamente a ser propostas, menos ainda são aquelas que se destinam a obter uma indemnização dos danos sofridos por consumidores, sendo a maioria dirigida à abstenção de práticas lesivas, como a utilização de cláusulas contratuais abusivas (acções populares inibitórias). No que respeita ao *private enforcement*, a propositura de uma acção colectiva é, no nosso sistema, ainda mais rara[187].

177. Este estado de coisas não será certamente um acaso. Para ele contribuem razões de diversa ordem. Uma das mais relevantes é certamente o facto de, não obstante a lei reconhecer o direito de acção popular, isto, por si só, não o tornar forçosamente uma forma de tutela das situações jurídicas subjectivas *atractiva e economicamente racional*[188]. Além da possível ausência de incentivo para o impulso processual de quem sabe que partilhará dos proveitos do exercício do direito do outro («*free-riding*»)[189],

[186] Lisa Tortell, «Contry Report. Portugal», *Civic Consultation and Oxford Economics – European Commission – Evaluation of the Effectiveness and Efficency of Collective Redress Mechanisms in the European Union*, 2008; Csongor István Nagy, «Comparative Collective Redress from a Law and Economics Perspective: without Risk there is no Reward!», *Columbia Journal European Law*, 2013, pp. 470-498 (p. 481).

[187] *Cf.*, por exemplo, Žygimantas Juška, «The Effectiveness of Antitrust Collective Litigation in the European Union: a Study of the Principle of Full Compensation», *IIC – International Review of Intellectual Property and Competition Law*, 49, 2018, pp. 63-93 (p. 88): «*It should also be stressed that these collective actions have been reinforced by third-party funding, with the unique exception of Portugal. It shows that the efficiency of collective actions is directly related to the availability of opt-out schemes and forceful funding tools*».

[188] Fabrizio Cafaggi/Hans-Wolfgang Micklitz, «Administrative and Judicial Enforcement in Consumer Protection: the Way Forward», *EUI Working Papers*, nº 2008/29, disponível online em www.ssrn.com; Maria Ioannidou, *Consumer Involvement in private EU Competition Law Enforcement*, Oxford University Press, Oxford, 2015, p. 122.

[189] Acresce que a lei portuguesa não concede grande abertura para contrariar o problema das externalidades positivas da acção popular. Além de a lei não prever uma remuneração da parte pela promoção da tutela colectiva, e de se limitar a remeter para o juiz a fixação do montante da procuradoria (sem avançar outros critérios que não seja os da complexidade e

uma das principais contra-motivações para a propositura de uma acção popular – e, em especial, de uma acção popular de elevada complexidade técnica, como é a acção popular de *private enforcement* – está no facto de serem normalmente *muito elevados* os custos em que a parte tem de incorrer. É certo que a lei não desatende totalmente à necessidade de minimizar os custos e os riscos destas acções: é essa a razão de o autor se encontrar dispensado do dever de pagamento de preparos (artigo 20º, nº 1 da Lei de Acção Popular) e, bem assim, do pagamento de custas em caso de procedência parcial do pedido (artigo 20º, nº 2, da Lei de Acção Popular); e é também por isso que, em caso de improcedência total do pedido, a obrigação de pagamento de custas é reduzida, no seu objecto, a um valor fixado pelo juiz entre um décimo e metade das custas que normalmente seriam devidas, tendo em consideração a situação económica e a razão formal ou substantiva da improcedência (artigo 20º, nº 3 da Lei de Acção Popular).

178. As soluções enunciadas são *manifestamente insuficientes* para conferir ao titular da legitimidade popular uma razão para propor efectivamente a acção. Isso deve-se, em grande medida, à circunstância de a parte, de longe, mais significativa das despesas em que a parte tem de incorrer para exercer o direito de acção popular dizer respeito à preparação da acção e à contratação de mandatários e de peritos. Uma vez que só pode ser imputado à contraparte um montante muito limitado dos custos em que a parte haja incorrido, acrescendo que esta imputação apenas ocorre na hipótese de procedência do pedido, isso significa que, à luz da lei portuguesa, o risco do desaproveitamento das avultadas despesas que o autor tem de suportar para propor uma acção colectiva de *private enforcement* continua a pertencer à própria parte.

179. No pressuposto de que as partes agem segundo os padrões de racionalidade conhecidos, ninguém, seja uma pessoa singular ou colectiva, estará disponível para assumir um risco patrimonial tão elevado que é susceptível de colocar em perigo a sua solvabilidade; sobretudo quando

do valor da causa, artigo 21º da Lei de Acção Popular), veja-se que o autor da acção popular não pode ceder o crédito indemnizatório litigioso, quando esse crédito lhe não pertencer (no caso de o autor ser uma associação de defesa dos consumidores) ou, pelo menos, não pode cedê-lo no que respeitar ao valor excedente do dano real por si sofrido (quando a acção tiver sido proposta por um lesado).

o benefício, em caso de sucesso, será ou muitíssimo menor (no caso de a acção popular ser proposta por um consumidor) ou reverterá para terceiros (no caso de a acção popular ser proposta por uma associação ou fundação de defesa dos consumidores)[190].

Por tudo isto, não causa, portanto, qualquer estranheza que a acção popular não se tenha revelado, até hoje, um mecanismo eficaz para assegurar a tutela indemnizatória dos interesses dos consumidores. E não é, por isso, razoável supor que, no futuro, a situação deixe de ser diversa daquela que até hoje persistido: sem o acesso ao financiamento por terceiros, a acção popular continuará a revelar-se incapaz para prestar uma *tutela jurisdicional efectiva* dos interesses dos consumidores. A prática do *third-party funding* é muito recente; ainda assim, começa a dar já os seus primeiros resultados.

180. O diagnóstico da situação vigente entre nós não diverge daquele a que se tem chegado em outras ordens jurídicas. Pelo contrário, tem-se afirmado recorrentemente que o direito à reparação dos danos provocados pelas práticas anticoncorrenciais só pode ser assegurado com eficácia através de um mecanismo de tutela colectiva. Este, por sua vez, só pode funcionar a partir do momento em que se puderem minimizar os custos e os riscos inerentes à propositura da acção[191]. Este resultado pode, em abstracto, ser conseguido através de uma entre três vias possíveis[192]:

[190] Žygimantas Juška, «The Effectiveness of Antitrust Collective Litigation in the European Union: a Study of the Principle of Full Compensation», *IIC – International Review of Intellectual Property and Competition Law*, 49, 2018, pp. 63-93 (pp. 82 e ss.).

[191] Christopher Hodges, *The Reform of Class and Representative Actions in European Legal Systems – A New Framework for Collective Redress in Europe*, Hart Publishing, Oxford-Portland, 2008, pp. 116 e ss.; Barry James Rodger/Miguel Sousa Ferro/Francisco Marcos, «A panacea for competition law damages actions in the EU? A comparative view of the implementation of the EU Antitrust Damages Directive in sixteen Member States», *Maastrich Journal of European and Comparative Law*, 26, 2019, pp. 484-504 (pp. 502-3).

[192] Maria Ioannidou, *Consumer Involvement in private EU Competition Law Enforcement*, Oxford University Press, Oxford, 2015, pp. 124-5, 144 e ss.. V. igualmente as Regras-Modelo em Processo Civil, aprovadas *pelo ELI/UNIDROIT*, que compreendem a recomendação aos Estados que prevejam mecanismos de apoio judiciário suficientes e adequados à tutela colectiva, embora condicionados à inexistência de outros meios disponíveis para financiar a propositura da acção, seja através de meios próprios, de seguros de protecção jurídica, *third-party funding* ou *sucess fee arrangements* (Comentário 3, p. 426). Charlotte Leskinen, «Collective Actions: Rethinking Funding and National Cost Rules», *The Competition Law Review*, 8, 2011, pp. 87-121 (pp. 95 e ss., defendendo que não é suficiente para assegurar a tutela efectiva dos interesses

(i) a afectação de fundos públicos à promoção de acções colectivas por associações de defesa dos consumidores;
(ii) a estipulação da *quota litis* como forma de transferir para o mandatário dos riscos do desaproveitamento dos custos do processo;
(iii) o recurso ao *third-party funding*.

181. Das três hipóteses enumeradas, só a terceira constitui uma forma eficaz e de promover a tutela colectiva dos consumidores e só esta está efectivamente ao dispor das partes na nossa ordem jurídica. Na verdade, o Estado português não prossegue uma política de financiamento público para o exercício do direito de acção popular, deixando à sociedade civil e ao mercado a superação do problema da ausência de meios económicos para esse efeito[193]. Por seu turno, a estipulação, pelas partes, de uma remuneração do advogado exclusivamente dependente do resultado da acção não é admissível à luz do Direito português, pelas razões que expusemos anteriormente (artigo 106º do Estatuto da Ordem dos Advogados). Resta, assim, a hipótese do recurso aos acordos de financiamento dos custos processais por terceiros.

Caso se viesse a considerar inadmissível uma acção porque proposta com o recurso a este tipo de financiamento, a consequência seria inevitavelmente a do esvaziamento prático do direito da acção popular, sempre que a preparação do processo exigisse a suportação de despesas avultadas, como sempre sucede no caso das acções populares de *private enforcement*.

182. As razões expostas obrigam a tratar a questão da carência de meios económicos para a propositura da acção popular, não como um mero problema empírico ou fáctico, mas antes como um obstáculo ao exercício de um direito fundamental que se mostra juridicamente consequente. Na verdade, caso se viesse a entender que as partes não podiam celebrar vali-

dos consumidores a adopção de uma modelo de tutela colectiva assente num princípio do opt-out, exigindo-se, além disso, a previsão de um regime de repartição dos custos processuais diverso do *loser pays principle* e de um mecanismo de financiamento, público ou privado); Tom Bolster, «The Structure and Funding of Competition Claims Post-Jackson – "All Change" or "Status Quo"?», *Competition Law Journal*, 13, 2014, pp. 202-208.

193 Não obstante a solução prevista na parte final do nº 5 do artigo 22º da Lei de Acção Popular, a qual se mostra, em qualquer caso, insuficiente para suprir a lacuna quanto à existência da opção política a que fazemos menção no texto.

damente acordos de financiamento dos custos do processo, essa norma proibitiva não teria como efeito apenas a limitação prática da autonomia privada, mas também a limitação de outros direitos fundamentais: o direito a aceder aos tribunais e a exercer em juízo a situação jurídica de que a parte acredita ser titular (artigo 20º, nº 1 da Constituição da República Portuguesa) e o direito de acção popular, mais precisamente, o direito a exercer a legitimidade popular para a protecção dos interesses dos consumidores (artigo 52º, nº 3, al. a) da da Constituição da República Portuguesa).

183. A restrição do direito fundamental de acesso aos tribunais e do direito de acção popular é, no caso da proibição dos acordos de financiamento das despesas com o processo, particularmente impressivo. De facto, esta limitação não decorre de uma omissão, pelo Estado, da adopção das providências necessárias a concretizar um direito de natureza programática, como acontece quando o Estado não pratica os actos ou adopta as políticas adequadas a conferir eficácia prática a direitos fundamentais de carácter social, económico ou cultural. O problema que encontramos no caso distingue-se dessas situações, desde logo, pela circunstância de estar em causa uma situação jurídica compreendida no catálogo dos direitos, liberdades e garantias. Além disso, na hipótese em que o tribunal viesse a interpretar a lei aplicável no sentido de que esta não admite a celebração dos acordos de financiamento das despesas do processo, a restrição dos direitos fundamentais da parte não decorreria, então, de uma omissão, mas antes de uma *acção* do próprio Estado. Ao considerar inadmissível que, por via de um *negócio entre privados*, sejam obtidos os meios patrimoniais necessários a conferir efectividade ao direito de acção popular, seria, afinal, o próprio Estado a criar um obstáculo ao exercício desse direito fundamental, impedindo que, por insuficiência de meios económicos, a parte pudesse exercer o seu direito.

184. É um postulado central da teoria dos direitos fundamentais que estes só podem ser restringidos se se verificarem os pressupostos da necessidade para atender a um outro interesse constitucionalmente protegido e na medida em que tal restrição se mostrar adequada e proporcionada à salvaguarda desse outro interesse (artigo 18º, nº 2 da Constituição da República Portuguesa). Decorre da análise que fizemos nos parágrafos anteriores que a proibição dos acordos de financiamento das despesas do

processo não é necessária para preservar qualquer direito da contraparte, nem qualquer interesse de ordem geral. Isso significa, portanto, que a interpretação da lei ordinária segundo a qual esta não admite a celebração de negócios jurídicos cuja execução é indispensável ao exercício dos direitos fundamentais é uma interpretação que não se mostra conforme com a Constituição. Pela mesma ordem de razões, o resultado interpretativo da Lei de Acção Popular que se revela mais conforme com o direito de acesso aos tribunais é aquele que considera admissível que os custos da acção popular sejam suportados por um terceiro mediante uma contrapartida.

185. A questão de saber se também no domínio específico das acções populares se deve considerar admissível a celebração de acordos de financiamento poderia, assim, ser respondida afirmativamente de uma forma definitiva utilizando apenas os argumentos que acabámos de expor. Nenhuma norma legal proíbe a celebração de acordos de financiamento dos custos da acção popular nem nenhuma outra permite que o juiz julgue inadmissível a acção popular cuja preparação, propositura ou instrução tiver sido financiada por um terceiro.

No entanto, não é apenas com o direito constitucional português que a solução de proibir os acordos de financiamento da acção popular se mostra incompatível. Na verdade, essa solução mostra-se igualmente desconforme com o direito da União Europeia, por violar uma norma-princípio fundamental do direito da concorrência: o *princípio da efectividade* do direito à reparação dos danos sofridos em consequência da adopção de práticas anticoncorrenciais.

186. Já acima nos referimos ao significado e ao alcance do princípio da efectividade. Forjado pela jurisprudência europeia a partir do princípio da cooperação leal (artigo 4º, nº 3 do TUE) largos anos antes da adopção da Directiva nº 2014/104/UE[194], o princípio da efectividade proíbe os Esta-

[194] A circunstância de o princípio da efectividade ter também uma fonte jurisprudencial justifica que o âmbito de vigência, material e temporal, desta norma não se esgote no campo de aplicação da Directiva do *Private Enforcement*. *Cf.*, entre outras, as Decisões do TJ de 20 de Setembro de 2001 (*Courage Ltd. v. Bernard Créhan*), Proc. C-453/99, parág. 36; de 13 de Julho de 2006 (*Vincenzo Manfredi v. Lloyd Adriatico Assicurazioni SpA*), Proc. C-295/04, parágs. 58, 59 e 61 e ss.. Em momento ulterior à adopção da Directiva nº 2014/104/EU, por exemplo, as Decisões de 6-12-2012 (*Otis I*), Proc. C-199/11, parág 42; de 5-06-2014 (*Kone*), Proc. C-557/12,

dos-Membros de adoptarem medidas que tornem praticamente impossível ou excessivamente difícil o exercício do direito à indemnização, fundado na violação do direito da concorrência (artigo 23º, nº 2 da Lei do *Private Enforcement* e artigo 4º da Directiva nº 2014/104/UE)[195]. Pelas razões que apresentámos, a transferência, para um terceiro, dos custos conexos com a preparação e a propositura da acção popular de *private enforcement* é, na prática, um pressuposto indispensável a que essa acção venha a ser proposta. Sem esta forma de financiamento, quer por uma razão de insuficiência de meios, quer pelo carácter insuportável dos riscos do desaproveitamento das despesas com o processo, *ninguém, agindo racionalmente, estará disposto a exercer a sua legitimidade popular*[196]. Este argumento é igualmente aplicável às pessoas singulares e às associações de defesa dos consumidores. Com efeito, também estas dispõem de recursos muito escassos para a prossecução dos seus fins. Na ausência de mecanismos de apoio público, as iniciati-

parágs. 21 e ss.; de 14-03-2019 (*Skanska*), Proc. C.724/17, parágs. 24-7; de 28-03-2019 (*Cogeco*), Proc. C-637/17, parágs. 37 e ss.

[195] Na mesma linha, v. as recomendações da OCDE em matéria de resolução de litígios com consumidores, de 12 de Julho de 2007, que, entre outros aspectos, prevêem que: os mecanismos aplicáveis à resolução destes litígios não devem impor aos consumidores um custo que seja desproporcionado ao objecto da sua pretensão (A.2): «*member countries should review their existing dispute resolution and redress frameworks to ensure that they provide consumers with access to fair, easy to use, timely, and effective dispute resolution and redress without unnecessary cost or burden*».

[196] A essencialidade dos acordos de financiamento das despesas processuais para a efectividade das acções colectivas foi recentemente afirmada pelo *ELI* e pelo *UNIDROIT*, nas Regras-Modelo aplicáveis ao Processo Civil, ao prever expressamente a admissibilidade deste tipo de acordos (*Rule* 237, 245). Para a justificação, *cf.*, por ex., no preâmbulo, parág. 37: «*an absolutely necessary element of fair access to justice for consumers is, however, the right to sufficient legal aid, including the cost of legal advice and representation, as well as access to third-party funding and success fee arrangements in appropriate circumstances*», e o Comentário 3 à *Rule* 14: «*the question of whether or not representation should be mandatory should not be given greater weight than the more fundamental question of ensuring that effective means of litigation funding should be available to enable parties to finance meritorious claims, including financing legal representation*». Lilly Fiedler, *Class Actions zur Durchsetzung des Europäischen Kartellrechts*, Mohr Siebeck, Tübingen, 2010, p. 156; Jochen Bernhard, *Kartellrechtlicher Individualschutz durch Sammelklagen – Europäische Kollektivklagen zwischen Effizienz und Effektivität*, Mohr Siebeck, Tübingen, 2010, pp. 180 e ss., pp. 339 e ss. (embora no contexto de uma acção tendente à remoção do lucro obtido através da violação do direito da concorrência, afirma ser essencial a disponibilidade de mecanismos de financiamento dos custos processuais, públicos ou privados, para que este tipo de pretensões seja dotada de um mínimo de eficácia ou, tomando de empréstimo expressões utilizadas por outros autores, deixe de ser um «bonito e colorido tigre de papel», uma lei puramente simbólica, que já se esgotou no efeito político-panfletário que visava produzir»).

vas com vista à protecção dos interesses dos consumidores apenas podem contar, na prática, com as atribuições dos associados. O mesmo é dizer que os mecanismos de financiamento da acção popular de *private enforcement*, entre os quais se incluem os acordos de financiamento de terceiro, são uma condição de que depende a efectividade da tutela que naquela acção é requerida[197].

187. Uma vez que a proibição dos acordos de financiamento dos custos da acção popular acabam por tornar a acção popular num meio de tutela desprovido de eficácia, pode, então, legitimamente questionar-se se não é também *a própria tutela dos consumidores que acaba por ficar comprometida*. A resposta a esta interrogação não pode, em nossa opinião, deixar de ser positiva. Isto porque, conforme já sublinhámos, é a acção popular, através do modelo de legitimidade representativa e do princípio da auto-exclusão, que está em condições de assegurar uma reparação efectiva e real dos danos que os comportamentos anticoncorrenciais provocam, em massa, aos consumidores[198]. Este um argumento que confirma e reforça a justeza da conclusão que já enunciámos: mais do que não serem incompatíveis com os interesses dos consumidores, os acordos de financiamento dos custos da acção popular surgem, na realidade, como um *instrumento indispensável à satisfação daqueles interesses* sempre que as despesas conexas com a acção popular forem significativos e o autor da acção não puder dispor de mecanismos de financiamento público.

[197] STEPHAN MADAUS, «Keine Effektivität einer europäische class action ohne „amerikanische Verhältnisse" bei deren Finanzierung», *Zeitschrift für Europäisches Privatrecht*, 2012, pp. 99-116; ASTRID STADLER, «Die Bündelung von gleichgerichtenen Ansprüchen durch Inkassozession», *Juristenzeitung*, nº 12, 2014, pp. 613-622 (pp. 621-2), Id., «Abtretungsmodelle und gewerbliche Prozessfinanzierung bei Masseschäden», *Wirtschaft und Wettbewerb*, 68, 2018, pp. 189-194; CARSTEN KRÜGER/ANDREAS WEITBRECHT, «Kollektiver Rechtsschutz im Kartellrecht», *in Handbuch Private Kartellrechtsdurchsetzung*, ANDREAS FUCHS/ANDREAS WEITBRECHT (Hrsg.), 1. Auflage, C. H. Beck, München, 2019, pp. 745-788, Rdr. 149 («o acesso dos lesados e dos autores a diferentes formas de financiamento é uma condição fundamental para obterem uma tutela jurídica efectiva»).

[198] PETER ROTT, «The EU Legal Framework for the Enforcement of Consumer Law», *in Enforcement and Effectiveness of Consumer Law*, HANN-W. MICKLITZ/GENIVÈVE SAUMIER (Ed.), Springer, 2018, pp. 249-285 (p. 279).

b) A finalidade protectora dos interesses dos consumidores e a sua insensibilidade à remuneração do financiador

188. Um último teste à validade das conclusões a que chegámos consiste em perguntar se há alguma razão especificamente respeitante às acções populares tendentes à reparação dos danos sofridos por consumidores que conduza a considerar inadmissíveis os acordos de financiamento neste domínio. Na verdade, não encontramos no direito vigente qualquer argumento nesse sentido. No que respeita ao interesse em não permitir que o exercício disfuncional do direito de acção popular com vista a prejudicar o réu ou a pressioná-lo indevidamente a celebrar uma transacção, cumpre recordar que esse fim já pode ser assegurado por via da interpretação-aplicação de normas gerais do sistema, seja através do poder funcional de indeferimento da petição inicial pelo juiz (artigo 13º da da Lei de Acção Popular), seja pela imputação dos custos do processo ao autor em caso de improcedência do pedido (20º, nº 3 da Lei da Acção Popular) ou pela responsabilidade processual fundada na litigância de má fé (artigo 20º, nº 4 da da Lei de Acção Popular) ou pela paralisação do exercício abusivo do direito de acção (artigo 334º do Código Civil).

Há, no entanto, uma razão adicional que concorre para que se relativize o perigo da propositura de uma acção popular de *private enforcement* carecida de fundamento. É que, pelo menos, nas hipóteses de uma acção *follow-on*, o pedido indemnizatório formulado pelo autor funda-se em factos que já terão sido apreciados por uma autoridade regulatória independente e pelo proferimento de uma decisão sancionatória que se terá tornado definitiva e que estabelece uma *«presunção inilidível»* da existência, natureza e âmbito da infracção do direito da concorrência. Sendo certo que a existência de um acto administrativo ou de uma decisão jurisdicional anteriormente proferida no âmbito de um processo de *public enforcement* não implica, só por si, que se encontrem verificados no caso os pressupostos constitutivos dos créditos indemnizatórios que o autor invoca na acção de responsabilidade civil, eles têm pelo menos o efeito de fundar uma aparência razoável quanto à existência daqueles créditos ou o de tornar altamente implausível o carácter abusivo da acção de *private enforcement*[199].

[199] Carsten Krüger/Andreas Weitbrecht, «Kollektiver Rechtsschutz im Kartellrecht», *in Handbuch Private Kartellrechtsdurchsetzung*, Andreas Fuchs/Andreas Weitbrecht (Hrsg.), 1. Auflage, C. H. Beck, München, 2019, pp. 745-788, Rdr. 149.

189. Vejamos, por fim, o argumento segundo o qual a existência de um financiador externo e a atribuição de uma remuneração a esse financiador representariam, *per se*, um desvio da acção popular relativamente ao seu fim, que é o de assegurar a tutela indemnizatória dos interesses dos consumidores nela representados.

Mas como pode a conclusão – desvio do fim da acção popular – caber na premissa única *financiamento de terceiro*? O que é inerente à natureza deste financiamento que faça derivar da sua existência um desvio do fim da acção ordenada à tutela dos consumidores?

Nada conseguimos descortinar, razão pela qual o argumento nos surge como improcedente.

As razões que anteriormente expusemos a propósito da legitimidade activa na acção popular fundamentam a nossa conclusão. Conforme dissemos, ainda que o autor da acção popular se mova por uma motivação não altruísta, e ainda que o autor tenha proposto a acção com a única finalidade de conseguir um benefício próprio, isso não afectaria a sua legitimidade popular nem a admissibilidade da acção por si proposta. Para assegurar a finalidade de tutela que se visa obter com a acção popular basta que a actuação do autor popular seja *objectivamente conforme* com os interesses dos consumidores que representa, designadamente, que actue por forma a tentar influenciar o decisor a julgar procedente o pedido formulado e, assim, a tentar a *satisfação desses interesses*[200]. Ora, se o direito de acção popular é compatível com uma actuação interessada de quem o exerce, natu-

[200] Não ignoramos que, no Direito alemão, o BGH tem entendido que, nas acções tendentes à remoção do lucro (*Gewinnabschöpfungsklagen*) conseguido através da violação das regras relativas à concorrência desleal (§ 10 da UWG), o recurso a *third-party funding* obriga a valorar essas acções como inadmissíveis: decisão de 13-09-2018, NJW, 2018, pp. 3581; decisão de 9-05-2019, NJW, 2019, pp. 2691 e ss.. O Tribunal Federal alemão tem justificado esse entendimento com a violação do princípio da boa fé (§ 242 do BGB), por entender que aqueles acordos fazem deslocar a decisão sobre o exercício da pretensão dependente da vontade de um terceiro movido pelo lucro, ao invés de a deixar na esfera dos lesados ou das associações que os representam. Ao mesmo tempo, recorre-se ao argumento, já anteriormente utilizado na jurisprudência germânica, de que a afectação ao financiador externo de parte do crédito indemnizatório seria gravemente lesiva dos interesses dos consumidores, invocando a cláusula dos bons costumes (§ 138 do BGB). Esta jurisprudência tem, no entanto, sido recebida com fortes críticas pela doutrina especializada, que, entre outros argumentos, aponta a incompatibilidade entre estas decisões e outros dados do sistema – designadamente, com a admissibilidade da cessão do crédito litigioso – e faz notar que, ante a insuficiência de meios próprios das associações de defesa dos consumidores, a consequência prática será a de tornar «letra morta» o regime que

ralmente terá de ser compatível com uma motivação interessada de quem não é parte no processo, como é o caso do financiador.

190. A hipótese em que este financiador vem a conseguir efectivamente um lucro com a procedência do pedido formulado na acção popular em nada constitui um desvio à finalidade que tipicamente se visa realizar através desta acção. Aliás, se o financiador adquire o direito a ser remunerado pelo investimento que efectuou na acção, isso só pode significar *o contrário*, que a finalidade que a lei visa conseguir através do reconhecimento do direito de acção popular foi *efectivamente conseguida*. Isso significa, na verdade, que se verificaram conjuntamente os dois melhores resultados que se poderiam verificar para os consumidores representados na acção: (i) que o pedido de condenação deduzido pelo autor foi julgamento procedente e (ii) que nenhum consumidor lesado, de entre aqueles que decidirem exercer o seu direito, deixou de receber uma indemnização por todos os danos que efectivamente sofreu em consequência da prática anticoncorrencial. De facto, é difícil conceber um resultado melhor para os consumidores do que aquele em que eles se encontram quando o financiador tem direito a receber uma remuneração pelo investimento realizado na acção.

191. A solução contrária àquela que aqui defendemos pressuporia a vigência, no nosso Sistema, de uma regra que proibisse qualquer terceiro de lucrar com a propositura de uma acção popular. Não só não encontramos qualquer indício de que vigore entre nós semelhante regra, como encontramos na lei um indício determinante no sentido oposto. Pense-se no caso do mandatário do autor da acção popular, que não deixa de ter direito a ser remunerado pelos serviços prestados, sendo-o segundo a complexidade e o valor da causa (artigo 21º da Lei de Acção Popular). O mesmo vale para o mandatário da parte demandada: também ele, não agindo como parte na acção, aufere uma retribuição pelo trabalho realizado em representação do seu mandante. Não se vê que razão poderia consentir que fosse outra a solução a seguir relativamente aos acordos de financiamento dos custos da acção popular. De resto, e conforme vimos, a parte poderá sempre recorrer a formas alternativas de financiamento sem

estabelece a acção de remoção de lucros: INGE SCHERER, «Gewerbliche Prozessfinanzierung», *Verbraucher und Recht*, 3, 2020, pp. 83-7 (p. 85).

que isso coloque quaisquer dúvidas, quer quanto à validade e à licitude dos negócios celebrados, quer quanto à admissibilidade da acção popular que tiver sido proposta com base neles.

192. Importa, pois, afastar as pré-compreensões e as reivindicações com mero teor político e simbólico, como a de que «nenhuma empresa deve poder lucrar a expensas dos consumidores representados na acção popular». Não só é *juridicamente impossível* que esse locupletamento injustificado ocorra à luz do direito português vigente, como, na verdade, a pergunta que deve ser formulada é a inversa: em que medida é possível ter uma defesa real e consequente dos interesses dos consumidores numa acção popular cujos custos não sejam, de algum modo, financiados por terceiro? A típica associação de defesa dos consumidores, sabendo da complexidade técnico-jurídica do problema e das dificuldades probatórias que tem de superar a fim de conseguir a procedência do pedido, e não ignorando que a sociedade demandada é representada pelos advogados mais conhecedores e experientes nestas matérias, pode livremente escolher não recorrer a um modelo de financiamento que permita elevar as *chances* de sucesso da acção sem qualquer custo para os consumidores lesados? E que avaliação deveria fazer-se do mérito da representação desses consumidores se, para evitar um hipotético proveito para um financiador, a parte que os representa arriscasse a propositura de uma acção popular com meios insuficientes àqueles que previsivelmente seriam necessários para ter uma boa probabilidade de o pedido ser julgado procedente[201]?

c) A irrelevância, para a posição jurídica do réu na acção popular, da remuneração devida ao financiador

193. Relativamente à *remuneração do financiador*, conforme dissemos, a lei portuguesa já confere aos consumidores representados na acção popular de *private enforcement* um grau de protecção plena. Conforme vimos com outro pormenor num passo anterior do parecer, o direito do financiador a ser remunerado pela suportação dos custos do processo *é sempre inidóneo a afectar os interesses do réu na acção popular*. Quaisquer que sejam os seus

[201] Miguel Teixeira de Sousa, *A legitimidade popular na tutela dos interesses difusos*, Lex, Lisboa, 2003, p. 236, citando Macey/Miller, sublinha que a conformidade da actuação do demandante na acção popular com os interesses do titular difuso reclama uma acção «razoavelmente hábil suficientemente financiada e apropriadamente zelosa».

pressupostos constitutivos e qualquer que seja o seu valor, o crédito do financiador jamais pode agravar o valor da indemnização que se apurar ser devida pelo réu na acção popular. A contraprestação devida ao financiador é efectuada com a prestação que vier a ser realizada pelo lesante a título de indemnização global.

Perguntar-se-á como pode, então, o financiador ter a expectativa de receber uma qualquer remuneração se o valor da condenação não pode exceder o dano. A resposta, que afinal nos revela o risco extremo de perda integral do investimento e da remuneração em que incorre o financiador à luz do direito português (artigo 19º da Lei do *Private Enforcement*), está na habitual inércia de parte dos consumidores cujos danos foram relevantes para o cômputo da indemnização atribuída pelo tribunal, mas que acabam por não a reclamar. Sublinhe-se o que já atrás se disse: o financiador é um credor subordinado.

Na medida em que o valor da remuneração apenas poderá sair das indemnizações não reclamadas, percebe-se porque não tem o financiamento qualquer risco para o réu: esta apenas pode ser condenada a pagar a indemnização que, *na perspectiva do tribunal*, corresponde ao dano efectivamente sofrido pelos consumidores representados; nem mais nem menos. A estrutura da acção e a natureza da representação não prejudicam o princípio do direito da responsabilidade segundo o qual a indemnização tem escopo restaurativo.

Na medida em que a quantia paga a título de indemnização exceda o valor dos créditos indemnizatórios exercidos dentro do prazo razoável fixado pelo juiz para o efeito, nenhum impacto tem o financiamento na esfera do réu. Atendendo ao regime de direito português do *private enforcement*, a fixação da remuneração devida ao financiador é uma matéria na qual o réu ***não tem qualquer interesse*** e à qual deve, por isso, ser ***totalmente indiferente***.

d) O alinhamento dos interesses do financiador com os interesses dos consumidores representados pela autora da acção popular

194. Consideremos, por fim, o argumento, a que anteriormente aludimos, de que o financiamento por um terceiro dos custos de uma acção popular indemnizatória representa um *desvio* da acção popular relativamente à sua finalidade de tutelar os interesses dos consumidores institucionalmente representados no processo.

A circunstância de o financiador poder ser remunerado por ter financiado as despesas da acção popular em nada impede ou perturba a realização do fim a que se destina a acção popular, que é o de permitir que os consumidores potencialmente prejudicados por uma prática lesiva do Direito da concorrência possam formular em juízo uma pretensão à reparação integral dos danos sofridos, e que possam formulá-la nas condições que permitam a representação por um mandatário tecnicamente bem preparado e experiente, a consulta de peritos jurídicos e económicos, bem como o acesso a outros meios de instrução que vierem a ser julgados necessários.

195. Pelo contrário, são os acordos de financiamento dos custos do processo como aqueles que apreciámos que promovem de uma forma satisfatória o escopo próprio da acção popular indemnizatória, ao permitirem que os consumidores lesados pelas práticas anticoncorrenciais beneficiem de uma tutela jurisdicional efectiva, e que os seus interesses sejam prosseguidos na acção com armas iguais às da sua contraparte. Esta é uma vantagem que aproveita a todos os consumidores lesados, sem que estes se encontrem obrigados a suportar qualquer custo ou perda patrimonial. Dificilmente seria possível conceber uma forma mais satisfatória, mais eficaz, mas também mais justa de promover a tutela colectiva dos consumidores.

196. O argumento segundo o qual a admissibilidade do *third-party funding* da acção popular significaria permitir a uma empresa que lucrasse com a tutela jurisdicional dos interesses, apesar de muito impressivo quando enunciado – estar-se-ia perante uma abjecta mercantilização da Justiça – não é, por isso, procedente à luz dos dados do Sistema português. E muito menos se pode dizer que, com o financiamento, se desvirtua o instituto da acção popular ou se o instrumentaliza à prossecução de interesses económicos privados de terceiros.

197. Postos de lado os fundamentos jurídicos que poderiam determinar a inadmissibilidade dos acordos de financiamento, restaria perguntar, à luz do tal espectro de desvirtuamento dos fins da acção popular e, através dele, da Justiça, em que posição têm os acordos de financiamento colocado os consumidores representados em acções populares. Que revelam as estatísticas? A intervenção de financiadores tem tido efeitos no sentido das decisões? Verifica-se, pelos dados disponíveis, que as acções de defesa

dos consumidores, preparadas e instruídas com recurso a meios que só podem ser envolvidos se um conjunto de disponibilidades financeiras estiver ao seu serviço têm levado a melhor ou a pior tutela? Que revelam as estatísticas quanto à lesão de direitos indemnizatórios dos consumidores por causa da intervenção de terceiros financiadores?

As perguntas que se deixam não são retóricas: enquanto não houver dados empíricos que permitam uma resposta clara não poderá afirmar-se que o modo de ser da Justiça realizada a partir de acções propostas com recurso a financiamento é melhor ou pior, que a defesa daqueles cujos interesses estão em jogo são ou deixam de ser atingidos. Se se podem identificar zonas de risco quando há recurso a financiamento, não pode, da existência dessas zonas de risco, inferir-se que a realidade concreta revela a sua consumação necessária e fatal. Só a realidade e os dados que dela nos chegarem permitirão tomar posição quanto a natureza perversa ou benigna dos contratos de financiamento dos custos de acção; só a realidade nos pode levar a impedir que, por razões de oportunidade, tais contratos não devam ser admitidos. Mas, sublinhe-se, conclusão tão frontalmente contrária à liberdade em que assentam tipicamente os sistemas jurídicos de Estados de Direito só poderá integrar-se caso se revele que o *third-party funding* tem levado a uma diminuição ou supressão da tutela dos consumidores. Enquanto tais dados não existirem, lidaremos com pre-conceitos[202].

[202] Note-se, de resto, que nada de particularmente novo entre nós existe, nem sobre as dúvidas acerca da admissibilidade dos acordos de financiamento das despesas processuais, nem nos termos como esse debate é travado. De forma particularmente ilustrativa disto mesmo, escreve W. Bradley Wendel, «Alternative Litigation Finance and anti-commodification norms», *DePaul Law Review*, 63, 2, 2014, pp. 655-695 (pp. 657-8): «*commodification arguments are like rhetorical "Saturday Night Special" handguns – they are cheap and widely available, but not particularly accurate. It is one thing to talk ominously about "justice for sale" or turning the civil justice system into a Turkish bazaar; it is quite another to explain what is wrong with ALF [alternative litigation finance] given the existing pattern of pervasive intrusion of economic norms into the procedures by which we adjudicate civil claims. A practice may not sit well at first, but upon reflection, there may turn out to be nothing wrong with it*». As mesmas semelhanças com a controvérsia que agora irrompeu entre nós sobre o *third-party litigation funding* sobressaem da passagem em que Wendell critica a hiprocrisia dos opositores dos acordos de financiamento dos custos do litígio, quando invocam o argumento de que esses acordos permitiriam o aproveitamento lucrativo do bem público da administração da justiça: «[...] *the most plausible anti-commodification argument leads down roads that many theorists tend to avoid, such as neo-Aristotelian conceptions of value which rely on positing a final end for humans, or corrective justice account of the end of the tort system. I tis highly ironic that groups such as the Chamber of Commerce, which ordinarily favor a lightly regulated marketplace, are making*

Pensando na experiência portuguesa, os dados disponíveis levam a crer que, com elevada probabilidade, a tutela dos consumidores, alegadamente lesados por práticas anticoncorrenciais, sairá robustecida com a disponibilização de meios financeiros para a preparação e propositura das acções populares tendentes a obter a reparação dos danos sofridos pelos consumidores que, sem esse financiamento, não poderiam ser investidos.

common cause with theorists like Michael Sandel and the Archbishop of Canterbury, who criticize our society for its shallow materialism, obsession with accumulation of wealth for its own sake, and adoption of a paper-thin conception of value that purports to represent the value of everything in terms of market price. One wonders whether the Chamber will follow through on its new-found principles and demand the removal of advertisements from public property or a ban on the practice of selling naming rights to sports stadiums. In any case, it the anti-commodification objection is anything other than smoke and mirrors, we can await a critique that engages with some of these foundational issues in the theory of value and that demonstrates the opposition to ALF is rooted in something other than economic self-interest».

§5
A destinação da prestação indemnizatória na acção popular de *private enforcement*

198. Cumpre agora apreciar um terceiro conjunto de problemas relacionados com a afectação da prestação indemnizatória que o réu tenha de realizar na hipótese de ser proferida uma sentença condenatória.

Os problemas que, neste contexto, se suscitam são essencialmente quatro:

(i) o de saber como deve ser fixado o objecto da decisão condenatória, na situação em que o tribunal vier a julgar procedente o pedido formulado na acção popular de *private enforcement*. Mais concretamente, o de saber se a prestação indemnizatória pode ser fixada num *montante global*, correspondente à totalidade dos danos sofridos por todos os consumidores, ao mesmo tempo que se estabelece um critério de distribuição desse montante pelos consumidores lesados em razão do dano concreto de cada um;

(ii) o de saber se a associação de defesa dos consumidores, na qualidade de autora da acção popular de *private enforcement*, tem um direito subjectivo ao reembolso das despesas que assumiu com a propositura e a condução daquela acção ou se, diversamente, tal compensação pode ser excluída através de uma decisão do tribunal competente para a acção;

(iii) a questão relativa à inclusão nas «despesas incorridas por força da acção» da remuneração devida ao terceiro financiador como contrapartida do financiamento dos custos da acção popular;

(iv) por fim, e no pressuposto de que as questões anteriores merecem uma resposta afirmativa, a questão de saber como se articulam, à luz da lei portuguesa, o dever de distribuição do montante indemnizatório global pelos consumidores lesados não identificados na acção e o direito da autora ao ressarcimento dos custos processuais, incluindo a componente relativa à remuneração do financiador. Mais concretamente, pergunta-se se vigora no Direito português uma norma que estabeleça a remuneração devida a um financiador nos termos de um *third-party funding agreement* e se é lícito proceder-se ao pagamento à autora da acção popular das despesas conexas com o processo antes de decorrido o prazo prescricional de três anos e, em caso afirmativo, os termos ou condições nas quais tal pagamento pode ser efectuado.

5.1. A fixação global da indemnização devida aos consumidores não identificados na acção

199. A resposta ao primeiro dos problemas enunciados infere-se imediatamente da lei portuguesa: no tocante aos lesados pelas práticas anticoncorrenciais que não estiverem identificados na acção popular, a indemnização é fixada numa *cifra pecuniária global*, a qual deve corresponder à *totalidade dos danos* provados através do ilícito anticoncorrencial que fundamenta a responsabilidade (artigo 22º, nº 2 da Lei de Acção Popular e artigo 19º, nº 4 da Lei do *Private Enforcement*). Dos preceitos citados conclui-se existirem duas metodologias diversas para a fixação do montante indemnizatório, em razão da circunstância de o lesado estar ou não identificado na acção popular. Estando os lesados identificados na acção popular, a indemnização deve ser computada «nos termos gerais da responsabilidade civil» (artigo 22º, nº 3 da Lei de Acção Popular), o que quer dizer, em termos concretos e de acordo com o prejuízo patrimonial efectivamente sofrido pelo consumidor no seu património (artigos 562º e 566º, nº 2 do Código Civil).

200. A lógica «igualadora» e individualizadora do cômputo da indemnização não tem aplicação relativamente aos lesados não identificados na acção popular. Esse desvio relativamente aos princípios gerais do direito da indemnização obedece essencialmente a uma justificação de teor pragmático. De facto, caso se fizesse depender a reparação dos danos causados pelo comportamento lesivo do interesse colectivo da prévia identificação e quantificação dos danos sofridos por cada um dos lesados, perder-se-iam as vantagens oferecidas pelo modelo de tutela colectiva do interesse em causa. Em especial, ver-se-iam, na prática, sacrificados os préstimos de um

modelo de tutela colectiva fundado no princípio da auto-exclusão como é o nosso. Para conseguir obter uma decisão de procedência do pedido indemnizatório, formulado na acção popular, o autor teria de identificar os consumidores lesados pela prática anticoncorrencial antes de propor a acção colectiva, nesta pedindo estritamente o dano real sofrido por cada um deles. Esse seria, contudo, um ónus excessivamente oneroso para o autor da acção popular, em especial, quando estivesse em causa a reparação de «danos em massa», prejuízos que, com origem num circunstancialismo fáctico essencialmente comum, incidam sobre um conjunto muito alargado e dificilmente determinável de pessoas.

201. Na prática, uma norma que impusesse o cálculo em termos atomísticos e individuais da indemnização devida pela lesão de um interesse colectivo imporia ao autor da acção popular os mesmos custos e os mesmos riscos processuais que teria de suportar num modelo de tutela colectiva fundado na regra do *opt-in*. Não foi essa, porém, a solução acolhida na Lei de Acção Popular, nem pode ela ser julgada compatível com o compromisso entre o valor da justiça individualizadora e os valores da eficiência e da praticabilidade que subjaz ao nosso sistema. Decerto que o cômputo da indemnização em termos globais ou indiferenciados, ao distanciar-se do dano real como critério basilar do preenchimento da responsabilidade, traz consigo o perigo de a indemnização ser fixada acima do valor real dos danos (sobrecompensação) ou abaixo daquele limiar (subcompensação). A menor justeza que um modelo deste tipo permite assegurar, à luz dos princípios do ressarcimento integral do dano e da proibição do enriquecimento do lesado é, porém, compensada por uma maior efectividade da tutela que proporciona[203]. Caso seja possível aceder a elementos que permitam fundar um juízo acerca do volume global dos danos provocados pelo

[203] Tomando de empréstimo as palavras de Miguel Teixeira de Sousa, *A legitimidade popular na tutela dos interesses difusos*, Lex, Lisboa, 2003, p. 173, «a fixação de uma indemnização global pode não reparar integralmente os danos sofridos por cada um dos lesados, mas esta eventual injustiça é uma contrapartida necessária quer da eficiência da acção popular, quer da função preventiva da responsabilidade civil. Aquela eficiência não permite atribuir a cada um dos lesados um direito à apreciação individualizada da sua situação, pois que, no caso dos pequenos lesados, não é razoável garantir-lhes uma quantificação individualizada dos danos na acção popular, quando se sabe que, pela falta de justificação económica de qualquer acção individual, a alternativa à indemnização recebida através da acção popular seria a inexistência de qualquer reparação dos danos sofridos por cada prejudicado».

comportamento lesivo do interesse colectivo, a pessoa com legitimidade popular pode propor imediatamente a acção destinada a obter a satisfação, por via indemnizatória, desse mesmo interesse, ainda que, ao longo do processo, outros elementos possam ser trazidos à acção. Precisamente por essa razão, não deve causar estranheza que o artigo 19º, nº 4 da Lei do *Private Enforcement* tenha reafirmado a opção pelo cômputo global da indemnização fundada na prática anticoncorrencial. Sendo certo que o facto de essa opção já constar da regra geral do artigo 22º, nº 3 da Lei de Acção Popular faça com que aquele preceito tenha um valor pouco mais do que aclarativo, não é despiciendo notar que esta é manifestamente a solução que concorre para a mais plena realização do ***princípio de direito europeu da efectividade***, na medida em que ela permite obviar a diligências instrutórias de tal forma penosas e demoradas que ameaçassem a viabilidade da própria acção popular e, com esta, da *chance* de os lesados virem a ser realmente indemnizados[204].

202. Ao dispensar-se o autor do ónus de provar, na acção popular indemnizatória, o valor real dos danos de cada um dos lesados institucionalmente representados tutela-se a expectativa de cada um desses lesados vir a obter uma reparação efectiva dos danos que sofreu, porventura atenuando o risco da insolvência do devedor da indemnização e contribuindo para evitar um possível agravamento daqueles prejuízos, motivado pela demora no proferimento de uma decisão de mérito. Sobretudo, evita-se que a produção da prova dos danos suportados individualmente por cada um dos lesados torne a acção demasiado complexa e morosa; e sem uma razão que o justificasse, uma vez que alguns dos lesados poderiam, porventura, acabar por não exercer o respectivo direito.

Havendo elementos suficientes para fixar o valor integral dos danos provocados através da prática anticoncorrencial e, ao mesmo tempo, fixar o

[204] Miguel Teixeira de Sousa, *A legitimidade popular na tutela dos interesses difusos*, Lex, Lisboa, 2003, pp. 171 e ss., admite a dispensa de uma averiguação individualizada da indemnização devida não apenas nos casos em que o objecto da acção popular for um interesse difuso *stricto sensu* (como a violação do direito a um ambiente ecologicamente equilibrado), mas também quando aquele objecto «for um interesse colectivo e a indemnização devida a cada um dos lesados se referir a um pequeno montante (como sucede, por exemplo, na hipótese da indemnização dos consumidores afectados pela aquisição de um electrodoméstico defeituoso), porque, nesta hipótese, é, em regra, fácil estabelecer o nexo de causalidade entre o facto e o prejuízo e não se justificam as despesas inerentes à quantificação do dano individual».

critério da individualização dos danos dos membros da categoria dos consumidores lesados, nada obsta a que a quantificação da prestação indemnizatória de cada um deles ocorra em momento ulterior, no decurso da fase da distribuição (liquidação) da prestação indemnizatória, entretanto realizada pelo réu. A economia de custos processuais e de tempo é significativa e aproveita ao autor da acção popular, mas, acima de tudo, aos lesados consumidores, sobretudo, àqueles que, esperando exercer efectivamente o seu direito, têm interesse no proferimento célere da decisão; mas também à parte demandada, para quem o prolongamento da pendência da acção implica, em regra, a suportação de custos significativos.

203. A solução de fixar a prestação indemnizatória em termos globais extrai-se directamente da lei e vincula o tribunal competente para a acção popular. Compreende-se que o tribunal pudesse afastar-se do método do cômputo global da indemnização ou impor ao autor a determinação individual dos danos para os lesados que viessem a ser identificados na acção colectiva (ou que viessem ulteriormente a reclamar o seu crédito indemnizatório) num sistema diferente do português, que conferisse ao juiz o poder de, verificados certos pressupostos, poder determinar se a acção adopta o sistema da auto-exclusão ou o de auto-inclusão. Se o sistema de auto-exclusão só é praticável com a fixação de indemnizações globais, o sistema de auto-inclusão estranharia este modo de cálculo da indemnização, já que naquele caso, a indemnização é pedida não apenas para aqueles que se conhecessem, mas para todos os que integram uma categoria, e neste apenas se compensam os danos daqueles que concretamente os reclamam. Assim ocorre no actual direito inglês do *private enforcement*, em que se reconhece ao tribunal o poder de sindicar a justeza da opção pela regra do *opt-out* no pedido formulado pelo autor e decidir pela aplicação da regra do *opt-in* quando esta se mostrar mais adequada tendo em conta as circunstâncias do caso[205]. Ora, é porque existe esta opção na modela-

205 *Cf.* a *Rule* 79 (2) e (3) do *CAT Rules*, na versão de 2015, em que se prevê que o tribunal da concorrência possa determinar a natureza da acção colectiva como *opt-in* ou *opt-out*, em razão da ponderação de todas as circunstâncias que lhe parecerem relevantes, incluindo a natureza e a dimensão da classe representada, os custos e os proveitos conexos com a acção colectiva, a possibilidade prática da determinação de aspectos individuais respeitantes aos membros da classe, a possibilidade da fixação de uma indemnização global em razão do tipo de dano em discussão, a probabilidade de obtenção de uma decisão favorável e, sobretudo, a praticabili-

ção da acção que a lei inglesa se limite a prever que a indemnização *possa* ser arbitrada na acção colectiva em termos globais, «sem apreciar previamente o montante da indemnização de que é credor cada uma das pessoas nela representada» (*Section* 47C (2) do «*Consumer Rights Act*» de 2015)[206].

É precisamente por ser diverso entre nós o enquadramento normativo da tutela colectiva, em que a acção popular é sempre regida pelo princípio da auto-exclusão, que também é diferente a formulação empregue na lei, sinalizando de forma particularmente clara o carácter vinculativo da decisão que fixa em termos globais a indemnização quanto aos lesados não identificados na acção popular («[...] a indemnização pela violação de interesses de titulares não individualmente identificados é fixada globalmente [...]»; «[...] o juiz fixa um montante global da indemnização [....]»). Não existe, pois, fundamento para uma decisão judicial que impusesse a liquidação individualizada dos danos sofridos pelos consumidores lesados pela prática anticoncorrencial que não estivessem identificados na acção popular.

204. O problema da admissibilidade de uma fixação global da indemnização não se confunde com (nem tem implicações decisivas para) a questão do modo de liquidação da indemnização, isto é, do critério material a aplicar para apurar a cifra pecuniária devida a título de indemnização global. Por outras palavras, uma coisa é dizer-se que a indemnização deve ser fixada em termos globais ou individualizados; outra é indicar-se a forma como tal indemnização – seja ela global ou individualizada – deve ser calculada. Não podemos deixar de fazer duas observações nesta matéria.

205. A primeira é a de que a determinação do critério aferidor da indemnização global convoca uma reflexão sobre o direito substantivo aplicável ao *private enforcement* que em muito ultrapassa a questão processual da determinação do objecto da decisão condenatória numa acção popular tendente a obter uma indemnização. Não sendo este o lugar adequado a um desenvolvimento desta temática, podemos dizer, em termos simplificados, que a

dade de uma acção fundada na regra do *opt-in* no caso concreto, considerando também o valor estimado para os danos individuais que cada um dos lesados pode exigir que seja reparado.

[206] *Cf.* igualmente a *Rule* 92 (1) das *CAT Rules*, na versão de 2015.

indemnização global devida pela violação das regras da concorrência pode ser fixada *de baixo para cima*, isto é, pela consideração das rubricas danosas relativas a cada um dos consumidores lesados[207], ou de *cima para baixo*, ou seja, concedendo a primazia ao apuramento do volume global dos danos causados à categoria dos lesados sobre a quantificação dos danos individualmente suportados por cada uma das pessoas que a compõem.

A primeira metodologia segue de perto a abordagem subjectiva-concreta na avaliação dos danos, ao partir do dano real de cada consumidor lesado. A segunda é uma manifestação de uma abordagem de pendor mais «abstracto» no preenchimento do dever de indemnizar, e que se desdobra na identificação de um critério objectivo que se mostre adequado a denotar (ainda que apenas por aproximação) os prejuízos sofridos pelos membros da categoria de lesados ou de uma subcategoria da primeira e, num segundo momento, pela aplicação desse mesmo critério a todos os membros da categoria ou subcategoria relevante. É importante fazer notar que, nesta acepção, a fixação da indemnização em termos abstractos não significa nem equivale à atribuição de uma indemnização que prescinda de um dano. Trata-se, antes, de um modo de proceder que atende a uma perspectiva tipicizante, procurando superar as inevitáveis dificuldades de prova quanto à extensão e ao valor do dano por via de uma «liquidação presuntiva» da indemnização.

206. Pergunta-se: e que razões podem justificar o recurso a uma forma de calcular a indemnização que abstraia da situação concreta e real dos consumidores lesados, para atender a aspectos que, embora conformes com os tipos da experiência ou com o curso normal dos acontecimentos, possam, porventura, não reflectir com exactidão a circunstância em que se encontra cada um desses lesados?

Intui-se imediatamente a resposta a conferir a esta questão: porque o dano real emergente de uma infracção ao direito da concorrência é, em regra, um dano de difícil demonstração. A qualificação dos «danos concorrenciais» como um objecto exemplar da «prova objectivamente difícil» decorre, por um lado, da dificuldade das indagações prático-normativas

[207] E, bem assim, das demais circunstâncias relevantes para a fixação do *quantum* indemnizatório, sejam elas agravantes ou atenuantes da medida da prestação indemnizatória, como a deslocação do dano para terceiro, o «*passing-on*».

subjacentes ao dano e, por outro, do elevado custo do cumprimento do ónus da prova imposto ao autor da acção popular.

No quadro das primeiras, sobressai a dificuldade de determinação da vantagem negocial que a prática anticoncorrencial acabou por suprimir ao lesado, em particular, a diferença entre o preço do contrato celebrado com o fornecedor, o vendedor ou o prestador de serviços e o (menor) preço que teria sido conseguido, sem a violação das normas da concorrência.

No contexto das segundas, sublinha-se o irrealismo, mas também a falta de justeza, da solução de impor ao consumidor lesado o ónus de conservar os documentos comprovativos de todos os negócios jurídicos e de todas as operações realizadas ao longo do período em que tiver perdurado a prática anticoncorrencial. Basta notar que os negócios e os actos jurídicos em causa podem respeitar à normal condução da vida do lesado – a utilização de um cartão de débito ou de crédito – e que a infracção ao direito da concorrência se mantém normalmente durante vários anos. Seria difícil conceber um estado de coisas mais inverosímil e desconforme com o comportamento típico de um consumidor do que aquele em que o consumidor lesado tivesse conservado todos os registos de todas as operações em que tivesse utilizado o cartão ou todos os recibos relativos ao pagamento efectuado pela compra das coisas vendidas pelo infractor ao longo de uma década, na expectativa de que algum dia viesse a ser proposta uma acção de *private enforcement* tendente a compensá-lo pelo sobrepreço que lhe tivesse sido imposto em cada uma daquelas ocasiões.

207. A segunda observação consiste na constatação de que, embora ambas as abordagens na avaliação do dano – a concreta e a abstracta – se mostrem compatíveis com a lei processual, o facto de esta ter acolhido a regra da fixação em termos globais da indemnização devida aos consumidores não identificados na acção favorece a adopção de uma metodologia de tipo objectivo. Na verdade, a circunstância de não estarem determinados os consumidores concretamente lesados no momento em que é proferida a decisão final na acção popular obriga a que o apuramento desse *quantum* global de baixo para cima tenha de se realizar forçosamente em termos aproximados (por exemplo, recorrendo à prova por amostragem ou por extrapolação), o que acaba por sacrificar a vantagem específica deste modo de calcular a indemnização, que é precisamente o da primazia do dano real e da maior aproximação à situação concreta do lesado. Mais

condizente com a norma legal que impõe a fixação da indemnização em termos globais é a adopção de forma abstracta-típica para o apuramento dessa indemnização. Entre os diversos modelos e as diversas formas de o aplicar à determinação da indemnização devida no caso concreto está aquele assente na comparação entre o preço praticado nos negócios celebrados entre o autor do comportamento violador da concorrência e os consumidores com o preço hipotético que teria sido praticado nesse mercado não fora aquela violação; o apuramento do *quantum* indemnizatório global depende, pois, da aplicação das variações de preços, apuradas ao volume de transacções registado no período e no mercado de referência[208].

5.2. O direito do autor da acção popular ao reembolso das despesas conexas com o processo

208. A segunda questão que se pode suscitar relativamente ao cômputo da indemnização devida numa acção popular de *private enforcement* consiste em saber se, na qualidade de autora de uma acção com esse fim, a associação de defesa dos consumidores tem direito a ser reembolsada das despesas e dos custos em que incorreu com o processo.

Logo numa primeira leitura da lei, dir-se-á que a resposta a esta interrogação não pode deixar de ser afirmativa, uma vez que a Lei do *Private Enforcement* prevê expressamente, no artigo 19º, nº 7, que a parte da indemnização global que não tiver sido reclamada pelos lesados num prazo razoável «seja afecta ao pagamento das custas, honorários e demais despesas incorridos pelo autor por força da acção».

No entanto, há que confirmar a correcção deste resultado à luz de uma estrutura argumentativa mais alargada e, bem assim, esclarecer a natureza e o fundamento da situação jurídica subjectiva da autora da acção popular, determinar o titular da situação jurídica passiva que se lhe contrapõe e descrever o modo como tal situação jurídica pode ser exercida.

209. Em primeiro lugar, cumpre fazer notar que a ausência, na Lei de Acção Popular, de um preceito equivalente ao citado artigo 19º, nº 7 da

[208] Distinta da questão da admissibilidade de um cômputo global da indemnização é também a do critério relevante para proceder à repartição dessa indemnização global entre os membros da categoria dos consumidores lesados pela prática anticoncorrencial em causa na acção popular.

Lei do *Private Enforcement* não constitui uma razão para se negar à autora da acção popular de *private enforcement* o direito ao reembolso das despesas conexas com o processo.

Poder-se-á questionar se esse direito não deve ser, em geral, reconhecido a qualquer autor de uma acção popular indemnizatória e se a ausência de um preceito que explicitamente reconheça essa solução não constitui uma lacuna legal. Essa questão não precisa de ser respondida aqui, uma vez que ela não se mostra necessária para tratar do problema do direito ao reembolso dos custos do autor de uma acção popular de *private enforcement*. Ora, neste plano, é inegável que as disposições relativas à acção popular constantes do artigo 19º da Lei do *Private Enforcement* são *especiais* relativamente àquelas que encontramos na Lei de Acção Popular e afastariam por isso a aplicação da (hipotética) norma geral que negasse ao autor de uma acção popular o direito a ser compensado pelas despesas e pelos custos do processo através do montante das indemnizações não reclamadas num prazo razoável.

210. Cumpre, no entanto, perguntar: de que situação jurídica é titular o autor de uma acção popular de *private enforcement* relativamente à parte do *quantum* indemnizatório prestado pelo réu e não reclamado pelos lesados? Mais concretamente, tem a associação de defesa dos consumidores, na qualidade de autora da acção popular, na hipótese de vir a ser julgado procedente o pedido indemnizatório, um verdadeiro direito de crédito ao ressarcimento das despesas em que tiver incorrido por força daquela acção? Ou pode esse ressarcimento ser afastado mediante decisão do tribunal?

A alternativa correcta é a primeira: a autora da acção popular de *private enforcement* que obtiver uma decisão de procedência do pedido tem um direito à prestação da quantia necessária para compensá-la das despesas conexas com o processo. Trata-se certamente, conforme escrevemos em momento anterior do presente texto, de um direito sujeito a condição. De um direito sujeito a uma *dupla condição*: (i) a de o réu da acção popular realizar a prestação indemnizatória em que vier a ser condenado; e (ii) a de aquela prestação indemnizatória exceder o montante necessário para satisfazer integralmente o direito à reparação de todos os lesados que vierem a apresentar-se ao processo.

Nenhum indício existe na lei que autorize conclusão inversa: uma vez verificada aquela dupla condição, nenhuma regra ou princípio justifica que seja excluído o direito do autor a ser compensado dos custos processuais em que tiver incorrido. Tão-pouco encontramos na lei uma norma que atribua ao juiz competência para decidir nesta matéria, o que claramente constitui um indício de que a decisão quanto ao destino a conferir às indemnizações não reclamadas num prazo razoável não pode ser lesiva do direito da autora ao ressarcimento das despesas conexas com o processo, contanto que se tenham verificado as duas condições de que depende a sua constituição.

211. A solução de atribuir *ex lege* à autora da acção popular o direito a ser compensada pelas despesas em que tiver incorrido com o processo mostra-se inteiramente justificada, pelas razões que adiante exporemos. Antes de as apresentarmos, porém, há que avançar na caracterização da situação jurídica em causa.

Um dos aspectos determinantes para fixar o seu sentido passa por encontrar a resposta à seguinte questão: quem é o devedor da prestação compensatória?

Podemos começar por responder à questão afirmando que o devedor do reembolso destas despesas processuais não pode ser o réu condenado na acção popular. O nº 7 do artigo 19º da Lei do *Private Enforcement* é claro ao determinar que o autor será reembolsado das custas, honorários e demais despesas incorridas no processo se, e na medida em que, houver um excedente da indemnização global recebida depois de se ter pago a quota-parte devida aos lesados que tiverem exercido o seu direito num prazo razoável. A extensão da obrigação do réu tem como limite o *conteúdo da sentença condenatória* e esta, por sua vez, traduz-se no pagamento da indemnização fixada judicialmente, acrescida das custas processuais, devidas nos termos gerais (artigos 529º e ss. do Código de Processo Civil e artigo 3º do Regulamento das Custas Processuais). Por outras palavras, a obrigação do réu que vier a ser condenado na acção popular de *private enforcement* cessa no momento em que ele tiver realizado a prestação que constar do dispositivo da sentença condenatória.

212. Do que acabamos de afirmar podemos extrair duas consequências. A primeira é a de que, não sendo o réu o devedor da prestação compensatória das despesas processuais a que se refere o nº 7 do artigo 19º da Lei do *Private Enforcement* é forçoso concluir que aquela prestação *não se subsume*

à noção das custas de parte, nem se confunde com as despesas processuais que nela estão abrangidas. Na verdade, não estamos ali no plano da alocação das despesas e dos custos processuais na relação entre as partes na acção, mas antes numa atribuição de fonte legal que *onera um terceiro* que não é parte na acção popular. Precisamente por essa razão, há que considerar de todo em todo *inaplicáveis* à relação de compensação dos custos da acção popular instituída pelo artigo 19º, nº 7, da Lei do *Private Enforcement* as normas relativas às custas processuais.

213. O argumento segundo o qual certas despesas, ainda que conexas com o processo, como os custos com o financiamento da propositura da acção, não deveriam ser ressarcidas uma vez que elas não constituem uma despesa compensável a título de custas de parte tem um pressuposto que se não pode aceitar porque sem sustentação no regime legal vigente: o de que o obrigado à compensação seria o réu vencido na acção popular.

De resto, caso aquele pressuposto se verificasse e os custos com a propositura e a condução da acção devessem ser tratados como uma despesa compensável a título de custas de parte, o nº 7 do artigo 19º da Lei do *Private Enforcement* teria de ser considerado um *preceito supérfluo*, uma vez que a sua relevância ressarcitória já resultaria das regras gerais. Na verdade, é a não inclusão de todas as despesas necessárias para a propositura da acção no âmbito objectivo das custas de parte que conta como argumento para sustentar a sua compensabilidade. É justamente pelo facto de a lei não conhecer outra previsão que atribua ao autor da acção popular o direito a ser reembolsado, de uma forma geral, pelas despesas em que teve de incorrer por causa da acção popular de *private enforcement* que foi necessário acrescentar, numa previsão legal autónoma, o direito ao reembolso de tais dispêndios[209].

214. A segunda consequência que se extrai do que acabamos de afirmar é que o réu da acção popular não tem qualquer interesse na fixação do *quantum* da compensação que vier a ser prestada ao autor a título de reem-

[209] Nesse sentido, v., no caso *Merricks v. Mastercard*, a Decisão do *CAT* de 21 de Julho de 2017, [2017], *CAT*, 16, parág. 113, em que, sobre a norma homóloga à do artigo 19º, nº 7, a *Section* 47C (6) *do Consumer Rights Act*, o tribunal afirmou: «[...] *the context here is not inter partes costs, but, on the contrary, costs for which the class representative needs reimbursement out of the unclaimed portion of damages recovered precisely because they are not recoverable from the other party*».

bolso das despesas que ele teve de suportar com a propositura da acção. Na verdade, a compensação que vier a ser prestada ao autor será sempre insusceptível de afectar a sua posição, uma vez que a satisfação do direito do autor não implica a realização de qualquer sacrifício nem a suportação de qualquer custo. A sua posição é de absoluta *neutralidade* relativamente à obrigação de reembolsar o autor das despesas necessárias ao exercício da legitimidade popular, não considerando, naturalmente, a sua responsabilidade quanto às custas processuais.

215. *Se o devedor da prestação compensatória das despesas e demais encargos assumidos pelo autor com a acção popular não é o réu que nela tiver sido condenado a pagar uma indemnização*, pergunta-se, então, quem é o devedor dessa prestação.

Do artigo 19º, nº 7, da Lei do *Private Enforcement* resulta que o reembolso das despesas do autor da acção popular é efectuado através da parte da indemnização global que não tiver sido distribuída pelos lesados, pelo facto de estes não terem exercido o seu direito no prazo razoável que para o efeito tiver sido fixado pelo tribunal. Isto significa que os sujeitos passivos da atribuição compensatória em causa são os *próprios consumidores lesados que não tiverem reclamado a sua quota-parte na indemnização em causa no tempo devido e que foi fixado pelo tribunal*. O não exercício do direito à reparação do dano individual implica, pois, a possibilidade de afectar o bem que lhes está destinado pela ordem jurídica – a prestação indemnizatória – à satisfação do interesse de um terceiro – a compensação do autor da acção popular pelas custas, honorários e demais despesas que tiverem sido por ele suportados[210].

216. A conclusão a que acabámos de chegar poderia, numa primeira impressão, surgir como perturbadora. Se são os consumidores lesados que suportam o sacrifício económico que é necessário para satisfazer o crédito ao reembolso das despesas processuais do autor da acção popular, dir-se-ia que isso revelaria, afinal, que os interesses do autor poderiam sobrepor-se aos interesses dos consumidores institucionalmente representados na

[210] Desde que, naturalmente, o autor tenha efectivamente incorrido nesses dispêndios e não tiver sido por eles compensado por outra via (por exemplo, no tocante aos encargos e custas de parte, pelo réu vencido na acção popular, e no limite previsto na lei).

acção: os interesses que o autor da acção popular se encontrava obrigado a prosseguir.

As considerações que anteriormente expusemos a propósito do enquadramento normativo dos acordos de financiamento na acção popular já permitem intuir que, na verdade, não é assim. Não é correcto dizer-se que o direito do autor à compensação dos custos e das despesas conexas com o processo prevaleça sobre os direitos de cada um dos lesados à reparação dos danos sofridos. É precisamente o *contrário* que se verifica: o autor da acção popular só é parcial ou integralmente compensado pelas despesas que teve de suportar no processo se a indemnização global recebida for suficiente para assegurar a reparação integral dos danos de todos os consumidores lesados que reclamarem o seu direito e, além disso, se após o ressarcimento pleno dos danos de todos os consumidores entretanto identificados, o excedente for suficiente para compensar o autor de todas ou apenas de parte das suas despesas processuais. É este o aspecto fundamental a reter: *nenhum consumidor que opte por ser ressarcido do dano que sofreu em consequência violação do direito da concorrência deixa de ver satisfeito o seu crédito indemnizatório em virtude da pretensão do autor em ser compensado pelas das despesas processuais que assumiu na acção popular.*

217. No modo como procede à compatibilização entre os interesses em confronto – o interesse dos lesados em receber uma indemnização integral, o interesse do autor em ser compensado pelas despesas processuais, o interesse do terceiro financiador em auferir a remuneração acordada no acordo de financiamento dos custos processuais – a lei portuguesa privilegia de uma forma clara e veemente a posição dos consumidores lesados relativamente à dos demais. Globalmente considerada, a solução da lei portuguesa é equilibrada e justa. Se algum reparo lhe deve ser dirigido é o de que ela não *acautela de um modo suficiente a posição do autor* da acção popular, na medida em que o sujeita ao risco da não recuperação das despesas investidas na preparação e na condução do processo[211].

[211] Seria, em abstracto, pensável uma solução que, sem sacrificar o núcleo essencial do direito dos consumidores lesados à reparação, assegurasse, pelo menos, o reembolso de uma parte das disposições patrimoniais do autor, porventura através de um valor ou proporção mínimos para a compensação do autor ou de uma proporção ou valor máximos para a redução a impor à indemnização individual dos consumidores, quando o montante indemnizatório global não fosse suficiente para satisfazer todos os créditos. Além de uma maior justiça comutativa na

218. A mesma crítica vale, por maioria de razão, quanto ao terceiro financiador. Desde logo, a lei não lhe atribui qualquer pretensão directa, contra a entidade gestora das indemnizações recebidas na acção, à recuperação das quantias financiadas ou ao recebimento da remuneração acordada no contrato de financiamento. Esta circunstância leva-nos a concluir que o devedor da remuneração é sempre o autor da acção popular.

No entanto, uma vez que o autor dispõe, em regra, de recursos financeiros muito escassos e que, por essa razão, os acordos de financiamento assumem frequentemente a modalidade de acordo «sem recurso», isso significa que a satisfação efectiva do direito à remuneração vai depender de o autor afectar a esse fim as quantias recebidas nos termos do nº 7 do artigo 19º da Lei do *Private Enforcement*, seja no cumprimento de uma obrigação própria, seja através da cessão, total ou parcial, desse crédito ao financiador.

Com isso, porém, acaba o terceiro financiador por ficar inevitavelmente exposto a um risco agravado de não satisfação do seu crédito: além da incerteza quanto ao sentido da decisão a proferir na acção popular financiada e da álea quanto à suficiência da indemnização global para indemnizar todos lesados que tiverem reclamado o seu direito, o financiador tem ainda que contar com a mediação devida pelo autor da acção popular. Este «triplo risco» do terceiro financiador, ao qual já havíamos feito referência em momento anterior deste texto, leva-nos a concluir que a lei portuguesa, ainda que amplamente permissível à celebração de acordos de financiamento das despesas processuais, continua a ser, no contexto das acções populares, pouco convidativa à conclusão de negócios deste tipo[212].

afectação das quantias recebidas na acção popular, esse modelo teria a vantagem considerável de evitar que a lei ofereça um desincentivo à propositura da acção ou ao investimento nela dos meios adequados a tentar obter uma decisão que julgue procedente o pedido formulado. Um exemplo sintomático de que o sistema é favorável a este princípio encontra-se na norma que, na acção executiva, impõe um limite à satisfação do direito dos credores com privilégio creditório geral (mobiliário ou imobiliário), que podem ver o seu crédito reduzido até 50% do remanescente do produto da venda, deduzidas as custas da execução e as quantias a pagar aos credores que devam ser graduados antes do exequente, até que este receba o valor correspondente a 250 unidades de conta (artigo 796º, nº 3 do Código de Processo Civil).

212 Se não for uma intenção firme do legislador a de manter um enquadramento desincentivador do *third-party litigation funding*, será de ponderar a alteração da lei, por forma a fixar um enquadramento normativo mais protector da situação do financiador dos custos das acções populares. Se são tipicamente estas acções que, lidando com «danos em massa», envolvem interesses económicos suficientemente elevados para suscitar este tipo de investimento,

219. Importa, assim, perguntar: quem é que pode ser prejudicado pela afectação do remanescente das indemnizações, após o ressarcimento dos lesados não identificados na acção, ao reembolso das despesas processuais suportadas pelo autor?

Uma vez que nenhum dos consumidores lesados que tiver exercido o seu direito, seja intervindo na acção popular, seja reclamando posteriormente o seu crédito indemnizatório deixa de ser efectivamente ressarcido por causa do reembolso das despesas processuais do autor, não podem ser eles os prejudicados. A resposta à pergunta depende de saber qual o destino das quantias indemnizatórias recebidas depois de satisfeito todos os créditos compensatórios, incluindo o crédito do autor ao reembolso das despesas processuais. Ora, quer a Lei de Acção Popular quer a Lei do *Private Enforcement* determinam que as indemnizações prestadas e não reclamadas revertem para o Estado, ficando sob administração do Ministério da Justiça. Isso significa que é o interesse do Estado em receber o remanescente das indemnizações que, em última análise, pode ser lesado e que, portanto, *só o Estado terá, à partida, interesse em contestar o direito do autor da acção popular em ser ressarcido das despesas em que teve de incorrer por força do processo.*

220. A primeira questão que suscita a observação que acabámos de fazer é a de saber se este resultado é materialmente adequado. Resulta do que dissemos anteriormente que essa é uma pergunta que só é pertinente de uma perspectiva *de jure constituendo*, uma vez que a lei determina de forma inequívoca que, sobrando alguma quantia do pagamento das indemnizações aos consumidores identificados na acção popular, o autor deve ser ressarcido das suas despesas processuais antes de essas quantias reverterem para o Estado.

Em qualquer caso, não deixamos de notar que, já quanto a este aspecto, a justeza da solução não deve ser questionada. A força da nossa convicção funda-se na *natureza das razões* que legitimam o direito do autor da acção popular a ser reembolsada das despesas processuais. Na verdade, no que respeita aos interesses individuais à indemnização, o autor da acção popu-

a sujeição da posição do investidor a uma álea tão extensa pode motivar a sua deslocação para outras jurisdições. Considerando que a dispersão dos riscos e dos custos processuais é condição imprescindível para a propositura de acções populares (incluindo as acções de *private enforcement*), esse resultado traduzir-se-á, a prazo, num menor nível de segurança e de protecção para os interesses dos consumidores no espaço europeu.

lar age por conta e no interesse dos titulares desses créditos. Nos dizeres da lei, o autor representa todos os titulares dos interesses colectivos que não se tiverem auto-excluído da acção «com dispensa de mandato ou autorização expressa». A sua posição é, no entanto, *análoga à do mandatário* (*cf.* artigo 1161º do Código Civil), no que respeita às relações com os titulares dos interesses colectivos que «representa» na acção popular: está obrigado a conduzir o processo em conformidade com os interesses daqueles (sob pena de intervenção do Ministério Público, artigo 16º, nº 1, da Lei de Acção Popular), tem o dever de informá-los sobre a «execução do mandato», isto é, sobre o trânsito em julgado da decisão (embora apenas quando for a parte vencida na acção, artigo 19º, nº 2, da Lei de Acção Popular) e está obrigado a entregar-lhes o que tiver recebido «em execução do mandato», ou seja, as indemnizações prestadas em cumprimento de uma decisão condenatória na acção popular (ainda que só quando tiver a disponibilidade sobre essas indemnizações, em virtude da designação como entidade responsável pela sua gestão e repartição pelos lesados, artigo 19º, nº 6 da Lei do *Private Enforcement*).

221. No entanto, uma vez que não vigora qualquer contrato de mandato, nem qualquer declaração de vontade dos titulares do interesse colectivo que autorize ou legitime a actuação do autor da acção popular, falta um título jurídico para fazer surgir na esfera dos primeiros um dever. A obrigação de fornecer os meios necessários ao exercício da legitimidade popular, bem como a obrigação de reembolsar o autor das despesas em que esta teve de incorrer com a propositura da acção popular só poderia, por isso, ter um fundamento não baseado na autonomia da vontade. É justamente esse o sentido e a utilidade do nº 7 do artigo 19º da Lei do *Private Enforcement.* A norma em causa visa assegurar ao autor da acção popular a cobertura do sacrifício económico que teve de suportar com a gestão dos interesses de terceiros, nos casos em que a actividade gestória se tiver traduzido num acréscimo patrimonial para esses terceiros. Seria, na verdade, manifestamente inadequado que os consumidores institucionalmente representados na acção popular pudessem receber a sua indemnização sem desenvolverem qualquer esforço ou suportarem qualquer custo com a acção e, ao mesmo tempo, aquele que, não sendo o titular do direito e tendo desenvolvido esses esforços e suportado tais custos, não tivesse direito a ser compensado pelos custos em que incorreu. Sobretudo, quando, conforme resulta

da lei, a satisfação do direito do autor não belisca os direitos dos lesados a receberem uma reparação integral dos danos sofridos.

222. É duvidoso que, na ausência de uma regra como a do nº 7 do artigo 19º da Lei do *Private Enforcement*, se pudesse chegar ao resultado materialmente justo de compensar os custos que um terceiro tivesse suportado com vista a assegurar a satisfação efectiva do direito à reparação dos lesados pela prática anticoncorrencial. Certamente não se poderia aspirar a atingir esse resultado através da gestão de negócios (artigos 464º e ss. do Código Civil), uma vez que o autor da acção popular age a coberto de uma permissão específica, a norma que lhe atribui a legitimidade popular (artigo 3º da Lei de Acção Popular e artigo 19º, nº 2 da Lei do *Private Enforcement*). Já pareceria mais viável a legitimação de uma pretensão do autor da acção popular contra os consumidores lesados com base na proibição do enriquecimento sem causa (artigos 473º e ss. do Código Civil), considerando que os segundos teriam beneficiado da circunstância de um terceiro ter suportado despesas com a propositura e a condução de uma acção por sua conta, não obstante esse terceiro não estar obrigado a suportá-las[213]. Um argumento em favor da tese que procura no enriquecimento sem causa o fundamento do direito do autor a ser reembolsado das despesas com a acção popular estaria no facto de que esse direito apenas lhe deve ser reconhecido quando a acção for julgada procedente, uma vez que só nesse caso os lesados institucionalmente «representados» nessa acção teriam adqui-

[213] A circunstância de a autora da acção popular ter consciência de que não se encontrava obrigada a realizar a atribuição (a propor a acção popular) não exclui o direito a exigir a restituição das despesas em que incorreu, uma vez que subsiste a ausência de um título legitimador da atribuição realizada. Entre muitos, ANTÓNIO MENEZES CORDEIRO, *Direito das Obrigações*, 2º Vol. (reimp. 1ª ed.), AAFDL, Lisboa, 2001, p. 199 ; Id., Tratado de Direito Civil, VIII, Almedina, Coimbra, pp. 271-3, p. 279.; LUÍS DE MENEZES LEITÃO, *O enriquecimento sem causa no Direito civil – Estudo Dogmático sobre a Viabilidade da Configuração Unitária do Instituto, Face à Contraposição Entre as Diferentes Categorias de Enriquecimento sem Causa*, Almedina, Coimbra, 2005, pp. 806 e ss., Id., *Direito das Obrigações*, I, 15ª ed., Almedina, Coimbra, 2019, pp. 442-3. Na taxonomia própria da teoria da divisão do instituto, parece tratar-se de uma hipótese de enriquecimento por despesas conducentes à valorização de património alheio: LUÍS DE MENEZES LEITÃO, *O enriquecimento sem causa no Direito civil – Estudo Dogmático sobre a Viabilidade da Configuração Unitária do Instituto, Face à Contraposição Entre as Diferentes Categorias de Enriquecimento sem Causa*, Almedina, Coimbra, 2005, pp. 791 e ss., Id., *Direito das Obrigações*, I, 15ª ed., Almedina, Coimbra, 2019, cit., pp. 442 e ss..

rido uma vantagem através daquela conduta processual[214]. De resto, nos direitos estadunidenses, já se tem fundamentado o direito do *class representative* a ser ressarcido das despesas e até a receber uma remuneração pela sua actuação processual com base no argumento de que dessa actuação adveio uma vantagem patrimonial para todos os membros da categoria representada (a «*common benefit doctrine*», teoria aparentada da proibição do enriquecimento indevido)[215].

223. Bem se vê que foi outra a opção acolhida entre nós. O legislador aponta uma forma de compensar o autor da acção popular sem impor qualquer sacrifício aos lesados que venham exercer o seu direito. Pela negativa: é o não exercício do direito à indemnização pelos lesados que legitima o direito do autor a ser compensada pelas despesas em que incorreu na acção. No entanto, a proibição do enriquecimento sem causa retém uma base explicativa: a obrigação legal de compensação de dispêndios existe também para evitar um enriquecimento injustificado que, de outra forma, poderia surgir, onerando todos os lesados (incluindo aqueles que tivessem exercido o seu direito).

[214] Essa vantagem não se traduziria naturalmente na aquisição da própria prestação indemnizatória contra o terceiro (réu na acção popular), uma vez que o direito à indemnização se constitui logo que se verifiquem os respectivos pressupostos (incluindo a suportação do dano), mas antes no proferimento de uma sentença que condenasse esse terceiro a pagar a indemnização devida.

[215] A «*common benefit* (ou «*common fund*») *doctrine*», que constitui uma das excepções à regra geral segundo a qual cada parte deve suportar os custos processuais em que incorreu com o processo (a «*american rule*»), consiste em alocar, no todo ou em parte, os custos com o processo aos terceiros que dele tiverem tirado proveito, surgindo como uma manifestação no processo do «*equitable principle that those benefiting from a fund should share costs*». A sua origem remonta ao caso *Trustees v. Greenough*, 105 U.S., 527 (1881): um caso em que o autor, um dos credores obrigacionistas do *International Improvement Fund of Florida*, propôs uma acção tendente a afastar o *trustee* da gestão de um fundo e a prevenir a prática de um conjunto de actos lesivos do respectivo património; o Supremo Tribunal entendeu que seria injusto que o autor tivesse de suportar as despesas em que teve de incorrer com o processo e imputou esses custos ao próprio fundo, argumentando que todos os titulares e os credores desse fundo retiraram um benefício patrimonial da sua actuação. Sobre as orientações mais actuais na aplicação desta teoria pelos tribunais norte-americanos no contexto das *class actions*, Theodore Eisenberg/ Geoffrey P. Miller/Roy Germano, «Attorneys's fees in class actions: 2009-2013», *New York University Law Review*, 92, 2017, pp. 937-970.

224. Não sendo este o lugar apropriado para desenvolvermos a temática da natureza dogmática desta obrigação legal de compensação de despesas, não deixamos de repisar a semelhança com a obrigação de reembolso de despesas do mandante (artigo 1167º, alínea c), do Código Civil) ou, em menor medida, do *dominus negotii* (artigo 468º, nº 1 do Código Civil).

A aproximação do autor da acção popular a um «quase-mandatário» tem, de resto, repercussões no plano da extensão do dever de reembolso de despesas. O mandatário e o gestor não têm um direito ao reembolso de todas as despesas realizadas, ainda que com a finalidade de atender ao interesse do mandante ou do dono do negócio. Pelo contrário, a lei sujeita esse direito a parâmetros de razoabilidade e de adequação. Não existe razão para supor que esses critérios não devam valer também na hipótese das despesas assumidas para preparar e conduzir a acção popular, conforme veremos adiante.

225. Tornam-se agora mais claras as razões que justificam que a lei conceda a prioridade à satisfação do direito ao reembolso dos custos processuais do autor, em detrimento da reversão total, para o Estado, do remanescente das indemnizações não reclamadas. Na verdade, o interesse do Estado em receber o remanescente das indemnizações funda-se em razões de ordem difusa ou abstracta. Na base, estão razões de uma ordem de justiça distributiva, segundo a qual as quantias indemnizatórias deverão servir o fim de auxiliar aqueles que delas mais precisarem para exercerem o seu direito a aceder aos tribunais e ao Direito. Contudo, o direito do autor da acção popular funda-se em razões que são axiologicamente mais relevantes[216]: emerge de uma relação obrigacional, ainda que não fundada na autonomia, e tem como justificação evitar que aquele que proporcionou um benefício a outrem não seja compensado pelo sacrifício patrimonial em que para tanto teve de incorrer.

Além de prevenir um empobrecimento injustificado do autor da acção popular, a solução constante da lei portuguesa é também aquela que corresponde à lógica segundo a qual a destinação das indemnizações obtidas

[216] Num Estado de Direito democrático, as razões de justiça comutativa e correctiva antecedem as considerações de justiça distributiva: este um corolário do respeito pela autonomia e pela responsabilidade e, *ultima ratio*, pela dignidade da pessoa, que o próprio Estado está obrigado a respeitar (artigo 2º da Constituição da República Portuguesa).

na acção popular deve ser a mais próxima daqueles que têm um interesse na acção ou nas matérias nela discutidas (a «*cy-près rule*»). Dessa forma, garante-se que as associações de defesa dos consumidores, carecidas de recursos financeiros, sejam pelo menos compensadas das despesas que suportaram no processo e possam, assim, continuar a prosseguir os seus fins.

226. Algumas notas finais devem ser feitas quanto ao modo como o autor pode exercer o seu direito ao reembolso das despesas conexas com o processo.

Com efeito, a lei portuguesa limita-se a prever que as indemnizações não reclamadas sejam afectas ao pagamento daquelas despesas. Apesar do silêncio da lei, parece evidente que é necessária uma decisão do juiz que concretize o *quantum* do direito do autor à compensação das despesas. Não parece haver obstáculo a que o objecto da pretensão compensatória seja fixado na própria decisão final a proferir na acção popular, juntamente com a designação da entidade responsável pela recepção, gestão e pagamento das indemnizações devidas aos lesados não identificados na acção. No entanto, importa ter presente que o interessado nessa decisão não é o réu, mas o Estado, para quem reverterá a indemnização remanescente. Por essa razão, supomos que o Ministério Público deva ser ouvido em momento anterior ao proferimento da decisão que fixe o objecto do crédito ao reembolso dos custos processuais, por forma a poder deduzir oposição em representação dos interesses do Estado.

227. Uma vez transitada em julgado a decisão que tiver fixado o montante do seu crédito compensatório, a decisão deve poder ser invocada contra a entidade designada para gerir o pagamento das indemnizações, no caso de surgir um litígio quanto à existência e ao objecto daquele crédito. Naturalmente, a questão não se coloca quando for o próprio autor a pessoa designada para o efeito.

5.3. A inclusão da remuneração devida ao terceiro financiador no direito ao reembolso das despesas conexas com a acção popular

228. Uma outra questão relativa ao direito do autor à compensação das despesas processuais consiste em saber se nele está compreendida a quantia correspondente à remuneração devida ao terceiro financiador, na hipótese em que a parte tiver recorrido ao *third-party litigation funding*. A questão

coloca-se pelo facto de a formulação da lei se referir apenas às «custas, encargos, honorários e demais despesas *incorridos* pelo autor por força da ação». Ora, a remuneração do financiador não é, em rigor, uma despesa em que o autor da acção popular tenha incorrido por força da acção, desde logo porque o financiador só adquire tipicamente o direito a ser remunerado após o trânsito em julgado de uma decisão de procedência do pedido indemnizatório formulado no processo. Assim, quando, no proferimento da decisão final, o tribunal fosse apreciar os pressupostos constitutivos do direito do autor à compensação das despesas processuais, parecia não ser possível incluir entre essas despesas a remuneração correspectiva do financiamento prestado pelo terceiro uma vez que, nesse momento, essa remuneração ainda não poderia logicamente ser-lhe devida.

Acresce que é frequente as partes do contrato de financiamento dos custos processuais acordarem que a remuneração do terceiro financiador seja prestada através da cessão do crédito futuro à indemnização recebida do lesante ou, em rigor, à parte dessa indemnização que vier a ser afecta à compensação das despesas processuais do autor da acção popular, sem que este chegue a constituir-se como devedor de quaisquer prestações a esse financiador (o chamado financiamento «sem recurso»). Essa é a solução que corresponde à intenção típica das partes, qual seja a de fazer depender o direito do financiador da obtenção de uma decisão favorável à parte financiada no processo, e também de não sujeitar a segunda à prestação remuneratória, cujo cumprimento pressupõe uma capacidade de prestar que essa parte, em regra, não possui.

229. Os argumentos contra a admissibilidade da compensação da prestação remuneratória do financiador, a título de despesa processual do autor da acção popular, não são, em nossa opinião, procedentes. Tais argumentos não escapam a um certo formalismo, ignorando as razões materiais que legitimam o direito ao reembolso das despesas conexas com o processo.

Relativamente à primeira das razões apontadas, o facto de a remuneração só se tornar devida ao financiador após o proferimento da decisão que fixa o direito do autor ao reembolso das despesas processuais não constitui qualquer impedimento a que que aquela remuneração seja qualificada, para este efeito, como uma despesa processual. A assincronia entre a constituição do dever de remunerar o financiador e o momento do proferimento da decisão que reconhece o direito do autor ao reembolso das despesas processuais é meramente casual e irrelevante para a fixação do alcance deste direito. Basta pensar que, se não fosse assim, todas as despesas que viessem a ser assumidas pelo autor em momento ulterior ao proferimento da decisão que fixasse o seu crédito ao reembolso teriam forçosamente de ser consideradas como não reembolsáveis, o que obrigaria a excluir a compensabilidade, entre outras, das despesas conexas com a interposição de recurso de uma decisão final desfavorável, ou com a gestão e pagamento das indemnizações aos consumidores não identificados na acção, no caso em que tal responsabilidade lhe tivesse sido atribuída.

230. Igualmente improcedente é o argumento segundo o qual a indemnização global recebida e não reclamada pelos consumidores não identificados na acção não poderia ser parcialmente afecta ao pagamento da remuneração acordada nos contratos de financiamento, se e na medida em que não fosse o autor da acção popular a devedora dessa remuneração. A *ratio* subjacente ao nº 7 do artigo 19º da Lei do *Private Enforcement* não é a de compensar um saldo patrimonial negativo do autor da acção popular, mas antes a de, sem prejudicar a reparação dos danos dos consumidores que pretenderem exercer o seu direito, assegurar a compensação dos custos que o autor razoavelmente tiver considerado *necessários* para a propositura e para a condução da acção popular, e desde que o montante desses custos se mostre também *adequado*.

231. A circunstância de a despesa necessária para o exercício do direito de acção popular ter sido assumida pessoalmente pelo autor ou pela sua contraparte num contrato é irrelevante. O aspecto determinante está em saber se a despesa em causa deve ou não ser considerada como necessária e adequada e, logo, valorada como compensável. No tocante à remuneração do terceiro financiador, essa questão merece uma resposta inequivocamente afirmativa. Sem contrapartida, nenhum investidor estará disposto a aceitar repartir com o autor da acção popular os custos e os riscos inerentes à propositura de uma acção popular. Ao mesmo tempo, e pelas razões que expusemos de forma mais desenvolvida anteriormente, designadamente a inexistência de recursos próprios suficientes e de acesso a formas de financiamento público, as associações de defesa dos consumidores não têm alternativa ao *third-party litigation funding* para lograr propor uma acção popular de *private enforcement*. E se não for através da acção popular, a efectividade

do direito à reparação dos danos provocados pela violação do direito da concorrência ficará seriamente comprometida. Não é, por isso, exagerado supor entre as razões que justificam a norma presente no nº 7 do artigo 19º da Lei do *Private Enforcement* esteja precisamente a de tutelar o direito ao ressarcimento dos custos do financiamento da acção popular que vier a ser julgada procedente, quando esse financiamento pudesse razoavelmente ter sido considerado necessário para a propositura daquela acção.

232. De resto, a tese contrária, segundo a qual só haveria lugar ao pagamento da remuneração do terceiro financiador quando o autor da acção popular fosse devedor dessa prestação poderia ser *facilmente superada* através da introdução no texto dos contratos de financiamento de uma previsão contratual que imponha ao autor da acção popular o dever de prestar a remuneração devida ao financiador, ainda que eventualmente sujeito a alguma ou algumas das condições seguintes: (i) à obtenção de uma decisão condenatória na acção popular; (ii) ao reconhecimento, por decisão judicial, do direito a ser reembolsada do custo correspondente; (iii) ao recebimento efectivo, pelo autor da acção popular, das quantias correspondentes às despesas conexas com processo.

233. Note-se, por fim, que esta questão foi suscitada no conhecido caso *Merricks v. Mastercard*, tendo o Tribunal da Concorrência inglês (*Competition Appeal Tribunal*, «*CAT*») considerado que os custos do financiamento da acção colectiva deviam ser valorados como «*expenses incurred in connection with the proceedings*», mas somente na hipótese em que o autor figurasse como devedor dessa prestação no contrato de financiamento. Nesse caso, o *CAT* acabou mesmo por convidar a parte a modificar o *funding agreement* celebrado, justamente, de molde a prever uma obrigação própria da parte a pagar a contraprestação ao financiador[217]. É relevante fazer notar que o tribunal considerou ser suficiente para permitir a subsunção dos custos do financiamento à noção de despesas assumidas no processo que aquela obrigação contratual estivesse sujeita à condição do recebimento, pelo autor, da parte da indemnização global.

[217] *Cf.* a Decisão do *CAT* de 21-07-2017, anteriormente citada, parágs. 109 e ss., 118 e ss..

5.4. A concretização do direito do autor popular ao ressarcimento das despesas conexas com a acção popular de *private enforcement*

234. É, ainda, possível discutir dois aspectos relativos à fixação do direito do autor popular a ser reembolsado das despesas em que incorra por força da acção popular, nos termos do artigo 19º, nº 7, da Lei do *Private Enforcement*.

A primeira dessas questões consiste em saber se o Direito positivo sujeita a pretensão ao reembolso de dispêndios a algum limite ou a alguma forma de cálculo. Começamos por fazer notar que a questão não se confunde com aquela outra da existência de um limite máximo para a remuneração do terceiro financiador num acordo de financiamento de despesas processuais. Conforme resulta da análise que empreendemos anteriormente, o Sistema português desconhece normas que imponham de forma imperativa um determinado conteúdo aos acordos de financiamento e, mais especificamente, que proíbam remunerações acima de determinado montante. Questão diversa dessa é, na verdade, a de saber se o direito do autor a ser reembolsado das despesas processuais se encontra sujeito a algum limite. A primeira questão respeita ao plano das relações contratuais entre a parte financiada e o financiador; a segunda coloca-se ao nível da relação entre o autor da acção popular e os titulares dos interesses atingidos que não tiverem exercido o seu direito num prazo razoável[218].

235. Claro está que as respostas a conferir às duas questões podem ter *implicações recíprocas*. Na verdade, o objecto do direito do autor ao reembolso das despesas processuais pode repercutir-se no *quantum* da remuneração que é devida ao financiador, uma vez que, nos termos dos acordos de financiamento que analisámos, a constituição dessa prestação remuneratória depende do proferimento de uma decisão que reconheça o seu direito ao reembolso das despesas processuais. Mais do que isso, essa obrigação só se torna devida quando e na medida em que o direito do autor for efectivamente satisfeito através da quantia indemnizatória prestada pelo réu na acção popular. Assim, na hipótese em que o juiz entender que o direito ao reembolso de despesas se encontra sujeito a determinado limite ou critério de cômputo, o mesmo limite ou critério acabará por ser aplicável de igual

[218] Ou entre o autor e o Estado, nas hipóteses em que os consumidores lesados não exerçam os respectivos direitos antes de decorrido o prazo prescricional.

modo ao dever de remunerar o financiador que o autor assumiu no acordo de financiamento. Naturalmente, e uma vez que, conforme verificámos, os custos com o financiamento merecem ser qualificados como despesas conexas com o processo, a sua medida vai reflectir-se também na extensão do dever de reembolso do autor, embora apenas na medida em que se contenham abaixo do limite que for aplicável a este dever[219].

236. Cumpre, então, formular a questão: vigora no Direito português algum limite máximo para o reembolso das despesas em que o autor da acção popular tiver incorrido por força dessa acção?

Poder-se-ia pensar que, por se tratar de «custos conexos com o exercício de um direito (*«Rechtsverfolgungskosten»*), esses custos estariam, em virtude dessa qualificação, sujeitos ao tríptico de pressupostos de que a doutrina civilista geralmente faz depender a sua ressarcibilidade: a necessidade de suportação desses custos; a adequação ou proporcionalidade do seu objecto, com vista ao interesse a salvaguardar; a observância, pelo credor, do encargo de prevenir o agravamento dos danos[220].

Esse caminho não deve, porém, e quanto a nós, ser trilhado, uma vez que partiria de um entendimento equivocado quanto ao significado da pretensão ao reembolso de despesas. Não se trata, aqui, de imputar os custos conexos com o exercício do direito àquele que o violou, que criou o perigo lesivo ou que, por alguma razão, criou a necessidade de recor-

[219] Este condicionamento recíproco entre o dever de remunerar o financiador e o direito ao ressarcimento dos custos da promoção da acção popular é, em parte, contingente, por depender daquilo que as partes tiverem convencionado no acordo de financiamento do contencioso. Assim, é perfeitamente concebível que a parte financiada se constitua como devedora da remuneração do financiador sem que esse dever contratual se encontre limitado pelo valor que o tribunal vier a fixar como devido a título de reembolso de despesas processuais (artigo 19º, nº 7, da Lei do *Private Enforcement*). Nessa hipótese, haverá que distinguir. No plano das relações entre as partes do acordo de financiamento, a prestação remuneratória acordada será integralmente devida ao financiador. Porém, na qualidade de autor da acção popular, a parte financiada só poderá receber da quantia indemnizatória global o valor que o tribunal vier a fixar, o qual, conforme vimos, deve estar limitado pelas despesas que um gestor ou mandatário diligente teria fundadamente considerado necessárias.

[220] *Cf.*, entre muitos, Hans Stoll, *Haftungsfolgen im bürgerlichen Recht*, C. F. Müller, Heidelberg, 1993, pp. 471 e ss.; Christiane Wendehorst, *Anspruch und Ausgleich*, Mohr Siebeck, Tübingen, 1999, pp. 106 e ss.; Gottfried Schiemann, *J. von Staudingers Kommentar zum Bürgerlichen Gesetzbuch mit Einführungsgesetz und Nebengesetzen*, 15. Auflage, 2017, § 251, Rdr. 121.

rer aos tribunais. Essa é a razão pela qual, conforme vimos, o direito do autor da acção popular ao reembolso das despesas processuais não pode ser reconduzido às custas de parte.

237. A resposta à questão que acabámos de formular deve, antes, ser procurada no horizonte normativo do contrato de mandato e da gestão de negócios, dada a analogia que pode ser estabelecida entre a associação de defesa de consumidores que actua como autora na acção popular, por um lado, e o mandatário ou o gestor de negócios, por outro. Sendo certo que, actuando a autora no interesse e por conta de outrem - os terceiros lesados pela prática anticoncorrencial - é justo que seja compensada pelo sacrifício que suporta nessa actividade, não se compreenderia que o seu direito à compensação de despesas pudesse estar isento das restrições que o Sistema conhece em lugares paralelos de gestão ou curadoria de negócios alheios. Na verdade, é possível inferir do disposto nos artigos 1167º, alínea c) e 468º, nº 1 do Código Civil, um princípio geral segundo o qual, na ausência de acordo com o *dominus*, o direito ao reembolso das despesas assumidas na actividade gestória se restringe aos dispêndios que o gestor ou mandatário tiverem fundadamente considerado indispensáveis. Esse princípio deve valer também quanto à actividade desenvolvida pelo autor da acção popular, no sentido de que só devem ser reembolsadas as despesas que ele fundadamente possa considerar indispensáveis. Conforme é sublinhado pela civilística, trata-se de um critério simultaneamente *subjectivo*, uma vez que se parte da perspectiva assumida pelo gestor de interesses alheios, e *objectivo*, já que a percepção do gestor quanto ao carácter necessário do dispêndio precisa de ser confirmado à luz de um critério normativo de adequação[221].

238. A razoabilidade da valoração das despesas como necessária apela a um *standard* normativo: a conduta que um observador diligente, informado e criterioso teria observado quando colocado na posição do autor da acção popular. Caso esta decida assumir despesas que, *ex ante*, devessem ser consideradas supérfluas, excessivas ou sumptuárias, assume o risco de não poder ser reembolsada delas através da indemnização global recebida

[221] KARL LARENZ, *Lehrbuch des Schuldrechts*, II/1, 13. Auflage, C. H. Beck, München, 1986, pp. 417-8.

na acção popular. Bem se compreende, portanto, que o facto de não se encontrar *de lege stricta* um limite para o direito de reembolso das despesas processuais não significa que esse direito não se encontre sujeito a qualquer restrição. E, naturalmente, o facto de o critério limitador do direito ao reembolso das despesas do autor da acção popular assumir a forma de um conceito indeterminado não pode significar que esse critério seja tecnicamente inoperante.

239. De resto, a aplicação aos custos do financiamento da acção popular do critério da razoabilidade e da adequação das despesas que expusemos anteriormente reforça a convicção sobre a sua compensabilidade. Um participante no tráfego diligente e zeloso, que não disponha de recursos próprios avultados, não deixará de celebrar um acordo de financiamento com um terceiro antes de propor uma acção popular de *private enforcement*, uma vez que o acesso àquela forma de financiamento se revela, então, essencial para tornar economicamente viável a própria acção. Recorde-se que este tipo de processos obriga a realizar diligências prévias com a preparação da estratégia processual, a aceder a elementos de prova e à estimação dos danos, intendências que são normalmente onerosas. Acresce que, sem o acesso a meios que possibilitem o recurso a advogados e peritos com conhecimentos especializados e experiência neste domínio, não será possível aspirar a uma igualdade substancial com os réus, que são normalmente grandes sociedades anónimas, bem assessoradas de um ponto de vista jurídico e económico. Também desta perspectiva se poderá mesmo dizer que a pergunta deve ser colocada em termos inversos: é duvidoso que o autor actue com a diligência e o zelo que lhe são exigidos quando, podendo dispor do financiamento de terceiros sem necessariamente onerar os lesados representados na acção, decida, afinal, renunciar a ele.

240. O reembolso dos custos do financiamento da acção popular de *private enforcement* torna-se mais duvidoso quando a remuneração acordada no contrato de financiamento se mostrar excessiva ou desproporcionada. O primeiro índice para aferir a «razoabilidade» das despesas de financiamento é o do *valor comummente praticado no mercado* para a *remuneração* de um financiamento em circunstâncias semelhantes. A remissão para as tarifas praticadas por outros financiadores no mercado não dispensa, naturalmente, uma concretização ulterior, tendo em consideração um conjunto

diversificado de circunstâncias, como o nível de risco especificamente associado à acção, o modelo de financiamento, a constituição ou não da parte financiada como devedora da remuneração, a prestação de garantias, *etc*.. Um dos aspectos que deve também ser tido em conta no juízo comparativo entre a remuneração acordada e o valor de mercado para o financiamento de operações semelhantes consiste nas especificidades da lei portuguesa, que, conforme vimos, sujeita o terceiro financiador a riscos particularmente gravosos. É, por isso, razoável supor que um financiador comum, comportando-se como um agente económico racional, inclua na sua remuneração uma compensação por este risco agravado. O facto de o enquadramento jurídico português do *Private Enforcement* ser recente e não existirem ainda decisões judiciais sobre a admissibilidade dos acordos de financiamento nas acções populares com esse fim contribui igualmente para o agravamento da percepção do risco do financiamento de uma acção proposta em Portugal.

241. A conclusão de um acordo de financiamento em que se preveja uma remuneração alinhada com os preços de mercado deve, sem mais, ser considerada como «razoavelmente indispensável». Não é exigível ao autor da acção popular que encontre no mercado um financiador que aceite uma remuneração com um valor inferior ao praticado pela concorrência em circunstâncias equivalentes: um encargo com essa extensão acabaria por imputar ao autor riscos excessivos, acabando por funcionar como um razão dissuasora da propositura da acção popular e, logo, como um enfraquecimento da efectividade da tutela do direito da concorrência.

242. Em contrapartida, a circunstância de a remuneração acordada se fixar algo acima dos valores médios praticados no mercado não implica, só por si, o seu carácter inadequado e a sua não ressarcibilidade.

Essa é a consequência de o ponto de referência para o Direito positivo não ser o da razoabilidade da despesa em si, mas antes o da razoabilidade do juízo que o autor fez quanto ao carácter indispensável da despesa que assumiu. O direito ao reembolso dos custos de um financiamento acima do «valor comum» ou de mercado vai depender, então, de todas as circunstâncias relevantes para a valoração do comportamento do autor, incluindo o carácter desculpável ou não do erro relativamente à existência de alternativas mais económicas para assegurar o financiamento das despesas processuais.

243. Uma segunda questão, ainda relacionada com a concretização do direito ao reembolso das despesas conexas com a acção popular, consiste em determinar o momento em que se vence a obrigação correspondente. Mais precisamente, pergunta-se se o crédito ao reembolso das despesas processuais pode ser satisfeito antes de decorrido o prazo de prescrição de três anos previsto na lei para o direito à reparação dos lesados. Em nossa opinião, a lei impõe uma resposta de teor *afirmativo* a esta questão. Um dos argumentos que justifica essa conclusão retira-se do facto de a lei distinguir claramente entre dois prazos:

(i) o prazo da prescrição do crédito indemnizatório (artigo 22º, nº 3 da Lei de Acção Popular);
(ii) e o prazo razoável para o exercício do direito à reclamação do crédito indemnizatório na acção (artigo 19º, nº 7, da Lei do *Private Enforcement*).

244. Na verdade, ao prever-se, no segundo preceito citado, que o juiz fixa um «prazo razoável» para que os lesados não identificados na acção venham exercer o seu direito, a lei não pode estar a referir-se ao prazo de prescrição, desde logo, porque o prazo de prescrição dos créditos indemnizatórios individuais se encontra previsto na regra geral do nº 3 do artigo 22º da Lei de Acção Popular. Para ter algum conteúdo útil, o nº 7 tem de referir-se a um prazo diverso e o decurso desse prazo tem de estar associado a um efeito jurídico diverso daquele que resulta do decurso do prazo prescricional do artigo 22º, nº 3 da Lei de Acção Popular.

Acresce que, não sendo assim, isto é, caso o «prazo razoável» do nº 7 do artigo 19º tivesse o significado do prazo de prescrição do crédito indemnizatório, não se compreenderia que o preceito imediatamente subsequente se referisse às «indemnizações remanescentes que não sejam pagas em consequência de prescrição, ou de impossibilidade de identificação dos respetivos titulares». De facto, como a sua inserção sistemática já indicia, o nº 8 do artigo 19º regula o destino do remanescente da indemnização *após se ter procedido ao pagamento das indemnizações reclamadas pelos lesados, entretanto identificados* e, bem assim, *do reembolso das despesas processuais* em que tiver incorrido a autora da acção popular.

245. Referindo-se os prazos previstos no artigo 22º, nº 3 da Lei de Acção Popular e no artigo 19º, nº 7 da Lei do *Private Enforcement* a horizontes tem-

porais distintos, diversa tem também de ser a consequência jurídica que o Direito objectivo prevê para a inobservância de cada um deles. É precisamente essa diferença que avulta da interpretação integrada dos dois regimes. O decurso do prazo de três anos implica a prescrição dos direitos individuais à indemnização e, consequentemente, a atribuição ao Estado das quantias indemnizatórias correspondentes (artigo 22º, nº 3 da Lei de Acção Popular e artigo 19º, nº 8 da Lei do *Private Enforcement*).

Apesar de a lei não fixar de forma tão clara a consequência do decurso do «prazo razoável», essa consequência depreende-se da articulação entre o nº 7 e o nº 8 do artigo 19º: *as indemnizações não reclamadas no prazo razoável passam a poder ser afectas à satisfação do direito do autor ao reembolso das despesas processuais*. Com isso, não se extingue o dever jurídico de indemnizar os consumidores não identificados. Simplesmente, estes passam a estar sujeitos a um risco que, até então, não corriam: o risco de o remanescente da indemnização global após o reembolso das despesas processuais do autor se revelar então insuficiente para satisfazer o interesse individual. O mesmo é dizer que, uma vez decorrido o prazo razoável, pode verificar-se uma de três hipóteses:

(i) os consumidores não identificados não exercem o seu direito no período que resta até à prescrição do seu direito;

(ii) os consumidores não identificados vêm reclamar a indemnização que lhes for devida após o decurso do prazo razoável para o efeito, mas antes de decorrido o prazo prescricional, e o remanescente da indemnização global *é suficiente* para satisfazer integralmente o seu crédito;

(iii) os consumidores não identificados vêm reclamar a indemnização que lhes for devida após o decurso do prazo razoável para o efeito, mas antes de decorrido o prazo prescricional, e o remanescente da indemnização *não é suficiente* para satisfazer integralmente o seu crédito.

246. Na hipótese (i), a consequência é, conforme dissemos, a reversão do remanescente da indemnização global não reclamada para o Estado, de acordo com uma regra de «afectação segundo a proximidade», algo mitigada: as quantias são afectas ao Ministério da Justiça, devendo ser destinadas ao acesso ao direito e aos tribunais de titulares do direito de acção

popular que justificadamente o requeiram[222]. Na hipótese (ii), não parece haver dúvidas de que o consumidor (ou consumidores) deve(m) ser integralmente ressarcido(s) dos danos sofridos.

247. Suscita-se, no entanto, a questão de saber que solução deve valer para a hipótese (iii). Em abstracto, são duas as respostas possíveis para o problema. Segundo uma primeira hipótese, o autor estaria obrigado a restituir a prestação compensatória recebida, por forma a que esta passasse a ser afecta à satisfação dos créditos indemnizatórios dos lesados que tivessem, entretanto, reclamado o seu direito.

Esta hipótese deve, no entanto, ser rejeitada. Desde logo, não encontramos na lei qualquer indício de uma obrigação de restituição do autor da acção popular. Acresce que esse dever de restituir, caso se encontrasse previsto na lei, constituiria uma solução *manifestamente desajustada*. Por um lado, porque seria frontalmente atentatório da estabilidade e da protecção da confiança do autor, que se teria limitado a receber a prestação de que era a legítima titular (*suum recepit*). Por outro, essa seria uma solução *manifestamente desequilibrada*, acentuando ainda mais a precariedade da posição do autor na graduação dos créditos compensatórios em concurso na afectação da indemnização global recebida na acção.

248. Pelo contrário, o que a lei permite através do estabelecimento de um prazo razoável para a reclamação dos créditos indemnizatórios é a possibilidade de atenuar o desequilíbrio que decorre da regra geral de preferência dos créditos indemnizatórios individuais sobre o crédito ao reembolso de despesas processuais do autor. Assim, antes de decorrido o prazo razoável, a quantia indemnizatória recebida só pode ser afecta à satisfação dos créditos indemnizatórios individuais. Findo aquele prazo, esses créditos indemnizatórios individuais passam a concorrer com o crédito do autor à compensação das despesas conexas com a acção popular. A solução evita a maior injustiça que seria consentir que a inércia dos consumidores lesados, eventualmente protelada por anos, não evitasse que a sua posição prevalecesse sobre a daquele ou daqueles que tivessem investido meios próprios para viabilizar a acção popular.

[222] Na parte em que se refere à afectação das indemnizações ao pagamento das despesas de procuradoria, a aplicação do nº 5 do artigo 22º da Lei de Acção Popular é prejudicada pelo nº 7 do artigo 19º da Lei do *Private Enforcement* (*lex specialis derogat legi generali*).

249. Falta, apenas, determinar o que seja um prazo razoável. O legislador parece ter querido recusar uma solução estrita, deixando ao juiz a fixação do prazo que lhe parecer mais ajustado tendo em consideração as circunstâncias do caso. Entre essas circunstâncias contam-se, em primeira linha, factores relativos aos lesados, designadamente, o universo possível de lesados por identificar, a sua faixa etária ou a sua distribuição geográfica, a eventual necessidade de provar a qualidade de titular da indeminização, entre outras. Não parece, contudo, desajustado incluir no juízo sobre a razoabilidade do prazo a fixar elementos relativos à posição do autor da acção popular ou de terceiros credores dessa autora, como é o caso do financiador: pensamos, designadamente, na necessidade do recebimento dessa compensação para assegurar a normal condução da actividade do autor (ou mesmo a sua solvabilidade) ou a grandeza do investimento realizado e o custo do capital imobilizado com o financiamento.

250. Apesar de faltarem na lei critérios que auxiliem a concretizar a noção de «prazo razoável», nem por isso se pode afirmar que a ordem jurídica desconheça a existência de lugares paralelos, em que há a necessidade de compatibilizar o interesse colectivo dos consumidores e o direito de um terceiro à compensação dos custos em que incorreu numa actividade tendente a satisfazer aquele interesse. Pensamos no mecanismo instituído pelo Decreto-Lei nº 100/2007, de 2 de Abril e implementado pela Portaria nº 1340/2008, de 26 de Novembro, com vista à restituição de cauções cobradas indevidamente aos consumidores como contrapartida da prestação de serviços públicos essenciais (como electricidade, luz e água). Nos termos deste regime[223], prevê-se que o consumidor tem o encargo de reclamar a caução prestada e não restituída *no prazo de 180 dias* a contar da fixação do edital ou da publicação do anúncio em que se comunica de forma pública aos consumidores o seu direito e o modo e o prazo para o seu exercício. Na hipótese em que o consumidor não tiver exercido o seu direito, a caução reverte para um fundo sob a administração do Instituto do Consumidor – o Fundo para a Promoção dos Direitos dos Consumidores – que se destina a assegurar o financiamento dos mecanismos extrajudiciais de acesso à justiça pelos consumidores e de projectos de âmbito nacional, regional ou

[223] *Cf.* artigo 1º do Decreto-Lei nº 100/2007, que veio alterar o artigo 6º do Decreto-Lei nº 195/1999, de 8 de Junho.

local de promoção dos direitos dos consumidores[224]. Também neste caso os consumidores podiam ainda reclamar a caução devida após o prazo razoável de 180 dias, até ao decurso do prazo de cinco anos que foi imposto às entidades prestadores dos serviços essenciais para depositarem, à ordem da Direcção-Geral do Consumidor, os montantes não reclamados[225].

Na ausência de circunstâncias específicas do caso concreto que justifiquem a fixação de um prazo mais longo, uma razão de coerência do sistema favorece a adopção de uma regra equivalente, que imponha aos consumidores lesados por uma prática anticoncorrencial o encargo de reclamarem o seu direito no prazo de 180 dias, a contar da publicitação da decisão final proferida na acção popular.

[224] Artigo 2º do Decreto-Lei nº 100/2007, que aditou o artigo 6º-B ao Decreto-Lei nº 195/1999.

[225] Também no caso da restituição das cauções para a garantia do pagamento de serviços essenciais ilegalmente cobradas se previa o direito as entidades gestoras do Fundo para a Promoção dos Direitos dos Consumidores (a Direcção-Geral do Consumidor e a Direcção-Geral do Tesouro e Finanças) a serem remuneradas pela gestão das cauções devidas aos consumidores que não houvessem exercido o seu direito. No entanto, o direito à remuneração das entidades gestoras desse Fundo, e que começou por ter como referente uma taxa de 1,5% para passar a uma taxa de 4% sobre o valor das receitas do seu património, não parecia tão-pouco poder ser prejudicado pelo dever de proceder à restituição das cauções não reclamadas, dentro do prazo legal de cinco anos.

§6
Os efeitos vinculativos das decisões da Comissão Europeia e da Autoridade da Concorrência em acções de indemnização por práticas anticoncorrenciais *follow-on*

251. Um novo conjunto de questões respeita aos pressupostos e à extensão dos efeitos de vinculação para o tribunal competente para apreciar a acção de *private enforcement* das decisões proferidas pelas autoridades de concorrência, nelas incluindo as decisões adoptadas pela Comissão e pelas entidades reguladoras dos Estados-Membros, no caso português, da Autoridade da Concorrência.

252. O artigo 9º, nº 1 da Directiva nº 2014/104/UE impõe aos Estados-Membros que assegurem que «uma infracção ao direito da concorrência declarada por decisão definitiva de uma autoridade nacional da concorrência ou por um tribunal de recurso seja irrefutavelmente estabelecida para efeitos de acção de indemnização intentada nos seus tribunais nacionais ao abrigo do artigo 101º ou do artigo 102º do TFUE ou do direito nacional da concorrência». No que se refere a decisões definitivas que tenham sido adoptadas por autoridades de concorrência de um Estado-Membro terceiro, a Directiva limita-se a impor aos Estados que tais decisões possam ser invocadas nos tribunais desse Estado, de acordo com o direito nacional, como «elemento de prova *prima facie* de uma infracção da concorrência», por forma a poderem ser «avaliadas conjuntamente com quaisquer outros elementos aduzidos pelas partes» (artigo 9º, nº 2).

253. As normas que acabamos de referir obedecem a uma *tripla justificação*[226]. Por um lado, visa-se assegurar a uniformidade na aplicação do direito da concorrência e a segurança jurídica, evitando o risco de ser proferida na acção de *private enforcement* uma decisão incompatível com a decisão anteriormente proferida por uma autoridade de concorrência (ou com uma decisão judicial que a tiver confirmado) quanto à existência de uma prática anticoncorrencial. A par da prevenção da desarmonia das decisões quanto à observância do direito da concorrência, aspecto que se revela da maior importância para alcançar o objectivo do estabelecimento de um «*level playing field*» no espaço da União, o efeito vinculativo das decisões das autoridades da concorrência na acção de *private enforcement* serve também o propósito de assegurar a própria *efectividade* do direito da concorrência. Na verdade, a prova da existência de uma infracção do direito da concorrência é extremamente complexa, pressupondo quase sempre um longo e complexo processo de investigação, com custos e esforços que estão normalmente fora do alcance dos particulares potencialmente atingidos pela prática anticoncorrencial em causa. A expectativa dos lesados em obterem uma reparação efectiva dos danos sofridos depende, de forma determinante, da circunstância de não estarem onerados com a prova de um ilícito concorrencial imputado à parte demandada na acção de responsabilidade civil. Do alívio desse ónus probatório e da estabilidade dos efeitos da decisão da autoridade reguladora ou do tribunal que a tiver apreciado depende, por sua vez, a consecução do fim que está na base do sistema actual da tutela da concorrência: a reparação integral dos danos servir de incentivo geral à observância das regras e dos princípios que regem a concorrência no mercado. É razoável supor que uma solução que obrigasse as

[226] Sobre o problema, e a título meramente exemplificativo, DANIEL DOHRN, *Die Bindungswirkung kartellrechtliche Entscheidungen der Kommission sowie deutsche und Mitglied staatlicher Kartellbehörden und Gerichte im deutschen Zivilprozess*, C.Heymannns, München, 2010; JAN IMGRUND, *Die Bindung der deutschen Zivilgerichte an Beschlüsse von Kommission und Behörden der Europäischen Union im Kartellrecht*, Nomos, 2011; DIRK WIEGANDT, *Bindungswirkung kartellbehördlicher Entscheidungen im Zivilprozess – Zur Verzahnung von Kartellverwaltungs- und Kartellprivatrecht*, Mohr Siebeck, Tübingen, 2018; ANDREAS WEITBRECHT, «Bindungswirkung behördlicher Entscheidungen», *in Handbuch Private Kartellrechtsdurchsetzung*, ANDREAS FUCHS/ANDREAS WEITBRECHT (Hrsg.), 1. Auflage, 2019, pp. 611-637; MIGUEL SOUSA FERRO, «Antitrust Private Enforcement and the Binding Effect of Public Enforcement Decisions», *Market and Competition Law Review*, 2019, pp. 51-80.

pessoas alegadamente lesadas pela prática anticoncorrencial a provarem na acção de *private enforcement* a infracção do direito da concorrência já apreciada em termos definitivos na decisão da entidade reguladora ou do tribunal que tivesse apreciado a sua validade criaria o perigo do esvaziamento prático do seu direito à indemnização e da frustração dos propósitos político-legislativos que estão subjacentes ao *private enforcement*. Por fim, o *primado da decisão da autoridade de concorrência* encontra justificação na maior experiência material, na amplitude dos poderes de investigação e na maior proximidade relativamente às situações da vida que integram cumulativamente o objecto do processo sancionatório público e a acção de responsabilidade civil[227].

254. É importante notar que a solução de reconhecer um carácter vinculativo às decisões das autoridades da concorrência numa acção de *private enforcement* não constitui propriamente uma solução inovadora da Directiva nº 2014/104/UE. Na verdade, no que respeita às decisões adoptadas pela Comissão na qualidade de autoridade de concorrência europeia, essa solução vem sendo afirmada pela jurisprudência do Tribunal de Justiça da União Europeia[228]. Além disso, o nº 1 do artigo 16º do Regulamento (CE) nº 1/2003, de 22 de Dezembro, já proibia os tribunais nacionais de proferirem decisões contrárias às decisões anteriormente adoptadas pela Comissão sobre um acordo, decisão ou prática relevante para os efeitos dos artigos 101º e 102º do Tratado Sobre o Funcionamento da União Europeia, sendo essa proibição estendida às autoridades de concorrência nacionais através do nº 2 da mesma disposição. Ressalvada estava, naturalmente, a possibilidade de reenvio prejudicial, para o Tribunal de Justiça, de

[227] Andreas Weitbrecht, «Bindungswirkung behördlicher Entscheidungen», *in Handbuch Private Kartellrechtsdurchsetzung*, Andreas Fuchs/Andreas Weitbrecht (Hrsg.), 1. Auflage, C.H. Beck, München, 2019, pp. 611-637, Rdr. 7.

[228] O *leading case* nesta matéria é o caso *Masterfoods Ltd. v. HB Ice Cream Ltd.*, Decisão do TJCE de 14-12-2000, Proc. C-344/98, parágs. 45 e ss., sobretudo, 51-2. V. igualmente as Decisões do TJUE de 10-04-2008 (*Deutsche Telekom AG v. Commission of the European Communities*), Proc. T-271/03, parág. 120, de 6-11-2012 (*Europese Gemeenschap v. Otis NV and Others*), Proc. C-199/11, parágs. 50 e ss., de 25-11-2014 (*Orange v. European Commission*), Proc. T-402/13, de 23-11-2017 (*Gasorba SL and Others v. Repsol Comercial Productos Petrolíferos, SA*), Proc. C-547/16. Andreas Weitbrecht, «Bindungswirkung behördlicher Entscheidungen», *in Handbuch Private Kartellrechtsdurchsetzung*, Andreas Fuchs/Andreas Weitbrecht (Hrsg.), 1. Auflage, C.H. Beck, München, 2019, pp. 611-637, Rdr. 111 e ss..

questões relativas ao sentido, ao alcance ou à validade das decisões adoptadas pela Comissão[229].

255. A vinculatividade das decisões da Comissão não se distingue fundamentalmente do problema geral da eficácia, na ordem jurídica interna, dos actos jurídicos adoptados pelas instituições europeias. Nesta perspectiva, e tendo em consideração os princípios do primado do Direito Europeu e da cooperação leal entre os Estados-Membros e a União, bem como a repartição das atribuições entre as instituições europeias e as instituições nacionais na aplicação do direito da concorrência, não se compreenderia que as segundas não estivessem vinculadas ao entendimento que as primeiras tivessem anteriormente afirmado na aplicação do direito europeu da concorrência.

256. A norma que fixa o carácter vinculativo dos efeitos da decisão da autoridade de concorrência ou do tribunal de recurso na acção tendente à reparação dos danos provocados pela prática anticoncorrencial é demonstrativa da concepção *funcional* e *axiologicamente unitária* do sistema de tutela da concorrência[230]. Com efeito, o *public enforcement* e o *private enforcement* não devem ser perspectivados como vias paralelas e incomunicáveis entre si, mas antes como duas formas de tutela reciprocamente condicionadas e funcionalmente complementares[231]. Partilham elas um objectivo comum, que é o de contribuir para a maior eficácia possível das regras que disciplinam a concorrência no mercado. Neste sentido, a regra da vinculatividade dos efeitos das decisões proferidas pelas autoridades de concorrência europeias e nacionais é, na verdade, um dos mais salientes *vasos comunicantes* entre os dois meios de tutela do direito da concorrência[232], além de

[229] V. a Decisão do TJCE de 22 de Outubro 10 de 1987 (*Foto-Frost v. Hauptzollamt Lübeck*), Proc. 314/85.

[230] Dirk Wiegandt, *Bindungswirkung kartellbehördlicher Entscheidungen im Zivilprozess – Zur Verzahnung von Kartellverwaltungs- und Kartellprivatrecht*, Mohr Siebeck, Tübingen, 2018, pp. 82 e ss..

[231] Andreas Weitbrecht, «Bindungswirkung behördlicher Entscheidungen», *in Handbuch Private Kartellrechtsdurchsetzung*, Andreas Fuchs/Andreas Weitbrecht (Hrsg.), 1. Auflage, C.H. Beck, München, 2019, pp. 611-637, Rdr. 1. (corolário da unidade da ordem jurídica).

[232] O *private enforcement* encontra-se de certo modo dependente do *public enforcement*, no sentido de que a decisão relativa a um pedido indemnizatório fundado na violação do direito da concorrência não pode colocar em causa o sentido de uma decisão de uma autoridade de con-

outros, como a facilitação da prova dos danos causados por cartéis ou a faculdade do acesso a meios de prova que se encontrem em poder de uma autoridade de concorrência relativamente a um processo de *public enforcement*, com observância do sigilo profissional e dos princípios da necessidade e da proporcionalidade.

257. O reconhecimento do efeito vinculativo das decisões da autoridade de concorrência numa acção de *private enforcement* tem gerado controvérsia, por se poder entender que a solução colocaria em causa princípios constitucionalmente consagrados, como a independência dos tribunais ou o princípio do processo equitativo[233]. A maioria da doutrina tem entendido, porém, que não existe qualquer desconformidade com tais princípios.

Por um lado, a independência do tribunal é formal e teleologicamente compatível com um princípio de especialização segundo a matéria. Contra este ponto não procede o argumento de que o órgão competente para a decisão no processo de *public enforcement* tem uma natureza administrativa e não jurisdicional. Na verdade, o argumento já não consistiria na violação da independência do juiz, mas antes na desconsideração da reserva de jurisdição: e não deixa de improceder, uma vez que o Direito objectivo garante, em qualquer caso, o direito à impugnação judicial da decisão da entidade reguladora, designadamente, através de recurso judicial ordinário. Seria, por isso, incorrer numa confusão de planos supor que a independência do tribunal competente para conhecer da acção de *private enforcement* obrigaria a reconhecer, na prática, o direito da parte a uma *segunda via de recurso* da decisão adoptada pela autoridade de concorrência[234].

corrência ou de um tribunal de recurso quanto à existência de uma prática anticoncorrencial. No entanto, conforme vem sendo sublinhado pela doutrina, o *public enforcement* não deve também descurar os interesses dos agentes económicos atingidos pela prática anticoncorrencial, um aspecto que deve ser tido em conta, por exemplo, na atenuação ou na suspensão da sanção contraordenacional aplicável ao abrigo de um programa de clemência, no sentido de não se deixar de indicar os factos que constituem a concreta infracção em causa, circunstância que se revela, na prática, decisiva para que os particulares lesados possam exercer efectivamente o seu direito à indemnização.

233 Assim, por exemplo, PHILIPP VOET VAN VORMIZEELE, «Kartellrecht und Verfassungsrecht», *Neue Zeitschrift für Kartellrecht*, 2013, pp. 386-393.

234 ANDREAS WEITBRECHT, «Bindungswirkung behördlicher Entscheidungen», *in Handbuch Private Kartellrechtsdurchsetzung*, ANDREAS FUCHS/ANDREAS WEITBRECHT (Hrsg.), 1. Auflage, C.H. Beck, München, 2019, pp. 611-637, Rdr. 8.

Por outro lado, a norma que atribui uma eficácia vinculativa à decisão da autoridade de concorrência não contraria o direito a um processo equitativo nem o princípio da proibição da indefesa: além do direito ao recurso judicial da decisão condenatória que vier a ser proferida pela Autoridade da Concorrência, cumpre notar que as garantias de defesa da arguida, incluindo o direito ao contraditório, são observadas ao longo de todo o rito procedimental no processo de *public enforcement*[235].

258. A lei portuguesa prevê que a declaração da Autoridade da Concorrência relativamente à existência de uma infracção do direito da concorrência constitui uma «presunção inilidível» da existência dessa infracção. A configuração da eficácia vinculante da decisão da autoridade de concorrência como um problema de direito probatório não constitui uma solução tecnicamente feliz, uma vez que não se trata de apurar a realidade dos factos em discussão no processo, nem, como é, em rigor, a tarefa metodologicamente consignada às «presunções inilidíveis», de fazer operar uma remissão para certas consequências jurídicas, tipicamente estatuídas para o preenchimento de uma outra previsão normativa. O que está em causa é a atribuição de estabilidade à decisão adoptada pela Autoridade da Concorrência na parte em que essa decisão declarar a existência de uma infracção ou, de acordo com a formulação utilizada na Directiva, da consideração da existência dessa infracção como «irrefutavelmente estabelecida para efeitos de acção de indemnização» (artigo 9º, nº 1)[236]. A

[235] Pensamos, designadamente, no direito da parte à consulta do processo, à reserva relativamente aos segredos de negócio, à audiência oral ou no direito à prova no processo administrativo (no tocante ao processo sancionatório relativo a práticas restritivas, *cf.*, respectivamente, os artigos 33º, 30º, 26º e 31º da Lei nº 19/2012, de 8 de Maio).

[236] Cumpre, ainda assim, notar que também outros Estados-Membros adoptaram a técnica da «presunção inilidível» como forma de assegurar a transposição da Directiva nº 2014/104/UE nesta matéria. É o caso, por exemplo, da lei francesa (artigo 481-2, parág 1, do *Code de Commerce*: «*une pratique anticoncurrentielle [...] est presumée établie de manière irréfragable [...]*»). Uma possível explicação para que se tenha procurado no plano probatório o fundamento da eficácia vinculativa das decisões sancionatórias pode estar na rica experiência do *private enforcement* nos E.U.A., uma vez que o *Section* 5 (a) do *Clayton Act* de 1914 já dispunha: «*that a final judgement or decree hereafter rendered in any criminal prosecution or in any suit or proceeding in equity brought by or on behalf of the United States under the antitrust laws to the effect that a defendant has violated said laws shall be prima facie evidence against such defendant in any suit or proceeding brought by any other party against such defendant under said laws as to all matter respecting which said judgement or decree would be an estoppel between the parties thereof*». Naturalmente mais próxima

qualificação operada pelo legislador não é vinculativa para o intérprete-aplicador nem o impede de valorar a solução como a atribuição *ex lege* do efeito de acertamento à decisão da autoridade de concorrência no que respeita à declaração da existência de uma infracção do direito da concorrência ou, se se preferir, da colocação da questão jurídica relativa à existência (e ao âmbito) de uma infracção do direito da concorrência num estado de indiscutibilidade.

259. Mais consequente é a circunstância de esse efeito de acertamento não se verificar quanto às decisões adoptadas por autoridades de concorrência de outros Estados-Membros ou às decisões proferidas pelos tribunais de outros Estados-Membros que as tiverem confirmado. Neste ponto, a lei portuguesa limita-se a prever que tais decisões constituam «presunção ilidível» da existência de uma infracção do direito da concorrência e do respectivo âmbito (artigo 7º, nºs 2 e 3 da Lei do *Private Enforcement*).

Este menor grau de eficácia vinculativa extraprocessual das decisões emanadas de entidades reguladoras ou de tribunais de outros Estados-Membros não pode deixar de ser compreendido à luz de um certo olhar de desconfiança relativamente às garantias do cumprimento, pelos restantes Estados-Membros, do princípio do processo equitativo e do princípio da independência dos tribunais[237], fica aquém da opção «maximalista» de conferir a todas o mesmo carácter de estabilidade[238], embora vá mais longe do que a alternativa «minimalista» de valorar a decisão como mero princípio de prova ou como prova *prima facie* da existência de uma infracção[239], uma vez que o tribunal competente para decidir o pedido indemnizatório com fundamento na violação do direito da concorrência deve

da solução consignada no artigo 9º da Lei do *Private Enforcement* é a «presunção ilidível» quanto à existência dos factos que integram os pressupostos da punição e os elementos do tipo a partir da sentença penal condenatória que encontramos no artigo 623º do Código de Processo Civil. Já o § 33b, 1ª parte, da *GWB* alemã prevê, em termos mais precisos, que numa acção de responsabilidade civil fundada na violação dos artigos 101º ou 102º do Tratado Sobre o Funcionamento da União Europeia, o tribunal se encontra «vinculado à apreciação de uma infracção nos mesmos termos em que ela tiver sido declarada numa decisão definitiva da autoridade de concorrência ou da Comissão».

[237] Miguel Sousa Ferro, «Antitrust Private Enforcement and the Binding Effect of Public Enforcement Decisions», *Market and Competition Law Review*, 2019, pp. 51-80 (p. 59).

[238] Essa a solução presente na lei alemã (§ 33b, 2ª parte da *GWB*).

[239] *Cf.* o artigo 482-2, parág. 2, do *Code de Commerce*.

considerar verificada a existência de uma infracção, a menos que a parte demandada logre demonstrar que essa infracção não se verificou (artigo 350º, nº 2 do Código Civil).

6.1. O âmbito material da infracção declarada na decisão da autoridade de concorrência

260. A vinculação do tribunal competente para apreciar o pedido indemnizatório numa acção *follow-on* não se estende a todo o objecto da decisão adoptada pela autoridade de concorrência. Nos dizeres da lei, ele compreende apenas «a existência, a natureza e âmbito material, subjectivo, temporal e territorial dessa infracção» (artigo 7º, nº 1 da Lei do *Private Enforcement* e considerando 35 da Directiva nº 2014/104/UE). Neste plano, coloca-se a questão de saber se o efeito de vinculação do tribunal à decisão da autoridade de concorrência se esgota na parte operativa dessa decisão ou se encontra antes também vinculado a certos considerandos dessa decisão.

261. Assim formulada, a pergunta convoca o problema da delimitação do *âmbito material* da infracção declarada pela autoridade de concorrência. Desde logo, importa sublinhar que o efeito de vinculação decorrente do artigo 7º, nº 1 da Lei do *Private Enforcement* não poderia limitar-se a incidir sobre o dispositivo de uma decisão condenatória da autoridade de concorrência, uma vez que desta consta apenas um comando dirigido à empresa arguida. O efeito material da vinculação do tribunal na acção de *private enforcement* tem inevitavelmente de incidir antes sobre os *pressupostos* da decisão condenatória no cumprimento da sanção contraordenacional: sobre a existência, a natureza e o âmbito da infracção.

Assim, das duas, uma. Ou a decisão da autoridade de concorrência autonomiza a apreciação do comportamento infractor da sua parte dispositiva ou não procede a tal autonomização. Na primeira hipótese, o efeito vinculativo para a acção de *private enforcement* restringe-se à parte do texto da decisão em que se declara a infracção. No segundo, o efeito vinculativo para a acção de *private enforcement* tem de se estender forçosamente aos fundamentos da decisão em que se afirma a existência da infracção do direito da concorrência. Esta conclusão é, de resto, aquela que se mostra conforme com a teoria do caso julgado, segundo a qual o caso julgado de uma decisão condenatória se estende aos fundamentos que sejam logicamente incindíveis da própria decisão[240].

262. No entanto, o artigo 7º, nº 1 da Lei do *Private Enforcement* vai mais longe, ao alargar o efeito de caso julgado da decisão da autoridade de concorrência ao âmbito da infracção declarada. Esta solução é compreensível, uma vez que a mera declaração, em abstracto, da existência de uma infracção seria manifestamente insuficiente para que se verificassem os resultados visados pelo legislador europeu: assegurar a efectividade do direito da concorrência e promover a satisfação efectiva do direito dos particulares à reparação dos danos sofridos em consequência dessa violação. De nada serviria ao lesado uma «presunção inilidível» de uma infracção ao direito da concorrência se, para obter a reparação dos danos na acção de *private enforcement*, houvesse de provar os factos que tivessem dado corpo àquela infracção, o lugar (mercado geográfico) ou o tempo em que ela se tivesse ocorrido[241]. Neste sentido, o artigo 7º, nº 1 procede a uma autonomização de uma parte dos fundamentos da decisão, por forma a atribuir-lhe o efeito de vinculação extraprocessual que é típico da *autoridade do caso julgado*. Esse efeito traduz-se, como é sabido, numa proibição de contradição e num dever de repetição quanto ao objecto da decisão transitada em julgado[242].

Assim, e no que respeita ao dever de o tribunal competente para a acção de *private enforcement* reconhecer a existência de uma infracção com o *preciso âmbito* que lhe foi reconhecido pela autoridade de concorrência, o artigo 7º, nº 1 vem assegurar a produção de um resultado que, à partida, não poderia ser conseguido através da convocação dos princípios gerais relativos ao caso julgado (sob a forma da autoridade do caso julgado). Na verdade, e para além da instabilidade que permanece na doutrina e na

[240] João de Castro Mendes, *Os limites objectivos do caso julgado em processo civil*, Ed. Ática, Lisboa, 1968, pp. 158 e ss.; Miguel Teixeira de Sousa, *Estudos sobre o novo processo civil*, Lex, Lisboa, 1997, pp. 578-9 («não é a decisão, enquanto conclusão do silogismo judiciário, que adquire o valor de caso julgado, mas o próprio silogismo considerado no seu todo: o caso julgado incide sobre a decisão como conclusão de certos fundamentos e atinge esses fundamentos enquanto pressupostos daquela decisão»).

[241] Christian Alexander, *Schadensersatz und Abschöpfung im Lauterkeits- und Kartellrecht*, Mohr Siebeck, Tübingen, 2010, pp. 426 e ss..

[242] *Cf.*, por todos, Miguel Teixeira de Sousa, «O objecto da sentença e o caso julgado material (O estudo sobre a funcionalidade processual)», *Boletim do Ministério da Justiça*, nº 325, 1983, pp. 49-229 (pp. 164 e ss.).

jurisprudência relativamente aos pressupostos e ao âmbito de aplicação da figura da autoridade do caso julgado, parece certo que ela não poderia ser convocada numa hipótese em que os dois processos (o processo contraordenacional e a acção de responsabilidade civil *follow-on*) envolvem partes distintas e correm termos em diferentes jurisdições.

263. Importa ainda concretizar a extensão do efeito vinculativo da decisão da autoridade de concorrência no que respeita ao âmbito material da infracção por ela identificada. O primeiro elemento nele compreendido consiste na determinação da situação da vida que preenche o tipo de ilícito concorrencial[243]. Por outras palavras, a vinculação abrange primeiramente o *comportamento* imputado à empresa arguida no processo contraordenacional. Assente fica, naturalmente, também a relevância típica desse comportamento, não podendo o tribunal competente na acção de *private enforcement* atribuir aos factos relativos à conduta da empresa demandada uma qualificação jurídica que exclua o preenchimento da infracção que a autoridade de concorrência entendera estar preenchido (por exemplo, como cartel proibido ou abuso de posição dominante)[244].

264. Mais complexa é a questão de saber se os outros elementos da responsabilidade civil se devem igualmente considerar definitivamente apreciados pela decisão de *public enforcement*.

Em princípio, essa questão merece uma resposta de teor negativo. Pense-se, em primeiro lugar, na *qualidade de lesado* do autor da acção de responsabilidade civil. A montante da prova do dano, o autor da acção deve demonstrar que pertence ao círculo de agentes económicos afectados pelo comportamento anticoncorrencial em causa. Ainda que se entenda pertencer ao lesado o ónus da prova da lesividade concreta do compor-

[243] Precisamente por essa razão, certa doutrina considera que um dos pressupostos não escritos da vinculatividade da decisão da autoridade de concorrência é a «identidade da situação da vida» apreciada pela autoridade da concorrência e aquela que fundamenta a responsabilidade civil na acção de *private enforcement*: ANDREAS WEITBRECHT, «Bindungswirkung behördlicher Entscheidungen», *in Handbuch Private Kartellrechtsdurchsetzung*, ANDREAS FUCHS/ANDREAS WEITBRECHT (Hrsg.), 1. Auflage, C.H. Beck, München, 2019, pp. 611-637, Rdr. 38.

[244] GERO MEESSEN, *Der Anspruch auf schadenersatz bei Verstößen gegen EU-Kartellrecht*, Mohr Siebeck, Tübingen, 2011, p. 133. Com a estabilidade da decisão da autoridade de concorrência relativamente à existência de uma infracção, fica igualmente assente a *ilicitude* do comportamento da empresa demandada na acção de *private enforcement*.

tamento da demandada, essa prova pode ser facilitada caso se aceite que a decisão da autoridade de concorrência vincula o tribunal na acção de *private enforcement* no que respeita aos *efeitos distorcivos da concorrência* da infracção cometida pelo réu. A doutrina tem entendido que a extensão da eficácia vinculativa da decisão da autoridade de concorrência às consequências económicas da infracção em causa depende do tipo anticoncorrencial violado, no sentido em que tal extensão só deve ser admitida nos casos em que o preenchimento do *tipo de ilícito objectivo* exigir a produção de certas consequências económicas adversas[245].

265. No caso dos acordos, decisões ou práticas restritivas da concorrência (artigo 101º do Tratado Sobre o Funcionamento da União Europeia), a proibição não exige a verificação de um resultado económico negativo, bastando-se com a mera susceptibilidade da afectação do comércio entre os Estados-Membros e a intenção de impedir, restringir ou falsear a concorrência no mercado interno. Acresce que a tipificação objectiva dos comportamentos anticoncorrenciais nas alíneas a) a e) tem como ponto de referência a conduta do infractor, podendo, pois, o ilícito concorrencial consumar-se logo com a celebração do acordo, a adopção da decisão ou da prática em causa (ilícito de mera actividade). Por essa razão, tem-se entendido que a força vinculativa da decisão da autoridade de concorrência não abrange a «lesividade» do cartel relativamente ao lesado ou lesados que se arrogam titulares do crédito indemnizatório. Na medida em que o facto que tenha origem ao dano (por exemplo, a compra de determinado produto) se enquadre no âmbito material, territorial ou temporal do acordo, decisão ou prática tal qual configurados na decisão da autoridade de concorrência, admite-se, porém, a facilitação da prova de que aquele facto tenha sido por eles influenciado[246].

[245] JÖRG NOTHDURFT, «"The Trade follows the Flag"», *in Festschrift für Klaus Tolksdorf zum 65. Geburtstag*, FRIEDRICH DENCKER /GREGOR GALKE/ANDREAS VOSSKUHLE (Hrsg.), C. Heymanns, Köln, 2014, pp. 533-547 (p. 543); MIGUEL SOUSA FERRO, «Antitrust Private Enforcement and the Binding Effect of Public Enforcement Decisions», *Market and Competition Law Review*, 2019, pp. 51-80 (p. 62.).

[246] ANDREAS WEITBRECHT, «Bindungswirkung behördlicher Entscheidungen», *in Handbuch Private Kartellrechtsdurchsetzung*, ANDREAS FUCHS/ANDREAS WEITBRECHT (Hrsg.), 1. Auflage, C.H. Beck, München, 2019, pp. 611-637, Rdr. 73 (prova de primeira aparência ou, pelo menos, uma presunção de facto da «lesividade» concreta do cartel).

O resultado do acordo, decisão ou prática já deve ser considerado no juízo relativo ao tipo de exclusão do nº 3 do artigo 101º, uma vez que o Tratado faz depender a inaplicabilidade da proibição do cartel da verificação de certas consequências: a melhoria da produção ou da distribuição dos produtos; a promoção do progresso técnico ou económico ou a afectação de uma parte equitativa do lucro resultante do acordo, prática ou decisão restritiva da concorrência. Parece, por isso, ter razão a doutrina que sustenta que só na medida em que a decisão da autoridade de concorrência tiver apreciado estes factores é que a decisão relativa a um acordo ou prática restritiva da concorrência se pode estender no seu efeito vinculativo além da infracção em si, de modo a incluir certas consequências perturbadoras do mercado[247].

266. Diversamente, a proibição do abuso de posição dominante (artigo 102º do Tratado Sobre o Funcionamento da União Europeia) envolve forçosamente a ponderação de elementos externos ao próprio comportamento infractor[248]. A presença no tipo de elementos reportados a um resultado decorre logo do proémio do artigo 102º, na medida em que, além da susceptibilidade de afectação do comércio entre os Estados-Membros, se vem exigir a *exploração abusiva* de uma posição dominante no mercado interno ou uma parte substancial deste. Esta ilacção é, depois, confirmada pela configuração dos tipos-padrão constantes das alíneas a) a d), na medida em que se admite como forma de exploração abusiva do mercado, por exemplo, a imposição de preços de compra ou de venda ou de outras condições não equitativas, a causação de prejuízos aos consumidores através da limitação de produção, da distribuição ou do desenvolvimento técnico, ou a colocação de parceiros em desvantagem na concorrência através da aplicação de condições desiguais na realização de prestações equivalentes. Este aspecto reflecte-se na extensão dos efeitos vinculativos da decisão da autoridade de concorrência. Estando em causa a aplicação de uma sanção fundada no abuso de posição dominante, o resultado da exploração

[247] Aparentemente nesse sentido, MIGUEL SOUSA FERRO, «Antitrust Private Enforcement and the Binding Effect of Public Enforcement Decisions», *Market and Competition Law Review*, 2019, pp. 51-80 (p. 63).

[248] ANDREAS WEITBRECHT, «Bindungswirkung behördlicher Entscheidungen», *in Handbuch Private Kartellrechtsdurchsetzung*, ANDREAS FUCHS/ANDREAS WEITBRECHT (Hrsg.), 1. Auflage, C.H. Beck, München, 2019, pp. 611-637, Rdr. 74.

abusiva daquela posição não pode deixar de integrar o efeito de acertamento da decisão da autoridade de concorrência. Caso assim não se entendesse, ficaria esvaziada de sentido útil a norma que determina o carácter definitivo da decisão de uma autoridade de concorrência quanto à existência de uma infracção anticoncorrencial: a mera declaração de uma conduta não estaria, então, suficientemente concretizada para se considerar definitivamente preenchido o elemento da ilicitude na acção de responsabilidade civil, a qual exigiria ainda a prova de que essa conduta teria provocado algum dos resultados que a lei exige como pressuposto do abuso de posição dominante. Assim, por hipótese, no caso de uma empresa que se prevalece da sua posição monopolista na produção de determinado produto para impor a distribuidores preços mínimos de venda no mercado de retalho, a decisão sancionatória da autoridade de concorrência torna-se vinculativa não apenas quanto à existência de um comportamento desconforme com o artigo 102º do Tratado Sobre o Funcionamento da União Europeia, mas também quanto ao carácter não equitativo para os consumidores dos preços fixados.

267. O ponto que acabamos de expor permite também compreender que o reconhecimento, com força vinculativa, de um abuso de posição dominante tem de estender-se normalmente aos aspectos definidores do mercado relevante, bem como ao âmbito temporal da infracção. Sem a inclusão no caso julgado da descrição do mercado em que se registara o comportamento abusivo do infractor, de pouco serviria a extensão à acção de *private enforcement* dos efeitos da decisão da autoridade de concorrência[249]. A sujeição do lesado ao ónus de provar o mercado relevante ou o período em que concretamente ocorreu a infracção equivaleria a uma reabertura da discussão relativamente ao ilícito concorrencial.

268. Tem sido questionado se a decisão da autoridade de concorrência deve ter também uma eficácia vinculativa quanto aos elementos subjectivos do tipo. Sem pretendermos incidir neste momento sobre o problema da estrutura da norma que impõe o dever de indemnizar fundado na vio-

[249] ANDREAS WEITBRECHT, «Bindungswirkung behördlicher Entscheidungen», *in Handbuch Private Kartellrechtsdurchsetzung*, ANDREAS FUCHS/ANDREAS WEITBRECHT (Hrsg.), 1. Auflage, C.H. Beck, München, 2019, pp. 611-637, Rdr. 62.

lação do direito da concorrência[250], não podemos deixar de afirmar que, mesmo aceitando que não se justifica introduzir um desvio à lógica da responsabilidade delitual que conduza abdicar da culpa como elemento da responsabilidade, não se deverá deixar de aceitar que a eficácia vinculativa da decisão da autoridade de concorrência se estende de algum modo a ela. Quer dizer, os factos com base nos quais se justifica o juízo de censura, uma vez valorados pela autoridade de concorrência para considerar preenchido o tipo contraordenacional, devem ser considerados como provados pelo tribunal competente para apreciar o pedido indemnizatório na acção de responsabilidade civil. Na verdade, e não obstante a jurisprudência do Tribunal de Justiça da União Europeia quanto estiver em causa a violação dos artigos 101º e do 102º do Tratado Sobre o Funcionamento da União Europeia, a culpa é um dos pressupostos típicos da responsabilidade contraordenacional e, não tendo o legislador restringido o efeito declaratório extraprocessual da decisão da autoridade de concorrência aos elementos objectivos do tipo, tão-pouco encontramos razão para introduzir por

[250] Questão anterior à de saber se a decisão condenatória da autoridade de concorrência se deve estender à culpa da empresa infractora é de saber se a culpa é um dos elementos da responsabilidade fundada na violação do direito da concorrência. O problema da estrutura do delito anticoncorrencial não pode ser aqui desenvolvido nem, bem assim, a questão de saber se a razão assiste àqueles que defendem um princípio de autonomia do direito da responsabilidade civil dos Estados-Membros, a quem continuaria a competir fixar os pressupostos do crédito indemnizatório (e a fazer depender a sua constituição da «imputabilidade, adequação ou culpabilidade», *cf.* considerando 11 da Directiva nº 2014/104/UE) ou se, ao invés, o princípios basilar da efectividade e a coerência na aplicação do direito da concorrência não acabam por impor a autonomização da responsabilidade fundada na violação do direito da concorrência num tipo específico, directamente forjado a partir do Direito europeu, e com um recorte objectivo, dispensando a imputação subjectiva. Em favor da primeira alternativa, por exemplo, Folkert Wilman, *Private Enforcement of EU Law Before National Courts – The EU Legislative Framework*, Edward Ellger, 2015, 264-7; Martin Ebers, *Rechte, Rechtsbehelfe und Sanktionen im Unionsprivatrecht*, Mohr Siebeck, Tübingen, 2016, pp. 612 e ss.; defendendo a segunda, entre outros, Jochen Burrichter, «Ökonomischen Gutachten in Kartellschadensersatzprozessen», *in Kartellrecht in Theorie und Praxis – Festschrift für Cornelis Canenbley zum 70 Geburtstag*, C. H. Beck, München, 2012, pp. 111-127; Theresa Schüssel-Kohlhäufl, *Die Struktur des Delikts im Kartellschadensersatzrecht – Eine Analyse unter besonderer Berücksichtigung der Feststellungswirkung des § 33b GWB*, Mohr Siebeck, Tübingen, 2020, pp. 125 e ss (de jure constituendo), Miguel Sousa Ferro, «Antitrust Private Enforcement and the Binding Effect of Public Enforcement Decisions», *Market and Competition Law Review*, 2019, pp. 51-80 (p. 60).

via interpretativa semelhante restrição[251]. Coisa diferente de se encontrar estabilizada a factualidade que alicerça o juízo de culpa é dizer-se que o produzo desse juízo – a culpa do infractor – se deve igualmente ter por assente. De facto, tendo em consideração que as bitolas de conduta não são exactamente as mesmas na responsabilidade contraordenacional e na responsabilidade civil, não pode deixar de admitir-se que o mesmo comportamento seja valorado como culposo para o efeito da aposição de uma contraordenação e não culposo para o efeito da constituição de um dever de indemnizar. Em qualquer caso, e conforme tem sido salientado na doutrina e na prática do *private enforcement*, mesmo sem ter em consideração o efeito vinculativo da decisão das autoridades reguladoras, a prova da culpa do infractor encontra-se muitas vezes facilitada, por razões de ordem diversa: a fundamentação da responsabilidade envolver neste tipo de casos da violação de normas de protecção, o que tende a concentrar o problema da culpa no carácter desculpável do conhecimento dos preceitos violados (em regra, de rejeitar nos casos típicos de «*hard-core cartels*»), ou do erro-ignorância quanto aos pressupostos de facto que preenchem a previsão da norma proibitiva (cuja relevância depende, por sua vez, do cumprimento de deveres de organização e de controlo do cumprimento que normalmente teriam podido detectar, evitar ou fazer cessar a infracção)[252]; dos elevados custos do cumprimento ou da demonstração do cumprimento, pela pessoa colectiva, dos seus deveres de cuidado[253]; da tendência geral para a «objectivação» da culpa tratando-se de ilícitos imputados a uma pessoa colectiva (através de um pensamento orientado pela «culpa na organização» ou na «*faute du service*»)[254].

[251] Com esta argumentação, Andreas Weitbrecht, «Bindungswirkung behördlicher Entscheidungen», *in Handbuch Private Kartellrechtsdurchsetzung*, Andreas Fuchs/Andreas Weitbrecht (Hrsg.), 1. Auflage, C.H. Beck, München, 2019, pp. 611-637, Rdr. 66.

[252] Andreas Weitbrecht, «Bindungswirkung behördlicher Entscheidungen», *in Handbuch Private Kartellrechtsdurchsetzung*, Andreas Fuchs/Andreas Weitbrecht (Hrsg.), 1. Auflage, C.H. Beck, München, 2019, pp. 611-637, Rdr. 70.

[253] Andreas Weitbrecht, «Bindungswirkung behördlicher Entscheidungen», *in Handbuch Private Kartellrechtsdurchsetzung*, Andreas Fuchs/Andreas Weitbrecht (Hrsg.), 1. Auflage, C.H. Beck, München, 2019, pp. 611-637, Rdr. 69, nota que, em regra, a empresa infractora não estará disposta a revelar ao pormenor, numa audiência pública, a estrutura e o funcionamento do seu sistema de controlo interno (*compliance*).

[254] Andreas Weitbrecht, «Bindungswirkung behördlicher Entscheidungen», *in Handbuch Private Kartellrechtsdurchsetzung*, Andreas Fuchs/Andreas Weitbrecht (Hrsg.), 1.

269. Já quanto aos restantes elementos da responsabilidade, como o dano e o nexo causal entre o dano e o ilícito concorrencial («causalidade de preenchimento» da responsabilidade), não existem dúvidas de que eles não se encontram abrangidos pelo efeito vinculativo da decisão da autoridade de concorrência[255].

Surgindo a dúvida sobre o preciso alcance da vinculatividade da decisão da autoridade de concorrência na acção de *private enforcement*, deve o tribunal colocá-la ao Tribunal de Justiça da União Europeia através do mecanismo do reenvio prejudicial[256].

6.2. A vinculatividade de uma decisão da autoridade de concorrência da qual tenha sido interposto recurso judicial ordinário sem que nele haja sido impugnada a existência de uma infracção do direito da concorrência

270. Ainda no domínio do efeito de caso julgado na acção de *private enforcement* de uma decisão de uma autoridade de concorrência, coloca-se-nos uma segunda questão, com um âmbito substancialmente mais estrito. Trata-se de saber se uma decisão da qual tenha sido interposto recurso judicial ordinário pode considerar-se vinculativa na acção de *private enforcement* quanto à declaração de uma infracção do direito da concorrência, quando tal declaração não tiver sido impugnada naquele recurso.

A questão deve ser respondida afirmativamente, uma vez que, relativamente à declaração da existência de uma prática anticoncorrencial, a decisão tornou-se definitiva a partir do momento em que o objecto do recurso interposto para o tribunal competente – para os tribunais europeus no caso das decisões adoptadas pela Comissão Europeia ou para o

Auflage, C.H. Beck, München, 2019, pp. 611-637, Rdr. 67, admite, nos *hard-core cartels* uma presunção de culpa na organização, insusceptível de ser afastada pela mera ausência de prova, pelo lesado, de um concreto incumprimento do dever de gestão e de monitorização do risco, uma vez que este risco da incerteza ainda recai sobre o lesante.

[255] V. a Decisão do TJUE de 6-11-2012 (*Europese Gemeenschap v. Otis N. V. and Others*), Proc. C199/11, parág. 65; Miguel Sousa Ferro, «Antitrust Private Enforcement and the Binding Effect of Public Enforcement Decisions», *Market and Competition Law Review*, 2019, pp. 51-80 (pp. 59-60); Andreas Weitbrecht, «Bindungswirkung behördlicher Entscheidungen», *in Handbuch Private Kartellrechtsdurchsetzung*, Andreas Fuchs/Andreas Weitbrecht (Hrsg.), 1. Auflage, C.H. Beck, München, 2019, pp. 611-637, Rdr. 75.

[256] Miguel Sousa Ferro, «Antitrust Private Enforcement and the Binding Effect of Public Enforcement Decisions», *Market and Competition Law Review*, 2019, pp. 51-80 (p. 59).

tribunal da concorrência, regulação e supervisão quanto às decisões da Autoridade da Concorrência (artigo 45º do Decreto-Lei nº 125/2014, de 18 de Agosto) – não tiver abrangido a questão relativa à existência da infracção concorrencial[257].

271. Uma vez que o objecto do recurso limita os poderes de cognição do tribunal e que este se encontra, por essa razão, impedido de modificar a decisão da autoridade de concorrência neste ponto, isso significa que, na parte em que declara a existência de uma prática anticoncorrencial, aquela decisão ter-se-á tornado definitiva e estável. Note-se que a situação-fundamento da «presunção inilidível» da existência de uma infracção ao direito da concorrência não é, de acordo com a própria formulação utilizada no nº 1 do artigo 7º, a *decisão* da Autoridade da Concorrência, mas antes a *declaração* daquela autoridade reguladora quanto à existência de uma infracção do direito da concorrência.

As duas realidades – decisão e declaração – não podem ser confundidas, não só porque uma decisão da Autoridade da Concorrência (ou uma decisão judicial, proferida no recurso que dela tiver sido interposto) pode não ter um conteúdo declarativo ou, pelo menos, não declarar a existência de uma infracção do direito da concorrência, mas também porque, quando efectivamente tiver tal conteúdo declarativo, ela não tem de se esgotar nele, podendo igualmente incorporar um outro objecto: na hipótese mais frequente, um comando dirigido ao cumprimento de uma sanção[258].

272. De outra perspectiva, a parte da decisão da autoridade de concorrência susceptível de ser modificada – como o tipo de sanções contraordenacionais aplicáveis ou a medida (ou dispensa) da coima –, é insusceptível de influir na decisão a proferir no processo de *private enforcement*, não exis-

[257] A solução que defendemos foi expressamente consagrada na lei francesa, que no artigo 481-2 do *Code de Commerce* determina a presunção inilidível da existência de uma infracção do direito da concorrência a uma decisão «*qui ne peut plus faire l'objet d'une voie de recours ordinaire pour la partie relative à ce constat par l'Autorité de la concorrence ou par la jurisdiction de recours*». Muriel Chagny, «France», *in The EU Antitrust Damages Directive: Transposition in the Member States*, Barry James Rodger/Miguel Sousa Ferro/Francisco Marcos (ed.), pp. 101-123 (p. 109).

[258] Andreas Weitbrecht, «Bindungswirkung behördlicher Entscheidungen», *in Handbuch Private Kartellrechtsdurchsetzung*, Andreas Fuchs/Andreas Weitbrecht (Hrsg.), 1. Auflage, C.H. Beck, München, 2019, pp. 611-637, Rdr. 32 e ss..

tindo motivo que obste à verificação da consequência estatuída pelo artigo 7º da Lei do *Private Enforcement*. Assim, a tese contrária, ao fazer depender a definitividade da decisão na acção de *private enforcement* do trânsito em julgado de uma decisão do tribunal de recurso que é insusceptível de afectar a declaração da existência de uma prática anticoncorrencial, conduziria ao resultado indesejável de permitir que na acção de *private enforcement* viesse a ser proferida uma decisão contraditória com aquela que constasse da decisão da Autoridade da Concorrência, quando fosse certo que, neste ponto, aquela decisão já não seria susceptível de ser modificada através de um recurso judicial ordinário.

A fim de evitar o risco de o tribunal, considerando-se não vinculado por aquela decisão, vir a considerar inexistir uma infracção do direito da concorrência, os lesados pela prática anticoncorrencial (ou a associação com legitimidade para reclamar a indemnização) tenderiam compreensivelmente a sobrestar na decisão de propor a acção de responsabilidade civil. Este seria um resultado particularmente injusto, uma vez que os lesados não são directamente interessados no recurso da decisão da Autoridade da Concorrência nem podem intervir nessa instância como partes, mas nem por isso deixavam de ter de suportar a privação da prestação indemnizatória de que fossem titulares, durante o período que decorresse até ao trânsito em julgado da decisão.

6.3. A acção de *private enforcement* na pendência do recurso ordinário de uma decisão de uma autoridade de concorrência relativo à existência ou ao âmbito da infracção imputada ao réu

273. Importa agora apreciar o problema dos efeitos que na acção de *private enforcement* devem ser associados à decisão de uma autoridade de concorrência quando houver sido impugnada a própria existência de uma infracção anticoncorrencial. De facto, no tocante à declaração quanto à verificação de uma prática desconforme com o direito da concorrência, a decisão não é, ainda, definitiva (artigo 7º, nº 1, da Lei do *Private Enforcement*).

Nessa hipótese, a lei prevê que o tribunal possa determinar a suspensão da instância até que tal decisão se torne definitiva ou transite em julgado, ainda que não tenha o dever estrito de fazê-lo (artigo 7º, nº 3, da Lei do *Private Enforcement*). A solução da lei portuguesa surge como justificada, tendo em conta que a ilicitude da conduta da parte demandada à luz das normas relativas à concorrência constitui uma questão prejudicial relativamente ao direito do autor à reparação e que a teleologia da lei é a de fazer prevalecer o sentido da decisão adoptada em sede de *public enforcement* sobre o entendimento que o tribunal vier a assumir na acção de responsabilidade civil.

274. Apesar da linguagem de tipo permissivo, o poder de suspensão do processo não deve ser entendido como discricionário: trata-se, antes, de um poder-dever, cujo exercício se encontra parametrizado pelas normas-princípio do sistema processual civil. Pretende-se com isto dizer que no juízo de ponderação que precede a decisão sobre a suspensão ou a não suspensão da acção de *private enforcement*, o tribunal deve ter em conta os princípios da celeridade e economia processual, da adequação formal e da gestão processual.

Por um lado, não deve ser desconsiderado o risco de se inutilizarem todos os actos processuais ulteriores, no caso de o tribunal de recurso vir a anular ou a revogar ou a decisão administrativa com fundamento na inexistência de uma infracção ao direito da concorrência.

Por outro, porém, existem questões jurídicas que não dependem da decisão a proferir pelo tribunal de recurso e que, por essa razão, podem ser apreciadas na acção de *private enforcement* mesmo antes de ser conhecida aquela decisão. Pensamos, primeiramente, nas questões relativas ao preenchimento dos pressupostos processuais, como a competência ou a legitimidade. Supondo que, no momento da audiência prévia, ainda não tenha transitado em julgado a decisão do tribunal de recurso relativa à decisão da autoridade de concorrência, não existe razão para que nessa audiência não seja imediatamente apreciado o preenchimento dos pressupostos processuais, quando, como é a regra, a possibilidade de conhecimento do mérito da acção depende do preenchimento desses pressupostos. Outra solução levaria a que os termos ulteriores do rito procedimental se viessem a revelar totalmente inúteis, qualquer que viesse a ser o conteúdo da decisão do tribunal de recurso relativamente à decisão da autoridade de concorrência. Concluímos, assim, que, mesmo na pendência de um recurso de uma decisão da autoridade de concorrência, o tribunal competente para a acção de *private enforcement* não deve deixar de realizar a audiência prévia com a finalidade de facultar às partes a discussão de facto e de direito relativamente às excepções dilatórias invocadas pelas partes ou de que o tribunal deva conhecer oficiosamente (artigo 591º, nº 1, alínea b) do Código de Processo Civil), e de proferir despacho saneador, precisamente para conhecer dessas excepções (artigo 595º, nº 1, alínea a) do Código de Processo Civil).

275. Mais discutível é a questão de saber se, na pendência de um recurso de uma decisão da autoridade de concorrência que incida sobre a própria existência de uma infracção, o tribunal competente para a acção de *private enforcement* pode conhecer de outras questões de mérito além do ilícito concorrencial. Pensamos, designadamente, na decisão relativa à verificação de um dano, do nexo causal entre o dano e o ilícito concorrencial e do cômputo da obrigação de indemnização.

Contra a possibilidade do conhecimento destas questões na acção de *private enforcement* poder-se-ia argumentar que a decisão da autoridade de concorrência não é definitiva e que, por essa razão, toda a instrução do processo quanto a estas matérias se poderia revelar inútil caso a decisão da autoridade da concorrência viesse a ser revogada na parte em que se declarou a existência de uma infracção. Não tendo ficado assente que não houve qualquer prática anticoncorrencial, o dano que vier a ser provado na acção de *private enforcement* deverá ser reparado contanto que se prove nessa acção a existência de uma prática anticoncorrencial danosa.

276. Os argumentos que acabamos de enunciar não parecem, contudo, ser suficientes para fundar a convicção de que o tribunal se encontra sujeito a um dever de suspender a instância até ao momento em que se tornar definitiva a decisão da autoridade de concorrência.

Em primeiro lugar, fazemos notar que a imposição de um dever estrito de suspensão da instância foi manifestamente recusada pelo legislador no nº 4 – disposição que se aplica indistintamente do objecto do recurso incidir ou não sobre a existência de uma infracção ao direito da concorrência –, em favor de uma solução que atribui ao decisor o poder de decidir entre a suspensão ou o prosseguimento do rito procedimental.

Em segundo lugar, é importante referir que a instrução e a discussão relativa a outros elementos da situação de responsabilidade civil antes de se poder dar como estável a decisão relativa à ilicitude não contraria o princípio da economia processual. Pelo contrário, parece favorecê-lo, uma vez que permite evitar que a parte mais complexa e morosa da instrução seja adiada para depois do momento em que a decisão da autoridade de concorrência se tiver tornado definitiva. Esse adiamento pareceria, de resto, ser excessivamente penalizador para aqueles que tivessem sido prejudicados por uma prática anticoncorrencial, que assim teriam de tolerar uma satisfação mais tardia do seu direito à indemnização. Na verdade, a circunstância de ter sido adoptada uma decisão que reconhece a existência de uma infracção do direito da concorrência – mesmo que tal decisão não se tenha ainda tornado definitiva – não deve ser considerada irrelevante. Até ao momento em que tal decisão vier a ser revogada por um tribunal de recurso, ela deve supor-se justa e conforme com o Direito objectivo[259], havendo que retirar dela todas as consequências, incluindo a declaração da existência de uma prática anticoncorrencial.

277. Note-se, ainda, que a solução de permitir a produção de prova em ambiente de contraditoriedade entre as partes relativamente a questões jurídicas não abrangidas pelo recurso da decisão de uma autoridade de concorrência em nada colide com o sentido do nº 1 do artigo 7º da Lei do *Private Enforcement*. A colisão não existe uma vez que para a instrução do processo relativamente aos outros factos jurídicos que integram o seu objecto além do facto ilícito, é irrelevante o efeito de acertamento da declaração de existência da infracção do direito da concorrência. O que se pode efectivamente argumentar é que o entendimento que aqui defendemos deve ser articulado com a realização da intencionalidade normativa de assegurar a coerência na aplicação do direito da concorrência. A concordância prática entre os princípios em conflito pode, no entanto, ser assegurada por uma via que não implique a suspensão imediata do processo: para alcançar o resultado pretendido, na verdade, é suficiente que essa suspensão seja determinada pelo tribunal antes de terminar a audiência de julgamento, por forma a assegurar que a sentença que posteriormente vier a proferir possa ter em conta o efeito declarativo da decisão da autoridade de concorrência ou do tribunal de recurso relativamente à verificação de uma prática anticoncorrencial ilícita (artigo 611º do Código de Processo Civil).

[259] Faz-se notar, aliás, que a nossa lei atribui ao recurso da decisão sancionatória da Autoridade da Concorrência o efeito meramente devolutivo (artigo 84º, nº 4, da Lei nº 19/2012, de 8 de Maio).

6.4. Os efeitos das decisões das autoridades nacionais de concorrência adoptadas antes da entrada em vigor da Lei do *Private Enforcement*

278. Uma última questão relativa aos efeitos das decisões proferidas pelas autoridades de concorrência consiste em determinar se o carácter vinculativo das decisões adoptadas pelas autoridades de concorrência deve abranger as decisões proferidas antes da transposição da Directiva nº 2014/104/UE através da Lei do *Private Enforcement*, relativamente a acções de responsabilidade civil emergente de práticas anticoncorrenciais que tiverem sido propostas após aquele momento. A questão deve ser respondida afirmativamente, por três ordens de razão.

279. Em primeiro lugar, a norma que impõe a vinculatividade nas acções de *private enforcement* das decisões das autoridades de concorrência que tiverem afirmado uma prática anticoncorrencial deve ser entendida como uma norma de cariz *processual*, sendo, por essa razão, imediatamente aplicável às acções propostas na vigência da Lei do *Private Enforcement* (artigo 24º, nº 2)[260]. Na verdade, a norma que determina a vinculatividade da decisão da autoridade da concorrência não tem um cariz substantivo, no sentido de que a sua consolidação na ordem jurídica implica o preenchimento de um dos elementos do tipo de ilícito concorrencial. Uma descrição dogmaticamente mais precisa desta proposição consiste em dizer que, ao determinar a estabilidade da decisão da autoridade da concorrência na acção de *private enforcement*, a norma em causa produz o *acertamento* no processo quanto à existência de uma infracção do direito da concorrência[261]. É justamente a

[260] Defende também a aplicabilidade imediata do § 33b da GWB aos processos em curso, embora sustentando a inexistência da proibição da aplicação retroactiva numa qualificação da norma como uma regra legal relativa à prova, Andreas Weitbrecht, «Bindungswirkung behördlicher Entscheidungen», *in Handbuch Private Kartellrechtsdurchsetzung*, Andreas Fuchs/Andreas Weitbrecht (Hrsg.), 1. Auflage, C.H. Beck, München, 2019, pp. 611-637, Rdr. 76.

[261] Miguel Sousa Ferro, «Antitrust Private Enforcement and the Binding Effect of Public Enforcement Decisions», *Market and Competition Law Review*, 2019, pp. 51-80 (p. 68). No Direito alemão, a maioria da doutrina que se tem pronunciado acerca da natureza do § 33b *GWB* – norma homóloga do artigo 7º, nº 1 da Lei do *Private Enforcement* – vê nela uma norma atributiva de eficácia declaratória («*Feststellungswirkung*») à decisão da autoridade de concorrência e não uma eficácia de preenchimento do tipo material («*Tatbestandswirkung*»): Gero Messen, *Der Anspruch auf Schadenersatz bei Verstößen gegen EU-Kartellrecht*, Mohr Siebeck, Tübingen, 2011, p. 133; Andreas Weitbrecht, «Bindungswirkung behördlicher Entscheidungen»,

circunstância de o artigo 7º da Lei do *Private Enforcement* atribuir à decisão da autoridade de concorrência um efeito declaratório quanto à existência de uma prática anticoncorrencial na acção de responsabilidade civil que se deve excluir também a tese segundo a qual a norma em causa procede a uma redistribuição do ónus da prova quanto ao ilícito concorrencial. É certo que, por força da solução nela consagrada, o autor da acção de *private enforcement* se encontra dispensado do ónus de provar a existência de uma prática anticoncorrencial. No entanto, esta não é senão a consequência de a norma determinar o valor extraprocessual do efeito de caso decidido da decisão proferida pela autoridade de concorrência ou do caso julgado formado sobre a decisão do tribunal de recurso que a tiver confirmado. Por outras palavras, não se trata de aliviar o lesado do ónus de provar a existência de uma infracção do direito da concorrência ou de deslocar esse ónus para o lesante, mas antes de se proibir a repetição da discussão relativa à existência da prática anticoncorrencial.

280. Podemos, no entanto, ir mais longe. Suponha-se que se devia antes entender que a norma contida no artigo 7º, nº 1 da Lei do *Private Enforcement* tinha uma natureza substantiva e que, por essa razão, estaria excluída a sua aplicação imediata às acções de *private enforcement*, propostas antes da entrada em vigor daquela lei. Pergunta-se: seria, então, de considerar que as decisões adoptadas pela autoridade de concorrência, confirmadas ou não por uma decisão judicial, não pudessem produzir quaisquer efeitos na acção de *private enforcement* e, consequentemente, que o tribunal pudesse proferir uma decisão com elas incompatível no que respeita à existência de uma infracção concorrencial?

A pergunta reclama, em nossa opinião, uma resposta negativa. Na verdade, o resultado de renovar a discussão relativamente à infracção do direito da concorrência surgiria como desconforme com os princípios que regem o direito da concorrência. Essa desconformidade decorreria, em primeiro lugar, da circunstância de o autor da acção de *private enforcement* passar a ser onerado com a prova diabólica quanto à existência e ao

in Handbuch Private Kartellrechtsdurchsetzung, ANDREAS FUCHS/ANDREAS WEITBRECHT (Hrsg.), 1. Auflage, C.H. Beck, München, 2019, pp. 611-637, Rdr. 59. Note-se, de resto, que, quanto ao dever de indemnizar invocado na acção de *private enforcement*, o ilícito civil não está na declaração da existência de uma infracção, mas na infracção em si (melhor, no juízo de desconformidade a ordem jurídica que a sua prática revela).

âmbito de uma infracção do direito da concorrência. Tal solução, sendo, de facto, aquela que resultaria da aplicação das regras gerais relativas ao ónus da prova, tornaria impossível ou, pelo menos, extraordinariamente difícil a satisfação efectiva do direito à reparação dos danos provocados por um ilícito concorrencial e mostrar-se-ia, por essa razão, incompatível com o *princípio da efectividade*. Recorde-se, aliás, que mesmo antes da adopção da Directiva nº 2014/104/UE, os tribunais europeus consideraram serem incompatíveis com o princípio da efectividade a aplicação de normas da ordem jurídica interna que, impondo ao lesado ónus probatórios excessivamente onerosos, acabassem, na prática, por inutilizar o direito à reparação dos danos causados pela violação dos artigos 101º e 102º do Tratado Sobre o Funcionamento da União Europeia: um direito que, também na linha de uma jurisprudência consolidada nos tribunais europeus, é directamente atribuído pelo Tratado a todos aqueles que tenham sido lesados por uma infracção do direito da concorrência[262].

281. Em segundo lugar, a solução que obrigaria a repetir a discussão e a instrução na acção de *private enforcement* relativa a uma infracção já considerada como ocorrida por uma anterior decisão de uma autoridade de concorrência colocaria em causa o próprio programa de fins que está na base do sistema actual de tutela da concorrência. De facto, tal solução abriria as portas ao surgimento, na mesma ordem jurídica, de decisões contraditórias acerca da conformidade com o direito da concorrência de um determinado comportamento no mercado. A instabilidade na interpretação e aplicação destas normas é susceptível de ameaçar o objectivo de assegurar o funcionamento do mercado comum, mas também de prejudicar o interesse dos particulares lesados em obter uma reparação efectiva (na hipótese em que se lhe exigisse a prova de uma infracção concorrencial que, em regra, se mostra extremamente difícil de efectuar) ou a confiança da empresa demandada no carácter lícito do seu comportamento (no caso em que na acção de *private enforcement* se desse como provada uma infracção que a autoridade de concorrência ou um outro tribunal tivessem entendido inexistir).

[262] V., por exemplo, as Decisões do TJ de 30-01-1974 (*BRT e Societé Belge des Auteurs, Compositeurs et Éditeurs*), Proc. C:1974/5, parág. 16, de 20-09-2001 (*Courage Ltd. v. Bernard Créhan*), Proc. C.453/99, parág. 23 e de 13-07-2006 (*Manfredi*), Proc. C-296/04, parág. 39, e de 5-6-2014 (*Kone and Others v. ÖBB-Infrastruktur*), Proc. C-557/12, parágs. 20 e ss..

282. De todo o modo, não deixamos de fazer notar que a aplicação do artigo 7º, nº 1 da Lei do *Private Enforcement* – directamente ou por analogia – não é a única forma de evitar o resultado que acabamos de descrever. Na verdade, o núcleo essencial do princípio da efectividade e, pelo menos, em certa medida, também do princípio da confiança e da coerência na aplicação do direito da concorrência, pode ser salvaguardado através da de uma criteriosa aplicação das normas relativas ao ónus da prova. Mesmo na ausência de um preceito que expressamente estenda o efeito de caso decidido da decisão da autoridade de concorrência à acção de *private enforcement*, não parece razoável recusar qualquer relevância probatória ao conteúdo daquela decisão no que respeita à existência e ao âmbito da infracção concorrencial nela apreciada. Nessa hipótese, parece ser de admitir que a decisão da autoridade de concorrência constitua uma *prova de primeira aparência* quanto à existência ou à inexistência da prática anticoncorrencial em causa, com a consequência de se dispensar provisoriamente o autor do ónus de provar o ilícito concorrencial, ao mesmo tempo que se consente à parte demandada a possibilidade de criar no tribunal a dúvida quanto à justeza da decisão pretérita (artigo 346º do Código Civil), com o que se devolverá ao autor o seu ónus probatório[263].

283. De resto, a solução que defendemos já poderia extrair-se dos dados mais gerais do Sistema. Na verdade, à luz do princípio da competência e de cooperação entre os órgãos administrativos e os tribunais, não seria adequado poder considerar como juridicamente irrelevante uma decisão proferida por uma autoridade reguladora independente. Não tendo tal decisão sido impugnada, melhor, na medida em que não for impugnada e assim puder consolidar-se na ordem jurídica, ela deve beneficiar de uma *presunção de legalidade* e de conformidade com o Direito objectivo. A decisão administrativa sancionatória, adoptada pela autoridade de concorrência, é, deste modo, apta a gerar uma *proibição de desvio* («*Abweichungsverbot*») quanto à sua existência e pretensão de eficácia jurídica – ainda que apenas

[263] Neste sentido, MIGUEL SOUSA FERRO, «Antitrust Private Enforcement and the Binding Effect of Public Enforcement Decisions», *Market and Competition Law Review*, 2019, pp. 51-80 (p. 54), que cita a opinião da Advogada-Geral J. Kokott no caso *Cogeco Communications Inc. v. Sport TV Portugal, S.A. and Others*, Proc. C-637/17.

num sentido provisório – que é dirigida a outros órgãos e a outros decisores, mesmo que integrados numa jurisdição diversa[264].

A proibição de desvio traduz-se num mero dever de consideração do acto administrativo quanto à existência pela pretensão de eficácia jurídica e não veda a possibilidade de a parte interessada provar a existência de factos contrários àqueles que nele tiverem sido dados como pressupostos[265]. Por originar uma vinculatividade mitigada ou um grau de estabilidade meramente relativo, a «presunção de legalidade» do acto administrativo é uma regra de Direito não escrito, emanada dos princípios gerais[266]. Aplicada ao problema em análise, ela reforça a convicção sobre a justeza da solução que sustenta a vinculação *prima facie* do tribunal competente para conhecer da acção de *private enforcement* à declaração da existência uma prática anticoncorrencial constante de uma decisão de uma autoridade de concorrência adoptada antes da entrada em vigor da Lei nº 23/2018[267].

[264] ANDREAS WEITBRECHT, «Bindungswirkung behördlicher Entscheidungen», *in Handbuch Private Kartellrechtsdurchsetzung*, ANDREAS FUCHS/ANDREAS WEITBRECHT (Hrsg.), 1. Auflage, C.H. Beck, München, 2019, pp. 611-637, Rdr. 79.

[265] Entenda-se: em face de uma decisão condenatória adoptada por uma autoridade de concorrência, a possibilidade de a parte condenada demonstrar numa acção de *private enforcement* que a prática anticoncorrencial que fundou tal decisão – e que, à falta de melhor justificação, se considera ter sido por ela praticada– afinal, não se verificou ou não deve ser considerada ilícita para o efeito de fundamentar um dever de indemnizar.

[266] ANDREAS WEITBRECHT, «Bindungswirkung behördlicher Entscheidungen», *in Handbuch Private Kartellrechtsdurchsetzung*, ANDREAS FUCHS/ANDREAS WEITBRECHT (Hrsg.), 1. Auflage, C.H. Beck, München, 2019, pp. 611-637, Rdr. 79: a previsão legal só é necessária para conferir à decisão da autoridade de concorrência uma eficácia declarativa geral (uma «*Festsellungswirkung*»).

[267] Foi precisamente este o entendimento sufragado pelo BGH na sua decisão de 12 de Julho de 2016 (*Lottoblock II*), BGHZ, 211, pp. 146 e ss. (a propósito da improcedência da concepção que procurasse limitar a vinculatividade da decisão ao seu âmbito dispositivo, escreveu o tribunal: *«zudem wäre der Regelungsinhalt bei einen engen Verständnis der Tatbestandwirkung des § 33 Abs. 4 GWB rein deklaratorisch, weil die Bindung an den Entscheidungstenor einer bestandskräftigen behördlichen oder einer rechtskräftigen gerichtlichen Entscheidung ohnehin besteht, ohne dass es einer besonderen gesetzlichen Regelung bedarf. Die Bindungswirkung des § 33 Abs. 4 GWB erfasst daher alle im vorangegangenen Verfahren getroffenen tatsächlichen Feststellungen, die den Lebenssachverhalt bilden, bezüglich dessen ein Kartellrechtsverstoss festgestellt wurde, und die seine rechtliche Einordnung als Verstoss tragen»*).

§7

A determinação do *quantum* indemnizatório em caso de incerteza sobre o valor exacto dos danos

284. A última questão que, ainda que de forma sumária, se enfrentará neste Estudo consiste em saber se, e em que termos, pode a indemnização fundada na violação do direito da concorrência ser fixada equitativamente, tanto no que respeita ao montante indemnizatório global, como no que se refere à indemnização individual, devida a cada consumidor institucionalmente representado na acção popular.

285. Começamos por fazer a ressalva de que a análise que segue se cinge à apreciação, em termos gerais, do enquadramento jurídico vigente entre nós em caso de incerteza quanto à existência e ao montante dos danos causados por uma infracção do direito da concorrência, designadamente, o âmbito possível de um cálculo indemnizatório fundado na equidade. As consequências das conclusões a que chegamos não podem, contudo, ser determinadas com a inteira precisão sem antes se proceder a uma análise mais geral quanto à determinação e à avaliação dos danos no *private enforcement*. Esta tarefa não será aqui desenvolvida, ficando reservada para outra sede. Não deixamos de prevenir para o facto de os critérios de superação das dificuldades probatórias, à semelhança dos critérios para um preenchimento equitativo do dever de indemnizar, poderem variar consoante o modelo concretamente acolhido pelo tribunal para fixar a indemnização devida pela violação do direito da concorrência e, bem assim, com a metodologia que se adopte para aplicar esse modelo ao caso concreto.

7.1. A incerteza sobre o valor exacto dos danos como problema geral das acções de *private enforcement*

286. O primeiro aspecto que cumpre reter é o de que a responsabilidade fundada na violação do direito da concorrência tem como pressuposto, como critério e como limite da indemnização o *dano* (artigo 3º, nº 1 e 4º, nº 1 da Lei do *Private Enforcement*), circunstância que faz do princípio da compensação a pedra-angular do *private enforcement*. O princípio da prevenção das condutas anticoncorrenciais, que, conforme vimos, está na base deste sector emergente da responsabilidade civil na sociedade de risco deve ser por isso considerado um princípio secundário e subalternizado à reparação integral. No limite, trata-se de um desiderato limitado no seu alcance pelo princípio compensatório, uma vez que o efeito orientador de comportamentos no tráfego que é esperado da responsabilidade civil só pode ser conseguido *através do ressarcimento dos danos*, estando excluídas, por imposição do próprio Direito europeu, as prestações sobrecompensatórias, naturalmente mais aptas a promover, em geral, a eficácia ordenadora de comportamentos do direito da concorrência[268].

287. Em consonância com a primazia da lógica compensatória, a reparação fundada na violação do direito da concorrência deve colocar o lesado na situação em que provavelmente estaria se não tivesse ocorrido a prática anticoncorrencial que fundamenta a responsabilidade (*cf.* o artigo 4º, nº 1 da Lei do *Private Enforcement* e a norma geral prevista no artigo 562º Código Civil)[269].

[268] ANDREAS FUCHS, «Art und Umfang des ersatzfähigen Schadens», *in Handbuch Private Kartellrechtsdurchsetzung*, ANDREAS FUCHS/ANDREAS WEITBRECHT (Hrsg.), 1. Auflage, C.H. Beck, München, 2019, pp. 257-305, Rdr. 12 e ss., 36 e ss.. Outros Autores, como CHRISTIAN HEINZE, *Schadensersatz im Unionsprivatrecht: Eine Studie zu Effektivität und Durchsetzung des Europäischen Privatrechts am Beispiel des Haftungsrechts*, Mohr Siebeck, Tübingen, 2017, pp. 165 e ss., vão mais longe, assinalando autonomia à função preventiva das infracções do direito da concorrência, entendem que ela condiciona de forma imanente o direito da obrigação de indemnização, não por justificar uma indemnização para lá do dano, mas antes a possibilidade de acolher uma concepção mais extensa da noção de dano reparável, a ponto de justificar um âmbito de responsabilidade mais alargado do que aquele que decorreria da aplicação do princípio compensatório.

[269] GOTTFRIED SCHIEMANN, «Der Kartellschaden als Problem des allgemeinen Zivilrechts», *in Recht, Ordnung und Wettbewerb – Festschrift zum 70. Geburtstag von Wernhard Möschel*, STEFAN BECHTOLD/JOACHIM JICKELI/MATHIAS ROHE (Hrsg.), Nomos, 2011, pp. 559-

Esta comparação entre a situação de mercado real e a situação de mercado que existiria não fora a prática anticoncorrencial é, contudo, muito problemática[270]. Além de convocar todos as dificuldades que, em geral, são colocadas pela necessidade de determinar um estado de coisas contrafactual, há, em especial, que considerar que a evolução do mercado pode depender de um conjunto muitíssimo alargado de factores, os quais, por sua vez, podem ser influenciados por diversas variáveis e com isso fundar hipóteses evolutivas não convergentes. Pensando no exemplo paradigmático do «dano de sobrepreço», o aumento dos preços pode dever-se a razões diversas da infracção anticoncorrencial, como, por exemplo, à existência de um período de escassez de bens ou ao aumento do custo de matérias-primas ou do transporte de mercadorias; não raro, aquela variação é, de resto, o resultado da interacção entre estas variáveis ou da cumulação dos respectivos efeitos.

288. A prova do dano do sobrepreço é mais difícil nos casos em que o dano não advém de um contrato celebrado com o autor da prática anticoncorrencial, mas antes de um contrato celebrado com um concorrente daquele ou com um agente económico situado num outro nível da cadeia de distribuição. Na verdade, nestes casos[271], a aplicação das normas gerais

578; Andreas Fuchs, «Art und Umfang des ersatzfähigen Schadens», *in Handbuch Private Kartellrechtsdurchsetzung*, Andreas Fuchs/Andreas Weitbrecht (Hrsg.), 1. Auflage, C.H. Beck, München, 2019, pp. 257-305, Rdr. 2 e ss..

[270] Por exemplo, Roman Inderst/Ulrich Schwalbe, «Das kontrafaktische Szenario bei der Berechnung von Kartellschäden», *Wirtschaft und Wettbewerb*, 2012/2, pp. 122-132; Roman Inderst/Stephan Thomas, «Zu den Prinzipien der Ermittlung von Schadensersatz bei Verstössen gegen das Wettbewerbsrecht», *Wirtschaft und Wettbewerb*, 2014, pp. 667-8.

[271] Os «danos em cascata» («*umbrella damages*») são um fenómeno comum nos comportamentos lesivos da concorrência (qualquer que seja o tipo de ilícito em causa). Entre outras causas, a sua verificação explica-se a partir de um pressuposto de racionalidade dos agentes económicos: os concorrentes dos agentes responsáveis pela infracção vão compreensivelmente tender a subir os preços dos respectivos produtos e serviços «a coberto» do cartel ou do abuso de posição dominante, até porque a alternativa implicaria presumivelmente desvantagens competitivas porventura insustentáveis a prazo. A circunstância, pois, de se tratar de uma reacção normal e razoável de terceiros ao evento lesivo tem levado a que se considere que o agravamento consequencial dos preços nestes casos constitui um dano indirecto, a imputar ao autor do comportamento anticoncorrencial nos quadros de uma «causalidade psíquica»: v., por exemplo, Andreas Fuchs, «Aktivlegitimation zur Geltendmachung von Sschadensersatz bei Kartellverstössen», *in Handbuch Private Kartellrechtsdurchsetzung*, Andreas Fuchs/

relativas ao ónus da prova implicaria que o lesado tivesse que demonstrar não só que a sua situação patrimonial seria diversa daquela que se verificou, mas também que essa situação hipotética teria sido o resultado de uma envolvência geral – de uma situação de mercado – diferente da real[272].

289. É precisamente na especial dificuldade da prova dos danos causados pela violação do direito da concorrência que reside uma das temáticas centrais do *private enforcement*. Não espanta que a Comissão Europeia tenha dedicado uma comunicação ao tema, ainda antes da adopção da Directiva nº 2014/104/UE, na qual, de resto, apresenta uma tipologia tripartida de métodos de avaliação dos danos (métodos comparativos, modelos de simulação e análise baseada nos custos e no desempenho financeiro[273]) em larga medida alicerçada em argumentos que abstraem, de algum modo, da circunstância e da posição concreta dos lesados, e sem deixar de admitir o recurso a «regras simplificadas de cálculo» e ao cálculo segundo as «melhores estimativas», que já era acolhido na prática dos tribunais de

Andreas Weitbrecht (Hrsg.), 1. Auflage, C.H. Beck, München, 2019, pp. 105-164,, Rdr. 74 e ss., Thomas B. Paul, «Weitere Anspruchsvoraussetzungen und Einreden», *in Handbuch Private Kartellrechtsdurchsetzung*, Andreas Fuchs/Andreas Weitbrecht (Hrsg.), 1. Auflage, 2019, Rdr. 112 e ss.

[272] Por exemplo, Daniel L. Rubinfeld, «Antitrust damages», *in Research Handbook on the Economics of Antitrust Law*, Einer Elhauge (Ed.), E. Elgar, 2012, pp. 378-393; Jens Ole Rauh/Andy Zuschandke/Sebastien Reddemann, «Die Ermittlung der Schadenshöhe im Kartelldeliktsrecht», *Wettbewerb in Recht und Praxis*, 2012, pp. 173-183; Andreas Fuchs, «Unter der Schirm und im Schatten des Kartells – Überlegungen zur Reichweite der Schadensersatzhaftung bei Preischirm- und Mengeneffeckten ausserhalb der Bertribesketten der Kartellmitglieder», *in Festschrift für Bornkamm zum 65. Geburtstag*, Wolfgang Büscher/Willi Erdmann/Maximilian Haedicke/Helmut Köhler/Michael Loschelder (Hrsg.), C. H, Beck, 2014, pp. 159-173; Ulrich Schwalbe, «Lucrum cessans und Schäden durch Kartelle bei Zulieferern, Herstellern von Komplementärgütern sowie weiteren Parteien», *Neue Zeitschrift für Kartellrecht*, 2017, pp. 157-164. E a Comunicação da Comissão de 13 de Junho, parág. 16: «*it is impossible to know with certainty how a market would have exactly evolved in the absence of the infringement of article 101 or article 102 TFEU. Prices, sales volumes and profit margins depend on a range of factores and complex, often strategic interactions between market participants that are not easily estimated. Estimation of the hypothetical non-infringement scenario will thus by definition rely on a number of assumptions. In practice the unavailability or inaccessibility of data will often add to this intrinsic limitation*».

[273] Sobre estes, v., a título exemplificativo, Gero Meessen, *Der Anspruch auf Schadenersatz bei Verstößen gegen EU-Kartellrecht*, Mohr Siebeck, Tübingen, 2011, pp. 417 e ss.; Jens Ole Rauh/Andy Zuschandke/Sebastien Reddemann, «Die Ermittlung der Schadenshöhe im Kartelldeliktsrecht», *Wettbewerb in Recht und Praxis*, 2012, pp. 173-183 (pp. 176 e ss.).

vários Estados-Membros[274]. Pensamos não apenas nas condições de funcionamento do mercado em que se registou a infracção (como o número de concorrentes, o grau de diferenciação entre os produtos ou a existência de obstáculos à entrada no mercado), mas também na possibilidade, admitida pela própria Comissão, de a estimação do dano poder considerar factores e elementos relacionados com o próprio infractor, como a evolução dos preços e o aumento dos lucros obtidos no período de referência. Estes últimos elementos são frequentemente considerados como determinantes para se poder determinar, em moldes verosímeis, o termo hipotético da comparação que subjaz ao dano (a situação de mercado que existiria sem a infracção). E é por isso, também, que é imprescindível para assegurar o direito à prova do autor da acção de *private enforcement* que este possa aceder a documentos internos das empresas a quem é imputada a infracção, na medida em que esses documentos contenham informação relativa ao aumento de preços ou à estratégia de mercado no período lesivo.

290. Recorde-se que, segundo os princípios gerais do Direito português, além de incumbir ao lesado o ónus de provar a verificação do dano, a título de elemento da responsabilidade e «facto constitutivo» do direito à reparação (artigo 342º, nº 1 Código Civil), o tribunal apenas deveria considerar provado esse facto quando sobre a sua verificação tivesse sido formada uma convicção próxima da certeza (prova em sentido estrito).

Se terminasse aqui a descrição do direito probatório vigente entre nós, o resultado seria provavelmente desconforme com o Direito europeu, por

[274] Comunicação da Comissão sobre a quantificação dos danos nas acções de indemnização com base nas infracções aos artigos 101º e 102º do Tratado Sobre o Funcionamento da União Europeia, bem como o Guia Prático que a acompanha. Esta comunicação surge no seguimento de um estudo elaborado, a pedido da Comissão, pela consultora Oxera: *Quantifying antitrust damages – Towards non-binding guidance for courts: Study prepared for the European Commission*, Assimakis Komninos (org.), December 2009. Sobre os critérios da análise económica para o cálculo dos danos provocados por comportamentos violadores da concorrência, por exemplo, John M. Connor, «Forensic Economics: An Introduction With Special Emphasis on Price Fixing», *Journal of Competition Law and Economics*, vol. 4, issue 1, 2008, pp. 31-59; Theon van Dijk/Frank Verboven, «Quantification of Damages», *in Issues in Competition Law and Policy – ABA Section of Antitrust Law*, 2008, pp. 2231-2348; com mais referências, Roman Inderst/Frank P. Maier-Rigaud/Ulrich Schwalbe, «Quantifizierung von Schäden durch Wettbewerbsverstösse», *in Handbuch Private Kartellrechtsdurchsetzung*, Andreas Fuchs/Andreas Weitbrecht (Hrsg.), 1. Auflage, 2019, pp. 306-351.

ofender o *princípio da efectividade* (artigo 17º, nº 1 da Directiva nº 2014/104/eu e artigo 23º, nº 2 da Lei do *Private Enforcement*). Na verdade, exigir-se ao lesado que demonstre que, com toda a probabilidade, teria adquirido um produto ou um serviço a um preço inferior àquele que efectivamente pagou por ele (ou não teria sido impedido de adquiri-lo) tornaria, sem dúvida, excessivamente difícil o exercício do seu direito à reparação.

291. No entanto, o Sistema não valora sempre como adequada a colocação do lesado num «estado de necessidade probatório» e a consequente improcedência da sua pretensão à indemnização com fundamento na falta de prova do dano. Sobretudo, quando estiverem preenchidos os demais pressupostos fundamentadores da responsabilidade, incluindo o resultado lesivo do direito ou a violação de um interesse legalmente protegido, nem sempre será adequado onerar o próprio lesado com a incerteza quanto ao carácter prejudicial daquele resultado lesivo[275]. A prova do termo hipotético da indemnização a que se refere o artigo 562º do Código Civil, uma *prova objectivamente difícil* deve poder ser assegurada através do recurso a meios de facilitação probatória como a atenuação do *grau de prova*: a decisão quanto à verificação do dano deve poder bastar-se com a formação, no espírito do decisor, de um juízo assente numa *probabilidade qualificada* quanto à verificação do dano[276].

292. As facilitações probatórias que acabámos de referir, e que os tribunais portugueses devem poder considerar aplicáveis no domínio do *private enforcement* (artigo 17º, nº 1, 2ª parte, da Directiva nº 2014/104/UE), vêm a ter uma utilidade diminuída no tocante à prova do dano, dada a vigência de uma *presunção legal de dano* no caso de aquela infracção consistir num

[275] V., por exemplo, Peter Gottwald, *Schadenszurechnung und Schadensschätzung – Zum Ermessen des Richters im Schadensrecht und im Schadensersatzprozess*, C. H. Beck, München, 1979, pp. 186 e ss., 214 e ss., 227 e ss.; Hermann Lange/Gottfried Schiemann, *Schadensersatz*, 3. Auflage, Mohr Siebeck, Tübingen, 2003, pp. 161 e ss., 177 e ss.; Paula Costa e Silva/Nuno Trigo dos Reis, «A prova difícil: da probatio levior à inversão do ónus da prova», *Revista de Processo*, Ano 38, nº 222, RT, São Paulo, Agosto de 2013, pp. 149-171.

[276] Defendemos ser essa a solução a seguir em vários problemas do direito da responsabilidade, como na prova do lucro cessante (artigo 564º, nº 1 do Código Civil): Paula Costa e Silva/Nuno Trigo dos Reis, «A prova difícil: da probatio levior à inversão do ónus da prova», *Revista de Processo*, Ano 38, nº 222, RT, São Paulo, Agosto de 2013, pp. 149-171, § 4. Frank Halfpap, *Der entgangene Gewinn*, Peter Lang Verlag, 1999, pp. 127 e ss..

cartel proibido pelas regras da concorrência. Apesar de a redacção da lei portuguesa não ser a mais feliz, não é outro o significado que deve ser atribuído ao nº 1 do artigo 9º quando determina que «os cartéis são responsáveis pelos danos causados pelas infracções que pratiquem, salvo prova em contrário». A hipótese interpretativa mais conforme com o nº 2 do artigo 17º da Directiva é, justamente, a de que o preceito da lei portuguesa estabelece uma presunção legal e ilidível (artigo 350º, nº 2 do Código Civil) de que a existência de um cartel produziu danos a terceiros[277]. A solução tem evidentes consequências para o apuramento da responsabilidade emergente da violação do direito da concorrência. Uma vez demonstrado comportamento ilícito do infractor demandado, este só poderá afastar um dever de indemnizar caso logre demonstrar que, apesar da infracção verificada, ela não produziu quaisquer prejuízos para o lesado. Não só se dispensa o autor de provar que sofreu um dano, como também se onera o réu de provar a falta de veracidade da alegação de que o cartel não originou qualquer prejuízo.

293. Em consonância com os princípios gerais do direito probatório, o tribunal só pode considerar ilidida a presunção quando o réu tiver feito *prova em sentido estrito* da inexistência de um dano. Por se tratar de um facto negativo, mas também porque esse facto respeita a terceiros e não ao próprio lesante, pode, à luz das circunstâncias do caso, justificar-se um aligeiramento do ónus probatório deste último, seja através da admissibilidade de uma prova de primeira aparência quanto ao carácter não prejudicial do cartel, susceptível de ser depois «derrotada» pela criação de uma dúvida razoável quanto à existência de um dano, seja pela livre apreciação da falta de cooperação devida pelo lesado (por exemplo, recusando injustificadamente a apresentação de documentos comprovativos da celebração de contratos ou relativos à sua situação económica ou financeira) ou da inversão do ónus probatório quando a prova do lesante tiver sido por ele impossibilitada (respectivamente, artigo 417º, nº 2 do Código de Processo Civil e artigo 344º, nº 2 do Código Civil).

277 A previsão de uma presunção legal de dano transparece de forma ainda mais clara na versão da Directiva em língua alemã («*es wird vermutet, dass Zuwiderhandlungen in Form von Kartellen einen Schaden verursachen. Der Rechtsverletzer hat das Recht, diese Vermutung zu wirderlegen*»).

294. A lei portuguesa apenas funda uma presunção legal de dano relativamente aos cartéis. Trata-se de uma solução que está presente na própria Directiva nº 2014/104/UE, que, sem chegar a proibir a facilitação da prova do dano relativamente a outro tipo de práticas anticoncorrenciais – pensamos, designadamente, no abuso de posição dominante – restringiu a obrigatoriedade de os Estados-Membros acolherem a presunção legal de dano relativamente aos cartéis. O motivo determinante para essa solução parece ter estado na natureza secreta dos cartéis e na assimetria informativa a que eles inevitavelmente dão origem (considerando 47 da Directiva).

Esta justificação aparenta, no entanto, ser insuficiente para limitar a conveniência da presunção de dano aos acordos e práticas restritivas, não só porque o problema da assimetria informativa também se pode colocar quanto a outros tipos de infracções[278], mas também porque essa não é a única razão que legitima o alívio do encargo probatório do lesado quanto ao dano. Esta solução justifica-se, também, por outras valorações materiais, como a justiça de imputar à empresa que tiver preenchido todos os elementos de tipo de ilícito concorrencial o *risco da incerteza* sobre se esse ilícito prejudicou efectivamente o lesado que reclama a indemnização: sobretudo, a partir do momento em que se tiver demonstrado que o negócio ou operação por ele celebrado se enquadra no âmbito material, geográfico e temporal da infracção em causa e assim estiver, pelo menos, indiciada a concreta lesividade daquele comportamento anticoncorrencial. Ao mesmo tempo, o *princípio da efectividade* do *private enforcement* não deixa de obstar a um resultado que torne excessivamente difícil a satisfação efectiva do direito do lesado à reparação, qualquer que tenha sido a infracção que haja provocado o dano.

295. Por esta ordem de razões, a que acresce a preocupação de assegurar uma aplicação *globalmente consistente* do direito da responsabilidade fundado na violação do direito da concorrência e de não permitir que a *finalidade preventiva geral* das normas concorrenciais seja esvaziada de alcance prático através das dificuldades probatórias, supomos que a facilitação da prova do dano deva ser alargada a outro tipo de práticas anticoncorrenciais, como o *abuso de posição dominante*.

[278] Pense-se, por hipótese, na dificuldade de aceder aos custos de funcionamento da empresa, que poderá ser importante para provar o carácter abusivo da imposição dos preços a consumidores por uma empresa com posição de domínio no mercado.

Discutível parece ser apenas a via sistematicamente mais adequada a atingir esse resultado, entre a *aplicação analógica* do nº 1 do artigo 9º da Lei do *Private Enforcement* e a admissibilidade de uma *prova de primeira aparência* de que a exploração abusiva do mercado causou um dano aos agentes económicos cuja actuação no mercado tiver podido ser influenciada por aquela prática abusiva[279].

296. Chegados a este ponto, estamos em condições de afirmar que, no plano do preenchimento do dever de indemnizar, o ónus de prova do lesado se restringe essencialmente ao nível da *avaliação dos danos.* Na verdade, quer a Directiva quer a lei que a transpôs parecem ter limitado o alcance da presunção legal à verificação de um dano causado pelo cartel, sem com isso pretenderem exonerar o lesado do ónus de demonstrar a *extensão* e o *valor* desses prejuízos. Extrai-se daqui uma conclusão da maior importância: *nenhuma acção de* private enforcement *deve ser julgada improcedente pela ausência de prova quanto à existência de um dano concreto,* a menos que o devedor da indemnização logre demonstrar que nenhum dano se verificou[280].

297. As consequências são ainda mais relevantes quando se tiver em conta que a norma que fixa a presunção legal de dano é aplicável a todas as acções de *private enforcement,* qualquer que seja a sua estrutura. O mesmo é dizer que, aplicando-se às acções populares em que seja pedida a reparação dos danos provocados pela infracção anticoncorrencial, estão dispensados de provar a existência de um dano não apenas os lesados que decidirem intervir na acção como partes, mas também o autor da acção popular que exigir a indemnização global em substituição dos lesados não identificados nessa acção. Também no segundo caso, não pode o tribunal

[279] Em certas ordens jurídicas em que já se admitia uma presunção de dano a partir do abuso de posição dominante no mercado, vem-se entendendo que essa solução deve continuar a valer, não sendo prejudicada pela introdução da presunção legal especificamente prevista para os carteis, em consequência da transposição da Directiva nº 2014/104/UE: no Direito francês, Muriel Chagny, «France», *in The EU Antitrust Damages Directive: Transposition in the Member States,* Barry James Rodger/Miguel Sousa Ferro/Francisco Marcos (ed.), pp. 101-123 (p. 111). A lei romena foi recentemente revista, justamente para incluir uma presunção de dano para abusos de posição de dominante (presunção de 20%).

[280] As implicações substantivas da solução que acabamos de descrever não podem ser aqui exploradas, mas não parece exagerado afirmar que sob a forma de uma presunção de dano se reforça a tonalidade objectiva e abstracta da indemnização fundada no *private enforcement.*

julgar improcedente o pedido indemnizatório global com fundamento na incerteza sobre a existência de danos resultantes do cartel. Das duas, uma. Ou o réu conseguiu demonstrar que nenhum dano resultou da violação do direito da concorrência e o pedido indemnizatório deve improceder. Ou, na ausência dessa prova, haverá que concluir pela existência de um direito à reparação, ainda que o autor ainda tenha de provar o *quantum* dos danos que alega terem resultado da infracção anticoncorrencial.

298. Alguns autores vão mais longe, afirmando que uma consequência da presunção legal de dano seria a de que a acção de *private enforcement* não podia deixar de ser julgada procedente a partir do momento em que tivesse sido fixada uma infracção do direito da concorrência sob a forma de um cartel. Uma vez que o lesado não tem que provar a existência de danos e que, em caso de incerteza sobre o montante dos danos, o tribunal poderia decidir com base na equidade, a consequência seria a de que a acção de responsabilidade deveria ser julgada procedente sempre que estivesse preenchido um tipo de ilícito concorrencial com fundamento na existência de um cartel.

Esta orientação parece, contudo, ser excessiva e merece ser rejeitada. Conforme nota A. FUCHS, a vigência de uma presunção legal de dano não significa que o autor da acção de *private enforcement* esteja isento de quaisquer ónus relativamente aos factos respeitantes às consequências da infracção concorrencial. Compete-lhe, desde logo, o *ónus de alegar o dano* e, fazendo-o por forma a identificar o tipo de dano concorrencial em causa (dano do sobrepreço, lucro cessante, dano de exclusão ou mercado ou de impedimento do acesso ao mesmo, da não aquisição ou de privação de uso de um bem ou serviço, do menor desfruto obtido a partir da aquisição de um bem ou de serviço de qualidade inferior, *etc.*).

Além disso, cabe-lhe ainda demonstrar a *qualidade de lesado* à luz do tipo de prejuízo alegado, provando que o próprio (ou a classe de pessoas institucionalmente representadas na acção popular) se integra no universo da categoria das pessoas ofendidas pela conduta anticoncorrencial que é imputada ao réu.

299. Acresce que o poder funcional do tribunal de fixar a indemnização de acordo com a equidade está longe de significar que o lesado não disponha de quaisquer encargos neste domínio.

Na verdade, exige-se-lhe que indique o *critério de cômputo* da indemnização que pretende que seja utilizado na acção (e que teve em consideração para indicar o valor do pedido formulado no processo) e, além disso, que justifique a sua aplicabilidade ao caso concreto.

Por último, deve existir uma relação de conformidade entre o critério de cálculo da indemnização e o *quantum* dos danos alegados: faltando uma justificação racional para o critério mobilizado ou uma conexão de sentido entre esse critério e o valor da indemnização pedida, o tribunal deve igualmente julgar improcedente o pedido formulado. Este é o resultado interpretativo que melhor se conjuga com a diferenciação que, no plano do regime relativo ao *non liquet*, o legislador europeu parece ter estabelecido entre a *incerteza relativa à existência de um dano* e a *incerteza relativa ao montante dos danos* resultantes da prática anticoncorrencial.

300. Chegados a este ponto, já se pode concluir que é ao nível do segundo dos planos indicados, o da demonstração do *quantum* dos danos provocados pela violação do direito da concorrência, que o recurso às *regras da equidade* assume uma especial relevância.

De facto, a norma geral presente no nº 3 do artigo 566º do Código Civil já determinaria que, em caso de impossibilidade de averiguação do valor exacto dos danos, o tribunal deveria «julgar equitativamente dentro dos limites que tiver por provados». O nº 2 do artigo 9º da Lei do *Private Enforcement* revela, também, a abertura a uma forma mais flexível de cálculo do *quantum* indemnizatório e a rejeição do «optimismo matemático» que suporia que a procedência do pedido indemnizatório dependeria da possibilidade de demonstrar «ao cêntimo» o valor dos danos que o autor alega ter sofrido[281]. Fá-lo, contudo, adoptando uma solução tecnicamente distinta da lei civil geral.

O primeiro aspecto específico e inovador do artigo 9º, nº 2 da Lei do *Private Enforcement* consiste no facto de se prever o desvio à regra da fixação

[281] Os escopos do ressarcimento efectivo dos danos causados pela violação do direito da concorrência e da prevenção de infracções futuras parecem compatibilizar-se com uma compreensão mais realista das coisas, segundo a qual o direito privado da concorrência deveria preocupar-se em assegurar o apuramento das condições mínimas para a realização daqueles fins, o que pressupõe, no plano do cômputo das indemnizações, aceitar um «desconto de segurança», que permita satisfazer a expectativa da compensação de um dano mínimo que satisfaça o limiar da verosimilhança, sem onerar injustificadamente o lesante com o risco de uma sobrecompensação.

concreta da indemnização não apenas na hipótese da impossibilidade de apuramento do valor preciso do dano, mas também naquela em que esse apuramento se mostre *excessivamente difícil*: uma diferença relativamente à norma civil geral que certamente tem a sua explicação na intenção de assegurar o princípio da efectividade do *private enforcement*.

Uma segunda diferença avulta no quadro mais concretizado, mas também menos flexível, das consequências estipuladas naquela norma, na medida em que o cômputo equitativo da indemnização do artigo 566º, nº 3 do Código Civil dá ali lugar ao recurso a uma *estimativa aproximada*.

301. A fim de proceder à estimativa aproximada a que se refere o artigo 9º, nº 2 da Lei do *Private Enforcement*, pode o tribunal recorrer às orientações constantes da Comunicação da Comissão de 13 de Junho de 2013, relativa à quantificação dos danos nas acções de indemnização fundadas na violação dos artigos 101º e 102º do Tratado Sobre o Funcionamento da União Europeia.

Cumpre fazer notar que os modelos e as respectivas metodologias de aplicação que encontramos naquele documento não têm força vinculativa, constituindo apenas orientações e directrizes que, pela via profícua de uma comunicação interdisciplinar entre o Direito e a Economia, oferecem diversos programas de explicação racional para a fixação da prestação indemnizatória num ambiente de relativa incerteza sobre a situação que o lesado ocuparia num mercado onde não se tivesse verificado uma prática anticoncorrencial[282].

302. Seria frustre procurar saber, em abstracto, qual dos modelos é o preferível, uma vez que cada um deles se encontra vocacionado para resolver diferentes tipos de casos de incerteza quanto ao montante e valor dos danos, sendo os préstimos e as insuficiências de cada um dependentes das características do mercado relevante, da informação disponível sobre a empresa infractora, do tipo de circunstâncias contextuais susceptíveis de influir na determinação do preço que hipoteticamente teria sido praticado num ambiente de sã concorrência, entre outros.

282 ANDREAS FUCHS, «Art und Umfang des ersatzfähigen Schadens», *in Handbuch Private Kartellrechtsdurchsetzung*, ANDREAS FUCHS/ANDREAS WEITBRECHT (Hrsg.), 1. Auflage, C.H. Beck, München, 2019, pp. 257-305, Rdr. 53 e ss.

A via mais frequentemente seguida pelos tribunais é a dos métodos comparativos de mercado, que passam por contrapor às condições de mercado vigentes aquelas que vigoram num mercado próximo (material ou geográfico) ou por comparar aquelas que vigoravam no mercado atingido antes e depois de ter tido lugar a infracção. Este tipo de abordagem tem a vantagem da maior simplicidade aplicativa, embora se apoie em pressupostos menos consistentes: é a própria diferença entre os mercados postos em comparação que fragiliza o resultado dessa comparação, levando a questionar se a diferença de preços não é motivada pelos diferentes custos de produção ou de transporte, ou pela diferente elasticidade da procura dos bens em causa. E o critério temporal é também falível: a evolução dos preços muitas vezes não é linear e varia em função de elementos contextuais, não necessariamente conexos com a prática anticoncorrencial (como o custo das matérias-primas).

303. As outras abordagens, como o método baseado nos custos e no desempenho financeiro, ou os modelos de simulação de mercado parecem oferecer maiores vantagens analíticas, embora a um custo muitíssimo mais elevado e que as partes frequentemente não estão dispostas a suportar numa acção judicial.

Relativamente à análise fundada nos custos e no desempenho financeiro, trata-se de presumir o preço conforme com a concorrência a partir do custo (em termos marginais ou médios) do produto ou serviço. Embora prometa oferecer uma visão mais individualizada das consequências económicas da lesão, esta metodologia acaba, porém, por não abstrair no essencial de elementos contextuais, já que a estrutura de custos da empresa é sensível à evolução de diversos factos além da prática, decisão ou acordo praticado pela empresa, podendo chegar-se à conclusão de que o preço hipotético não teria deixado de aumentar na mesma medida ainda que a prática anticoncorrencial não tivesse sido adoptada[283].

[283] Andreas Fuchs, «Art und Umfang des ersatzfähigen Schadens», *in Handbuch Private Kartellrechtsdurchsetzung*, Andreas Fuchs/Andreas Weitbrecht (Hrsg.), 1. Auflage, C.H. Beck, München, 2019, pp. 257-305, Rdr. 50: ela enfrenta, além disso, dificuldades probatórias, uma vez que o lesado depende da colaboração da empresa para obter informações e documentos relativos à situação económica e financeira da empresa.

304. O método simulatório procura associar os dados empíricos relativos ao mercado onde se registou a infracção a instrumentos de análise econométrica, por forma a que, pela abstracção de elementos e factores não conexos com aquela infracção, se apure o preço de um mercado concorrencial.

Apesar de se tratar da metodologia aparentemente mais rigorosa do ponto de vista da análise económica, tem-se também entendido não ser infalível, uma vez que a tessitura dos mercados depende de um conjunto muito alargado de variáveis, e a própria escolha entre aquelas que são características definidoras desse mercado e aquelas outras de que se pode abstrair sem chegar a ficção envolve já uma apreciável margem de incerteza[284].

305. A pertinência dos instrumentos analíticos referidos para o cálculo aproximado do valor dos danos não deve ser reduzida a uma escolha entre modelos considerados como alternativos e reciprocamente excludentes. A operatividade de cada um depende, conforme dissemos, das circunstâncias do caso e dos recursos disponíveis para o cômputo da indemnização. Nada obsta, de resto, a que as diferentes metodologias surjam combinadas na resolução de um concreto caso.

Tão-pouco encontramos impedimento a que outros critérios sejam tidos em consideração para esse efeito: o carácter meramente indicativo da Comunicação da Comissão de 13 de Junho já deixa entrever a possibilidade de atender a argumentos de outra natureza. Noutras ordens jurídicas, vem sendo admitido que também o *lucro do infractor* possa ser tido em conta na avaliação da indemnização devida aos lesados pela prática antinconcorrencial[285]. A lei alemã actual admite-o expressamente, no § 33a (3), 2ª parte, do *GWB*[286]. A norma tem suscitado interpretações díspares na

[284] ANDREAS FUCHS, «Art und Umfang des ersatzfähigen Schadens», *in Handbuch Private Kartellrechtsdurchsetzung*, ANDREAS FUCHS/ANDREAS WEITBRECHT (Hrsg.), 1. Auflage, C.H. Beck, München, 2019, pp. 257-305, Rdr. 52.

[285] REINHARD ELLGER, «Kartellschaden und Verletzergewinn», *in Recht, Ordnung und Wettbewerb – Festschrift zum 70. Geburtstag von Wernhard Möschel*, STEFAN BECHTOLD/JOACHIM JICKELI/MATHIAS ROHE (Hrsg.), Nomos, 2011, pp. 227-240. Entre nós, em sentido favorável à quantificação da indemnização na acção popular pelos ganhos obtidos pelo infractor, MIGUEL TEIXEIRA DE SOUSA, *A legitimidade popular na tutela dos interesses difusos*, Lex, Lisboa, 2003, pp. 154, 172 e ss..

[286] Na tradução (livre) do § 33a (3) do *GWB*, encontramos: «Ao cálculo da indemnização aplica-se o § 287 da Lei Processual Civil. Para este efeito pode também ter-se em conta a proporção do lucro que o lesante obteve através da violação do (1)».

doutrina. Em primeiro lugar, assinala-se que não se trata de uma autónoma obrigação de restituir o lucro ilícito[287], mas antes da abertura do direito da indemnização a considerações respeitantes à pessoa do lesante[288]. Os termos em que o lucro do infractor deve ser tido em conta no cálculo da indemnização continua, porém, a ser objecto de controvérsia, podendo as diferentes opiniões ser agrupadas em aquelas que atribuem ao referido critério uma *relevância substantiva* e aquelas outras que o consideram no *plano processual* da prova do valor dos danos.

Na primeira orientação cabe a tese segundo a qual o lesado poderia optar entre o direito a uma indemnização e a restituição dos proventos ilicitamente percebidos[289], a tese do cúmulo, apoiada na ideia de que a remoção do lucro do infractor deve acrescer à reparação por forma a assegurar a finalidade preventiva de novas lesões do direito da concorrência[290], e a tese de que o lucro do infractor, na parte proporcional respeitante à infracção, constitui um «dano mínimo», ao qual poderiam acrescer as perdas e os

[287] ANDREAS FUCHS, «Art und Umfang des ersatzfähigen Schadens», *in Handbuch Private Kartellrechtsdurchsetzung*, ANDREAS FUCHS/ANDREAS WEITBRECHT (Hrsg.), 1. Auflage, C.H. Beck, München, 2019, pp. 257-305, Rdr. 44 e ss..

[288] A tese de um dever de restituição do lucro deve ser rejeitada com base no argumento fundamental de que a obrigação de indemnizar deve corresponder ao dano diferencial registado no património do lesado (danos emergentes e lucros cessantes), ainda que não se tenha registado um proveito correspectivo (ou qualquer proveito líquido) no património do infractor. Na verdade, essa solução chegou a constar da proposta da lei de protecção da concorrência alemã («o lesado pode, em lugar da indemnização, a parte do lucro que a empresa obteve através da infracção e prestação de informações acerca desse lucro»): ANDREAS FUCHS, «Art und Umfang des ersatzfähigen Schadens», *in Handbuch Private Kartellrechtsdurchsetzung*, ANDREAS FUCHS/ANDREAS WEITBRECHT (Hrsg.), 1. Auflage, C.H. Beck, München, 2019, pp. 257-305, Rdr. 44, que também nota a dissemelhança entre a violação do direito da concorrência e a situação típica da violação de direitos de monopólio (como os direitos de propriedade industrial), uma vez que não se verificam ali nem a especial violabilidade das situações jurídicas nem a circunstância de a forma violação do direito consistir na apropriação de vantagens que a ordem jurídica afecta de forma exclusiva ao titular desse direito.

[289] REINHARD ELLGER, «Kartellschaden und Verletzergewinn», *in Recht, Ordnung und Wettbewerb – Festschrift zum 70. Geburtstag von Wernhard Möschel*, STEFAN BECHTOLD/JOACHIM JICKELI/MATHIAS ROHE (Hrsg.), Nomos, 2011, pp. 191-225 (pp. 220 e ss.).

[290] WULF-HENNNING ROTH, «Kartelldeliktsrecht in der 7. GWB-Novelle», *in Festschrift für Ulrich Huber zum siebzigsten Geburtstag*, THEODOR BAUMS/MARCUS LUTTER/KARSTEN SCHMIDT/JOHANNES WERTENBRUCH (Hrsg.), Mohr Siebeck, Tübingen, 2006, pp. 1133-1172 (pp. 1167 e ss.).

lucros cessantes concretamente sofridos pelo lesado[291]. Estas construções devem, porém, ser rejeitadas, não só por não terem qualquer apoio na lei, mas porque, na verdade, se mostram com ela incompatíveis, pois conduzem a uma atribuição de indemnizações que abstraem da situação do lesado e que podem exceder o valor do dano por ele sofrido. Ora, este resultado é vedado quer pelo edifício normativo do *private enforcement*, quer pela jurisprudência dos tribunais europeus que o antecedeu.

O entendimento sistematicamente conforme da norma que manda atender aos lucros do lesante para fixar o *quantum* indemnizatório devido pela violação do direito da concorrência parece, por isso, ser aquele que apenas os considera no plano da prova do valor dos danos, como (mais) um critério de que o decisor pode lançar mão. Mas isto apenas nos casos em que ao juiz incumbir fixar a prestação indemnizatória em contexto de dúvida insuperável sobre o valor concreto das perdas económicas causadas ao lesado. Para além de quanto se diz, tal critério acresce à (e concretiza a) remissão para a «livre convicção» formada com base nas circunstâncias relevantes do caso, referidas no § 287 do ZPO.

306. As teorias processualistas dividem-se ainda entre aquelas que consideram que a lei alemã consagra uma verdadeira presunção legal de congruência entre o dano do lesado e o lucro do lesante (susceptível de ser ilidida por qualquer uma das partes em seu favor[292]), e aquela que entende tratar-se de uma *prova de primeira aparência* de que o lucro do infractor foi conseguido através da privação de uma vantagem económica afecta ao lesado[293]. Além de não existirem elementos suficientes na lei para fundar a ideia de uma presunção legal de dano, pareceria excessivo impor ao infractor o ónus de provar que o lucro conseguido através da prática anticoncorrencial não é correspectivo de um prejuízo idêntico na esfera do lesado.

[291] Volker Emmerich, *in Wettbewerbsrecht*, II, Ulrich Immenga/Ernst-Joachim Mestmäcker (Hrsg.), 5. Auflage, C.H. Beck, München, 2012, § 33, Rdr. 70.

[292] Christian Alexander, *Schadensersatz und Abschöpfung im Lauterkeits- und Kartellrecht*, Mohr Siebeck, Tübingen, 2010, p. 402; Hans Phillip Logemann, *Der kartellrechtliche Schadensersatz*, Duncker & Humblot, Berlin, 2009, p. 463; Gero Meessen, *Der Anspruch auf Schadenersatz bei Verstößen gegen EU-Kartellrecht*, Mohr Siebeck, Tübingen, 2011, p. 425.

[293] Andreas Fuchs, «Art und Umfang des ersatzfähigen Schadens», *in Handbuch Private Kartellrechtsdurchsetzung*, Andreas Fuchs/Andreas Weitbrecht (Hrsg.), 1. Auflage, C.H. Beck, München, 2019, pp. 257-305, Rdr. 45.

Na verdade, não parece ser de excluir que, em certas hipóteses, se possa supor a existência de uma correlatividade entre o ganho do infractor e o dano do lesado, com base na ideia de que o acordo restritivo ou o abuso de posição dominante permite o «desvio» ou a «apropriação» para o lesante de uma parte do «lucro do contrato» pertencente ao lesado (no tocante a contratos ou a práticas relativas a consumidores, designadamente, do excedente do consumidor). A inferência do dano a partir do lucro conseguido através da violação do direito da concorrência deve, porém, ser afastada através da criação da dúvida de que o lucro do infractor haja sido obtido às custas de uma perda patrimonial do lesado. Fica, então, em causa a suposição de uma congruência entre o lucro ilicitamente conseguido pelo lesante e o dano sofrido pelo lesado através da violação do direito da concorrência.

307. Por estar em causa uma ilacção fundada em regras da experiência comum ou no «curso normal dos acontecimentos» (artigo 351º do Código Civil) não vemos razão para que a mesma solução não possa ser sustentada à luz do Direito português, quer com base na disposição especial que permite ao tribunal fixar o *quantum* indemnizatório da forma mais aproximada possível do dano real, com base numa estimativa aproximada (artigo 9º, nº 2 da Lei do *Private Enforcement*), quer com base na norma geral que remete para um cômputo equitativo da indemnização (artigo 566º, nº 3 do Código Civil).

Em qualquer caso, a prova *prima facie* do valor do dano a partir do lucro proibido deve cingir-se às hipóteses do «dano de sobrepreço» e no tocante aos danos directamente causados às contrapartes do autor da prática anticoncorrencial: relativamente aos prejuízos sofridos por compradores situados a outro nível da cadeia de distribuição, a admissibilidade da prova *prima facie* do dano deve pressupor a demonstração prévia da deslocação («*passing-on*») do dano para esse cliente; e quanto aos danos de concorrentes do infractor, devem aplicar-se as regras gerais relativas ao *lucrum cessans*, cujo ónus de alegação e de prova competem ao lesado, sem prejuízo das facilitações probatórias que se concluir serem aplicáveis ao caso.

7.2. A incerteza sobre o valor exacto dos danos na prestação das indemnizações aos consumidores não identificados na acção popular de *private enforcement*

308. Uma última questão prende-se com a demonstração do dano individualmente sofrido por cada um dos lesados não identificados na acção na hipótese de esta ter a estrutura de acção popular. Conforme referimos em momento anterior, a incerteza quanto ao valor individual dos danos não obsta a que o tribunal possa proferir uma sentença condenatória no pagamento de uma indemnização global, remetendo a reparação individual das indemnizações para um momento posterior, ainda que sujeito ao critério de liquidação previamente fixado pelo juiz. Acabámos igualmente de verificar que, no primeiro momento, da fixação global da indemnização, porque tudo se reporta não apenas a um universo de lesados cujos danos podem ser concretamente tutelados na sentença como um universo de lesados não identificados, o tribunal tem o poder-dever de atender a uma estimativa aproximada para poder cobrir os prejuízos sofridos por estes últimos.

Se os consumidores concretamente identificados e cujos danos são reconhecidos na sentença serão directamente compensados pelo réu, cumpre indagar como proceder na liquidação individualizada das indemnizações daqueles que se não conhecem. Isto porquanto serão estes os interlocutores do fundo que gerirá a indemnização global ou, numa expressão mais rigorosa, da indemnização que foi globalmente fixada para compensar lesados que se não conhecem.

Por imperativo de rigor analítico, deve distinguir-se entre:

(i) a prova da qualidade de lesado (*rectius*, da titularidade do crédito indemnizatório) do reclamante;
(ii) a prova de que o reclamante sofreu um dano;
(iii) a prova do valor dos danos sofridos pelo reclamante.

309. Quanto ao primeiro aspecto, a regra é a de que pertence ao lesado o ónus de demonstrar que foi preenche o critério identificativo que lhe dá a qualidade de titular do direito de crédito indemnizatório tal como fixado na sentença. Os actos concretamente necessários para o cumprimento desse ónus vão depender do critério que o tribunal tiver adoptado na sentença proferida como critério identificativo da titularidade do crédito indemnizatório, por exemplo, a prova da aquisição de um bem ou de

um serviço no mercado e durante o período em que tiver sido praticada a infracção.

Uma vez demonstrada a pertença do reclamante ao universo das pessoas afectadas pelo evento lesivo (e representadas na acção popular), a existência de um dano patrimonial deve ser presumida.

310. Resta o problema da determinação do *quantum* da indemnização a atribuir aos lesados que se apresentarem a reclamar a reparação após o trânsito em julgado da sentença condenatória no pagamento da indemnização global.

Segundo uma primeira hipótese interpretativa, incumbiria ao reclamante provar a extensão e o montante dos danos concretamente sofridos. Essa solução, que é aquela que se retiraria dos dados centrais do Sistema (artigos 342º, nº 1 e 566º, nº 2 do Código Civil), parece ter sido rejeitada pela lei no domínio das acções populares indemnizatórias. Esta conclusão retira-se, por um lado, da intenção clara de *distinguir* entre o regime jurídico aplicável ao cálculo da indemnização devida aos lesados individualmente identificados na acção e o regime aplicável ao cálculo da indemnização devida àqueles que só posteriormente vierem a reclamar o seu direito, sendo determinante a circunstância de que, no primeiro caso, a lei cuidou de prever expressamente que esse cálculo se faria nos «termos gerais da responsabilidade civil», sugerindo, pois, que no segundo caso a prestação indemnizatória se pode realizar com um certo desvio às proposições gerais do direito da indemnização. Por outro lado, a opção de fazer depender a satisfação do crédito indemnizatório individual da discussão e da prova sobre o montante concreto dos danos significaria que a distribuição da indemnização global dependeria da realização de tantas audiências de julgamento quantos os lesados reclamantes. Este resultado não poderia, contudo, ser mais conflituante com a teleologia da Lei de Acção Popular e do princípio da auto-exclusão que dela constitui a matriz. Da perspectiva do Direito europeu, esse resultado seria também flagrantemente desconforme com o princípio da efectividade do direito da concorrência[294].

[294] V. MIGUEL TEIXEIRA DE SOUSA, *A legitimidade popular na tutela dos interesses difusos*, Lex, Lisboa, 2003, p. 173, notando que a avaliação individualizada na acção popular dos danos sofridos por *small claimants* seria susceptível de colocar em causa o seu direito a uma reparação efectiva, o que, por sua vez, «frustraria, por completo, a prevenção de novas violações», pelo que também «esta função de prevenção justifica a atribuição de uma indemnização que pode não compensar completamente o lesado».

311. Uma visão diametralmente oposta àquela que acabamos de enunciar seria a de proceder a uma repartição da indemnização global prestada pelo réu em termos paritários por todos os lesados ou em termos proporcionais aos respectivos créditos indemnizatórios.

Contra esta perspectiva depõem, contudo, argumentos decisivos. Por um lado, ela parte do equívoco fundamental de que o cumprimento da prestação aos lesados reclamantes não constitui um problema de rateio ou de distribuição de um *quantum* pecuniário previamente fixado (tão-pouco de concentração de uma obrigação indeterminada quanto aos respectivos credores), mas antes uma questão de *ressarcimento de danos*. Seria, pois, inverter o sentido normal das coisas se se pretendesse dar como certo o valor global da indemnização para dele retirar, por via de uma simples operação de divisão, o montante da indemnização individualmente devida a cada um dos lesados. Esse modo de proceder, além de conduzir a resultados disfuncionais[295], mostra-se já demasiado distante do princípio compensatório que cunha o sistema do direito da obrigação de indemnizar e que continua a ser a trave-mestra da reparação dos danos causados através da violação do direito da concorrência.

312. O problema da fixação do crédito indemnizatório dos lesados não identificados na acção popular não pode, quanto a nós, ser resolvido senão através de uma concordância prática entre os princípios em conflito, o princípio da compensação integral dos danos (e a proibição do enriquecimento do lesado, que é uma das suas faces), o princípio da praticabilidade do direito à indemnização e, em especial, o princípio da efectividade do *private enforcement*.

A solução adequada para o problema implica, em nossa opinião, encontrar a menor restrição possível do princípio da reparação integral que assegure a maior eficácia ao direito à indemnização. Esse compromisso obriga,

[295] O montante da indemnização devida a cada lesado dependeria, afinal, do número de lesados que se apresentassem a reclamar o seu crédito. No entanto, a conta só poderia fechar-se, a final, com o termo do prazo prescricional, o que significa que, das duas uma: ou nenhum dos lesados poderia ver o seu crédito satisfeito antes de decorrido esse prazo ou cada um deles ver-se-ia forçado a uma «actualização» do seu crédito indemnizatório e a restituir o excesso nos termos do enriquecimento sem causa. Não se perceberia, além disso, que razão justificaria que a medida da indemnização não dependesse da situação concreta do lesado, mas antes da situação dos outros lesados.

por sua vez, a preterir a lógica geral da primazia da situação subjectiva concreta do lesado em favor da prevalência de critérios de pendor abstracto. Na verdade, o recurso a critérios de cálculo estandardizados torna-se indispensável a fim de prevenir o resultado de permitir a «multiplicação de acções dentro da acção popular», com o fim de determinar o valor dos danos devidos a cada um dos lesados nela institucionalmente representado. A contenção dos custos e dos riscos da gestão e do pagamento das indemnizações dentro de parâmetros de razoabilidade e adequação depende, pois, de se adoptar como critério de «quantificação dos danos sofridos por cada lesado que seja individualmente identificado» (artigo 19º, nº 3 da Lei do *Private Enforcement*) um referente de tipo objectivo e de aplicação simples e imediata. Isto, como regra geral, para as acções de massa e tendencialmente para aquelas em que o dano de cada lesado identificado – aquele que pode servir como bitola – tenha baixo impacto económico.

313. Esta concessão da lógica da reparação integral à efectividade do direito à reparação não constitui, de resto, uma solução singular no nosso Sistema. Com efeito, já noutros lugares a lei procede a essa compatibilização, como no ressarcimento dos danos moratórios nas obrigações pecuniárias (artigo 806º do Código Civil), em certa medida, na compensação dos danos não patrimoniais (artigo 496º, nº 4 do Código Civil) ou, numa conexão ainda mais próxima, no cômputo equitativo da indemnização em caso de incerteza quanto ao valor exacto dos danos (artigo 566º, nº 3 do Código Civil).

314. A lógica segundo a qual o direito à reparação não deve ser prejudicado pela impossibilidade de provar o valor ou o montante exacto dos prejuízos não deve considerar-se inaplicável à acção popular. Pelo contrário, se este tipo de estrutura processual justificar algum desvio às regras gerais do direito à indemnização, esse desvio deverá ser no sentido da maior amplitude do poder funcional do decisor para fixar o *quantum* indemnizatório em termos aproximados. A alternativa, recorde-se, será forçar cada um dos lesados à alegação e à prova dos danos concretos numa nova acção, subsequente ao trânsito em julgado da decisão final na acção popular: o mesmo é dizer, a inutilizar, na prática, o direito dos lesados à reparação[296].

[296] De um ponto de vista dogmático, poder-se-á discutir se uma prestação indemnizatória calculada em termos padronizados, a partir da pertença a uma categoria ou subcategoria de

315. É este compromisso entre a reparação integral e a efectividade do direito à reparação que está subjacente à solução da nossa lei. Na sentença proferida na acção colectiva, o tribunal indica o critério de identificação dos lesados e da quantificação dos danos. Aqueles que pretendam reclamar a indemnização que lhes for devida devem apresentar junto da entidade responsável pela recepção, gestão e pagamento das indemnizações, prova sumária da sua qualidade de lesados representados na acção. Uma vez realizada essa prova, ao reclamante pode ser associado um valor (abstractamente fixado) a título de indemnização.

316. Não é uma tarefa viável a de enunciar aprioristicamente os critérios que, em abstracto, devam ser acolhidos pelo tribunal na sentença condenatória a proferir na acção popular: a sua pertinência vai depender de forma determinante do tipo de infracção e das situações da vida que possam ter originado o dano. Em certos casos, serão determinantes elementos como o número de negócios e de operações presumivelmente celebrados pelo lesado, o valor dos actos, a duração do período da execução do contrato. Não raro, será necessário proceder a uma análise parcelar dos efeitos danosos da infracção, como que seccionando o mercado relevante em diferentes períodos de referência ou tipos sociais de lesado, em razão de parâmetros supra-individuais ou mesmo índices de actividade económica

lesados, ainda constituiria uma verdadeira indemnização, uma vez que o critério relevante para o preenchimento da prestação indemnizatória deixaria de ser o dano real. Não parecendo que a discussão relativa à natureza jurídica seja o ponto determinante para encontrar a solução mais justa para o problema da reparação dos danos sofridos pelos consumidores que vierem a ser identificados na acção, não deixamos de fazer notar que a tese que vê neste resultado a renúncia ao dano como critério aferidor da indemnização não é a única possível. Se não se quiser adoptar uma perspectiva conceitualista sobre a noção de dano, à luz da qual se poderia inferir dela proposições ou directrizes para a resolução de problemas, mas antes um conceito-quadro, cujo preenchimento depende mais da forma como se relacionam e se interpenetram as valorações do que de preceitos de ordem, a prestação devida a cada um dos lesados continua a poder ser vista como uma verdadeira reparação. Na verdade, o direito da responsabilidade admite, neste e noutros lugares, não só que não se pode exigir ao tribunal uma certeza sobre o valor preciso dos danos, mas também que é por vezes mais justo atribuir uma compensação que porventura não corresponda (por excesso ou por defeito) ao dano real do que negar a quem se sabe ter sido lesado por um comportamento ilícito e culposo qualquer reparação. A generalização dessas proposições permite fundar a vigência de um princípio de praticabilidade que em conjugação com outros vectores (desde logo, com a ideia de diferença) recortam, por dentro, a ideia de dano.

(gerais, como a inflacção ou a evolução do consumo) ou sectoriais (o valor presumido da repercussão dos danos sobre os consumidores, aferido a partir da evolução dos preços nos diversos níveis da cadeia de distribuição). Este modo de proceder pode proporcionar o surgimento de subcategorias de lesados, associadas, por sua vez, a indemnizações tabeladas a valores diversos. Certamente não poderá assim aspirar a uma reparação perfeita e total do dano: mas a régua a aplicar na concretização das indemnizações será menor e menor será, por isso também, o perigo para a justiça correctiva de um excesso indemnizatório ou de uma indemnização insuficiente.

317. Não deixamos de reconhecer que o caminho que nos parecer ser aquele que deve ser trilhado quanto ao apuramento da indemnização devida aos lesados não identificados na acção popular é ainda, em grande medida, desconhecido. A inexistência de elementos científicos nesta matéria é compreensível, tendo em consideração a novidade da lei do *private enforcement* e a parca experiência jurisprudencial portuguesa no tocante às acções populares tendentes à reparação de danos sofridos por consumidores.

Encontramos, porém, a defesa inequívoca da solução que aqui defendemos numa recente decisão do *Supreme Court* inglês, justamente na aplicação da lei que maior influência exerceu na aprovação da Lei de *Private Enforcement*. Referimo-nos ao caso *Merricks v. Mastercard*, que a outro propósito já foi referido neste trabalho.

Os dados relevantes do Caso são os seguintes: o Senhor Merricks pretendia obter junto do tribunal da concorrência inglês (*CAT*) uma decisão de reconhecimento de admissibilidade de uma acção colectiva de *private enforcement* («*collective proceedings order*», «*CPO*»), com vista à reparação dos danos sofridos por consumidores em consequência da aplicação de preços excessivos pela Mastercard. Segundo o Senhor Merricks, a *Mastercard* cobraria tais preços em contratos celebrados com comerciantes, a título de contrapartida dos serviços de aquisição e de transacções com cartões *Mastercard*. A questão estava em que tais valores vinham, a final, a ser repercutidos sobre os consumidores. O autor pediu que a ré fosse condenada no pagamento de uma indemnização global («*aggregate damages*»), a qual deveria depois ser distribuída de forma tendencialmente igualitária por cada consumidor lesado relativamente a cada ano compreendido no período da infracção concorrencial já reconhecida pela Comissão Europeia.

Em termos abreviados, a metodologia adoptada para o cômputo da indemnização compreendia a divisão dos mercados de prestação de bens e de serviços em 11 sectores e da determinação do grau aproximado da repercussão sobre os consumidores das taxas cobradas pela *Mastercard* aos comerciantes em cada um desses sectores. Posteriormente, apurava-se a média ponderada da repercussão sobre os consumidores do valor da taxa cobrada pela *Mastercard* e, consequentemente, o valor do sobrepreço que corresponderia ao dano global sofrido por todos os consumidores em todos os mercados de retalho. Segundo o entendimento do autor, uma metodologia deste tipo seria a única que permitiria uma satisfação efectiva dos danos provocados pela prática anticoncorrencial da *Mastercard*. *A hipótese da diferenciação do quantum indemnizatório em razão dos danos concretamente sofridos por cada consumidor implicaria um custo processual manifestamente desproporcional ao valor das quantias em jogo (dada a insuficiência da informação relevante e a fragilidade da prova pericial que quanto a estes factos poderia ser produzida) e que ninguém estaria, por essa razão, disposto a suportar.*

318. A pretensão de Merricks à obtenção de uma *CPO* veio a ser julgada improcedente pelo *CAT*, que entendeu que não se encontravam preenchidos dois dos requisitos exigidos pela lei inglesa para o efeito (*cf. Section* 47B do *Consumer Rights Act* de 2015)[297].

Em primeiro lugar, considerou o tribunal que o pedido formulado não permitiria reclamar uma indemnização global (*cf.* igualmente a *Rule* 79(2) f das *CAT Rules* 2015), com base no argumento de que essa pretensão se fundava na apreciação de questões de facto ou de direito idênticas, similares ou relacionadas entre si (*Section* 46B (5) (b) e (6) do *Consumer Rights Act*): cada consumidor lesado teria sofrido danos de montante diverso ou poderia até não ter sofrido qualquer dano, o que ocorreria se não se tivesse verificado a internalização das taxas ilicitamente impostas pela *Mastercard* (a excepção do «*passing-on*») no preço por si pago ao comerciante. Na opinião do tribunal, inexistiam informações suficientes para tornar credível a metodologia adoptada para o cálculo da indemnização global e, embora não considerando impossível ou mesmo improvável que o autor lograsse provar na audiência de julgamento que o valor pedido correspondia aos danos sofridos pelos consumidores como uma categoria de lesados, enten-

[297] *Cf.* a Decisão do *CAT* de 21 de Julho de 2017 [2017], *CAT*, 16.

deu não poder formular um juízo sobre a verosimilhança da pretensão indemnizatória («*the strenghth of the claim*») que justificasse a admissibilidade de uma acção colectiva com base na regra do *opt-out*.

A segunda razão que levou o *CAT* a considerar inadmissível a acção colectiva foi a de que o cálculo da indemnização devida aos consumidores numa lógica *per capita* só seria compatível com o princípio da compensação dos danos se a jusante, no momento da distribuição das indemnizações pelos consumidores, existisse «um meio razoável e prático de retornar ao cálculo da indemnização individualmente devida»[298]. No entanto, a abordagem adoptada pelo autor para liquidar o pedido indemnizatório não permitira qualquer forma plausível de chegar a um valor que pudesse presumir-se, ainda que por aproximação, corresponder ao valor do dano sofrido por cada consumidor[299]

319. Em sede de recurso, o *Court of Appeal* veio revogar a decisão do *CAT*, por entender que a decisão de indeferimento do pedido de emissão de um *CPO* violara a lei[300]. Entre outros fundamentos com menor relevância para o problema agora em análise[301], entendeu o Tribunal que havia desacerto na decisão do *CAT* porquanto a indemnização global que Merricks pretendia pedir na acção colectiva não era desconforme com o *compensatory principle.*

A *Mastercard* interpôs recurso para o *Supreme Court*, que na sua decisão de 11-12-2020, veio confirmar a decisão do *Court of Appeal*[302]. Estabelecendo conexões com outros casos em que a incerteza sobre o valor dos danos não deve prejudicar o direito do lesado a ser indemnizado (como a perda de chance ou a compensação dos danos não patrimoniais), o Supremo Tribunal reafirmou o princípio já conhecido do *Common Law* de que é uma exigência básica da justiça «*that the court must do its best on the evidence available*» ou «*that the court will not allow an unreasonable insistence on precision to defeat*

[298] *Cf.*. a Decisão do *CAT* 21 de Julho de 2017, parág. 79.

[299] Decisão do *CAT* 21 de Julho de 2017, parág. 84 e ss..

[300] Decisão do *Court of Appeal* de 16 de Abril de 2019 [2019] *EWCA, Civ.*, 674.

[301] Como o do condicionamento da decisão sobre a admissibilidade de uma acção colectiva com aplicação da regra do *opt-out* a um juízo demasiado exigente quanto verosimilhança do pedido que o autor pretendia formular. Com efeito, não se tratava de realizar um *mini-trial*, mas apenas de avaliar o carácter *prima facie* justificado da pretensão material a formular na acção colectiva.

[302] Decisão do *Supreme Court* de 11 de Dezembro de 2020 [2020] *UKSC*, 51.

the justice of compensating a claimant for infringement of his rights» (o «*broad axe*» ou «*broad brush principle*»)[303]. Esta orientação deve valer no caso da incerteza quanto ao valor dos danos causados por uma violação do direito da concorrência, com uma força reforçada, tendo em conta o princípio da efectividade, uma vez que a conduta anticoncorrencial «*may never be effectively restrained in the future if wrongdoers cannot be brought to book by the masses of individual consumers who may bear the ultimate loss from misconduct which has already occurred*».

No entendimento do *Supreme Court*, o regime legal aplicável à acção colectiva de *private enforcement*, ao permitir uma indemnização fixada em termos globais, afastava a necessidade de determinar, em momento posterior, o valor dos danos individualmente sofridos e abria, por isso, uma excepção ao princípio da compensação. A única exigência que a lei faria, e apenas em termos implícitos pela supervisão judicial do procedimento de gestão e pagamento das indemnizações, é o de que a «distribuição se realizasse em termos justos e razoáveis»[304].

Em consequência desta decisão, o *CAT* veio, recentemente, proferir uma decisão emitindo a *CPO* em favor de Merricks[305].

320. As decisões que acabamos de descrever ajudam a lançar alguma luz sobre o novo regime da tutela colectiva de consumidores lesados por práticas anticoncorrenciais. Não obstante a controvérsia se ter travado, até agora, ao nível preliminar da admissibilidade de uma acção colectiva de *private enforcement* fundada no princípio do *opt-out*, concretas particularidades do Direito inglês propiciaram uma certa antecipação para este

[303] *Cf.* a Decisão do *Supreme Court* de 11 de Dezembro de 2020, parágs. 48 e ss..

[304] Decisão do *Supreme Court* 11 de Dezembro de 2020, parág. 58: «*the only requirement, implied because distribution is judicially supervised, is that it should be just, in the sense of being fair and reasonable*». *Cf.* também parág. 77: «*a central purpose of the power to award aggregate damages in collective proceedings is to avoid the need for individual assessment of loss. While there may be cases in which some approximation towards individual loss may be achieved by a proposed distribution method, there will be some where the mechanics will be likely to be so difficult and disproportionate, eg. because of the modest amounts likely to be recovered by individuals in a large class, that some other method may be more reasonable, fair and therefore more just. For that purpose, the statutory scheme provides scope for members within the class to be heard about the proposed distribution method. In many cases the selection of the fairest method will best be left until the size of the class and the amount of the aggregate damages are known*».

[305] V. a Decisão do *CAT* de 18 de Agosto de 2021 [2021], *CAT*, 28.

momento da discussão relativa a um dos problemas de fundo mais relevantes numa acção com este objecto: a questão da compatibilidade das normas gerais do direito da indemnização, como a da primazia de um cálculo subjectivo e individual da indemnização devida, com a teleologia própria das normas que regem a acção colectiva e o direito privado da concorrência. As conclusões a que chegaram os tribunais ingleses, mesmo que provisórias e ainda a aguardar a formação de precedente quanto à decisão de mérito que conheça do cálculo da indemnização, devem considerar-se plenamente transponíveis para o Direito português, dada a similitude entre os dois sistemas no tocante à fixação e à distribuição das indemnizações atribuídas a uma categoria de consumidores lesados por uma conduta anticoncorrencial.

321. Ante o conflito entre admitir uma concessão à compensação integral e perfeita dos danos, por um lado, e a injustiça de negar ao lesado prejudicado pela violação do direito da concorrência qualquer reparação, por outro, o Direito positivo actual favorece manifestamente a primeira alternativa. A primazia dos princípios da efectividade do direito da concorrência e da praticabilidade no cálculo das indemnizações confirma, de resto, a bondade da solução de permitir que a sentença condenatória na acção de *private enforcement* possa ter como objecto uma quantia global e que a afectação das indemnizações aos membros da categoria de lesados se realize segundo critérios abstractos. O cálculo da indemnização individualmente devida a cada um dos consumidores que vierem a ser identificados na acção popular só com irrealismo se pode dizer susceptível de fixação em termos individualizados.

322. Pelas razões que antecedem, a discussão que deve ser travada entre as partes nesta matéria não é a de saber qual o modo de apuramento da indemnização que assegura uma avaliação rigorosa dos danos, mas antes recair sobre a escolha da fórmula geral que aparentemente apresenta uma menor margem de erro.

Por outras palavras: não se trata de optar entre um cômputo concreto e um cômputo abstracto – elas próprias perpectivas ou «metodologias» que não diferem senão numa lógica de grau – mas entre a melhor forma de calcular abstractamente as indemnizações, aquela que presta a (mais) justa medida da responsabilidade no caso decidendo.

§8
Síntese conclusiva

As conclusões a que chegámos nos parágrafos anteriores podem ser formuladas em termos sumários.

I. Quanto ao regime aplicável (incluindo Constituição da República Portuguesa, Código de Processo Civil, Lei de Acção Popular e artigo 19º da Lei nº 23/2018), a uma acção popular intentada por uma associação de defesa de consumidores em representação de todos os consumidores residentes em Portugal lesados pelas práticas em causa, baseada exclusivamente em violações do direito europeu e nacional da concorrência, pudemos verificar que, à luz do Direito português, o *private enforcement* do direito da concorrência pode ser assegurado através da acção popular, sendo o regime aplicável a essa acção aquele que encontramos genericamente previsto na Lei de Acção Popular (artigo 19º, nº 1, da Lei do *Private Enforcement*). A acção popular de *private enforcement* está orientada para a tutela, simultânea, dos interesses colectivos da protecção dos consumidores e da concorrência no mercado, mas também dos interesses individuais dos particulares que integram a categoria dos consumidores lesados por determinada prática anticoncorrencial.

Em segundo lugar, vimos que a tese segundo a qual a Lei de Acção Popular não poderia ser aplicada para a defesa de interesses individuais que fossem qualitativamente homogéneos, mas quantitativamente heterógenos, é contrária à lei e teria a consequência prática de limitar o *private enforcement* à tutela individual das pessoas lesadas pela infracção do direito da concorrência. Esse resultado seria demonstrativo da irracionalidade do sistema. Nada justificaria que se permitisse apenas a tutela numa estrutura de massas do que é absolutamente igual, inviabilizando a aplicação da mesma estrutura ao conhecimento daquilo que, sendo absolutamente igual, diverge no que não é determinante.

Verificámos, seguidamente, que a legitimidade das associações de defesa dos consumidores para propor acções populares para tutela dos interesses dos consumidores (artigo 52º, nº 3 da Constituição da República Portuguesa e artigos 2º, nº 1 e 3º da Lei de Acção Popular) foi recentemente confirmada no âmbito específico da tutela do direito da concorrência (artigo 19º, nº 2 da Lei do *Private Enforcement*). O reconhecimento da legitimidade popular das associações de defesa dos consumidores é particularmente importante para atenuar a dependência da iniciativa altruísta e economicamente improfícua de um consumidor isolado, de todo em todo improvável.

Em quarto lugar, pudemos constatar que, além do favorecimento da economia processual e da eficiência do sistema, a legitimidade popular das associações de defesa dos consumidores atenua, de um modo não despiciendo, o perigo de a responsabilidade civil não chegar a operar em virtude da ausência de incentivos para o exercício jurisdicional do direito à reparação. Esse resultado seria incompatível com os valores fundamentais do nosso sistema, pois que ele constituiria uma negação do consumidor ao acesso do Direito e aos tribunais (artigo 20º, nº 1 e 4 da Constituição da República Portuguesa). Mas seria também uma violação do princípio europeu da efectividade do direito da concorrência, na medida em que ele se opõe a soluções do Direito nacional (substantivas ou processuais) que comprometam ou tornem excessivamente difícil ou oneroso o exercício do direito a uma reparação integral dos danos sofridos em consequência de uma prática anticoncorrencial.

Ainda que esta seja uma das matérias que maiores dificuldades técnicas vem suscitando, pode afirmar-se que a legitimidade da associação de defesa de consumidores para propor uma acção popular indemnizatória configura uma legitimidade a determinar por critério especial e que, atendendo aos objectos processuais, congrega elementos de legitimidade directa e de substituição processual. A associação de defesa dos consumidores actua como parte por incumbência na tutela do trecho do interesse transindividual (tutela do consumo e da concorrência no mercado) e como substituto representativo no tocante aos interesses individuais dos consumidores lesados pela prática anticoncorrencial.

II. Da configuração das associações de defesa dos consumidores como «representantes» ou «substitutos institucionais» dos interesses dos consumidores lesados devem retirar-se consequências de diversa natureza. Uma dessas consequências é que a legitimidade da associação é aferida a partir da relação entre uma classe ou categoria de pessoas e o objecto da acção, pelo que os efeitos materiais do processo terão como ponto de referência todos os membros daquela classe ou categoria: todos os consumidores que se entenda terem sido lesados pelas práticas anticoncorrenciais imputadas ao demandado.

A conclusão anterior repercute-se no plano dos pressupostos atributivos da legitimidade popular. Uma eventual restrição da legitimidade da associação apenas a uma subcategoria dos consumidores atingidos pela prática anticoncorrencial só pode valer se resultar da fonte dos respectivos poderes de substituição institucional: ou dos estatutos da associação em causa ou da lei aplicável. No entanto, não encontramos qualquer restrição desse tipo na lei portuguesa, que se limita a fazer depender a legitimidade subjectiva das associações de defesa dos consumidores da personalidade jurídica da associação, de esta ter como objecto a defesa dos consumidores (artigos 3º, alíneas a) e b) da Lei de Acção Popular e 31º do Código de Processo Civil, e artigo 19º, nº 2, alínea a) da Lei do *Private Enforcement*), e do não exercício de qualquer tipo de actividade profissional concorrente com empresas ou profissionais liberais (artigo 3º, alínea c), da Lei de Acção Popular).

III. Numa linha extremamente relevante e que deve ser alvo de atenção situa-se a necessidade de garantir uma representação adequada dos interesses dos consumidores. Esta deve, porém, ser acautelada não através de regras – inexistentes no sistema jurídico português e cuja introdução teria porventura mais prejuízos do que benefícios – que fixem como requisito de legitimidade subjectiva para a propositura de acções populares o exercício da actividade do autor durante um período mínimo, mas a outro nível e ao abrigo de outras previsões. O entendimento dominante na doutrina e na jurisprudência, segundo o qual uma associação ou fundação de defesa dos interesses dos consumidores pode, imediatamente após a sua constituição, propor uma acção popular tendente a defender esses mesmos interesses merece a nossa concordância e é plenamente aplicável à legitimidade popular para a propositura de acções de *private enforcement*.

À luz da lei portuguesa, é igualmente irrelevante para aferir a legitimidade popular das associações de defesa dos consumidores para proporem acções de *private enforcement* que tenham um número mínimo de associados. Tão-pouco se deve entender que a extensão subjectiva dessa legitimidade deve depender da qualificação da autora como uma associação de âmbito nacional, regional ou local. A exigência de um número mínimo de associados redundaria num efeito restritivo de direitos fundamentais (o direito de acesso aos tribunais e o direito de acção popular) que não tem cabimento na lei processual nem encontra justificação na necessidade de tutelar um outro interesse constitucionalmente protegido (artigo 18º da Constituição da República Portuguesa). Esse interesse não pode ser localizado na necessidade de assegurar uma adequada representação dos consumidores, uma vez que o número de associados não tem correspondência necessária com a capacidade prática, técnica ou económica da associação para prosseguir as suas atribuições.

Também não pode estar em causa a necessidade de assegurar uma representatividade mínima da associação, não só porque o número de associados tem uma relação meramente contingente com a representatividade geográfica da pessoa colectiva, mas também porque essa solução seria desconforme com a lógica da legitimidade representativa, que faz coincidir o âmbito da legitimidade com o universo dos titulares dos interesses colectivos que, nos termos dos estatutos e do fim da associação, ela está habilitada a defender.

A solução contrária levaria a resultados inadequados. Por um lado, discriminar-se-ia as associações com menor dimensão, ainda que estas tivessem maior capacidade para assegurar uma representação adequada dos consumidores. Por outro, essa tese comprometeria, na base, toda a lógica do *private enforcement*: a compensação meramente parcial dos prejuízos sofridos por alguns consumidores (aqueles que residem em determinada região ou localidade) em lugar de uma reparação global inutiliza o escopo preventivo do direito privado da concorrência.

IV. Quanto aos acordos de financiamento de contencioso, a sua celebração não é susceptível de afectar a legitimidade activa de uma associação de consumidores para a propositura de uma acção popular. A legitimidade é um pressuposto que se afere exclusivamente pela relação entre a parte e o objecto processual. Numa ponderação casuística, o autor e o réu são partes legítimas se apresentarem perante o objecto processual a relação de que a lei faz depender o preenchimento deste pressuposto, não o sendo em caso de falência do seu preenchimento. Na legitimidade directa, a parte tem legitimidade se for titular da relação material controvertida tal como descrita pelo autor. Na legitimidade indirecta, a parte terá legitimidade se preencher os pressupostos do concreto tipo legal que lha pode atribuir. No caso de tutela de interesses difusos ou colectivos, a legitimidade dos autores populares depende exclusivamente do preenchimento dos pressupostos previstos nas regras atributivas de legitimidade. Nenhuma destas regras gradua a celebração de acordos de financiamento como pressuposto negativo da legitimidade das partes.

V. Os argumentos contra a admissibilidade dos acordos de financiamento não encontram fundamento nas regras que limitam a liberdade, traduzida na autonomia para celebração de negócios jurídicos. Por esta razão são improcedentes à luz do Direito português.

Ainda que tais argumentos pudessem proceder, a consequência jamais poderia ser a da ilegitimidade da parte financiada. Conclusão contrária seria, aliás, absolutamente anómala. A legitimidade é o pressuposto que visa assegurar a existência de uma concreta relação entre a parte e o objecto do processo. A celebração de um acordo de financiamento não é elemento constitutivo desta relação, sendo-lhe exógeno. Como poderia alguma vez e no plano dogmático o acordo de financiamento concorrer para a determinação do pressuposto? A celebração de um acordo de financiamento dos custos da acção não permite retirar à parte financiada a qualidade de parte na acção nem permite atribuir essa mesma qualidade ao terceiro financiador. Parte é aquele que pede em nome próprio e aquele contra a qual é pedido em nome próprio. O terceiro financiador, apesar de ter um interesse próprio no desfecho da acção, não é parte. E porque não é parte não é titular das situações jurídicas analiticamente compreendidas na posição da parte processual. Ainda que o terceiro financiador tenha o poder de influenciar a conduta processual da parte, o que se deve então questionar é a questão da admissibilidade do acordo de financiamento, não a legitimidade da parte financiada.

VI. O acordo de financiamento por terceiro dos custos processuais destina-se a tornar viável uma acção popular que, sem financiamento, provavelmente não seria proposta. Mais do que estranha, seria dificilmente suportável à luz da coerência valorativa do Sistema que a parte deixasse de ter legitimidade para propor a acção popular por ter recorrido ao único meio que tornava a respectiva propositura economicamente tolerável ou, se se preferir, que a sua legitimidade dependesse da preservação dos condicionalismos fácticos e económicos que impossibilitassem o seu exercício.

A ideia segundo a qual a vigência de um acordo de financiamento seria incompatível com a motivação altruísta da associação de defesa de consumidores deve, quanto a nós, ser também rejeitada. Na verdade, importa não confundir o *fim* com o *motivo* da acção da associação de defesa dos consumidores. Se pelo fim entendermos o efeito jurídico que, na qualidade de parte, a associação de defesa dos consumidores pretende obter através da acção popular, então efectivamente poderá dizer-se que é em razão do fim da acção popular (do pedido nela formulado) que deve ser aferida a legitimidade da autora. No entanto, já é totalmente irrelevante que a autora – seja ela uma pessoa singular ou colectiva – se haja determinado exclusivamente por uma motivação altruísta.

No que respeita aos interesses da parte demandada na acção popular, a associação não deixa de estar obrigada ao cumprimento dos deveres de cooperação e as normas relativas ao abuso do direito de acção (artigo 334º do Código Civil) e a responsabilidade civil fundada na litigância de má fé (artigo 542º do Código de Processo Civil e artigo 20º, nº 4 da Lei de Acção Popular).

VII. Quanto ao mecanismo de compensação dos consumidores em acções populares e ao regime aplicável ao pagamento das despesas do promotor da acção e à entrega do remanescente ao Ministério da Justiça, verificamos que, em caso de procedência do pedido indemnizatório formulado por uma associação de defesa dos consumidores, a indemnização devida aos consumidores não identificados deve ser fixada em termos globais (artigos 22º, nº 3 da Lei de Acção Popular e 19º, nº 4, da Lei do *Private Enforcement*). A possibilidade de um cômputo concreto e individualizado da indemnização tornaria a instrução do processo excessivamente onerosa e complexa, ameaçando a viabilidade da acção popular e, com isso, a efectividade do direito dos consumidores lesados à reparação dos danos provocados pela violação do direito da concorrência.

Fora dos quadros de um acordo entre as partes, a indemnização devida aos consumidores não identificados na acção popular deve forçosamente ser fixada em termos globais, devendo o remanescente ser entregue ao Ministério da Justiça. O tribunal deve ainda indicar na sentença o critério de identificação dos lesados e de quantificação das indemnizações individuais.

VIII. Na qualidade de autora de uma acção popular, a associação de defesa dos consumidores tem o direito a ser reembolsada das despesas em que incorreu com a promoção e com a condução do processo (artigo 19º, nº 7 da Lei do *Private Enforcement*). O crédito ao reembolso das despesas processuais não se reconduz às custas de parte, nem tem como devedor a parte demandada na acção popular. Os sujeitos passivos da atribuição compensatória em causa são os próprios consumidores lesados que não tiverem reclamado a sua quota-parte na indemnização em causa no prazo razoável que para esse efeito tiver sido fixado pelo tribunal. No entanto, o direito da associação ao reembolso das despesas em que incorreu por força do processo não é susceptível de afectar o direito dos consumidores lesados. Nenhum consumidor que opte por ser ressarcido do dano que sofreu em consequência da violação do direito da concorrência deixa de ver satisfeito o seu crédito indemnizatório em virtude da pretensão da autora em ser compensada pelas despesas processuais que assumiu na acção popular.

A constituição do crédito da associação de defesa dos consumidores ao reembolso das despesas processuais encontra-se sujeita a uma dupla condição: (i) o réu da acção popular realizar a prestação indemnizatória em que vier a ser condenado; e (ii) aquela prestação indemnizatória exceder o montante necessário para satisfazer integralmente o direito à reparação de todos os lesados que vierem a reclamar o seu direito no prazo razoável que o tribunal lhes tiver fixado para esse efeito. Uma vez verificada aquela dupla condição, a autora adquire o direito ao ressarcimento de despesas processuais, não podendo esse direito deixar de ser reconhecido pelo tribunal.

Globalmente considerada, a solução da lei portuguesa é, assim, equilibrada e justa. Se algum reparo lhe deve ser dirigido é o de que ela não acautela de um modo suficiente a posição do autor da acção popular, na medida em que o sujeita ao risco da não recuperação das despesas investidas na preparação e na condução do processo.

IX. A remuneração devida ao terceiro financiador nos termos de um *third-party litigation agreement* deve ser valorada como uma despesa assumida pela associação de defesa dos consumidores por força da acção popular. É, para este efeito, irrelevante que a remuneração ainda não tenha sido efectivamente paga pela associação no momento em que o tribunal venha a proferir decisão em que fixa o montante da pretensão aos custos do processo. O aspecto determinante consiste, antes, em saber se a remuneração devida ao financiador é uma *despesa necessária* para promover a acção popular de *private enforcement*, independentemente de essa despesa ser liquidada antes ou depois do proferimento da decisão final na acção popular. Mais precisamente, e tendo em consideração a proximidade entre a situação do autor da acção popular e o gestor (artigo 468º, nº 1 do Código Civil) ou o mandatário (artigo 1167º, alínea c) do Código Civil), o aspecto decisivo está no facto de um curador dos interesses dos consumidores lesados pela prática anticoncorrencial, agindo de forma diligente e zelosa, não poder razoavelmente deixar de considerar como necessária a remuneração de um terceiro como contrapartida do financiamento da propositura da acção popular.

Sem uma prestação que remunere a assunção dos custos e dos riscos da acção popular, nenhum financiador estará disposto a assumir os custos e os riscos conexos com a propositura da acção popular. E dada a exiguidade dos recursos próprios das associações de consumidores, mas também a ausência de alternativas (designadamente, do sector público) para o financiamento dos elevados custos de uma acção de *private enforcement*, sem recurso a um *third-party funding agreement*, provavelmente não haverá também acções populares tendentes a obter a reparação dos danos causados aos consumidores através da violação do direito da concorrência. Uma vez que, sem a acção popular, a efectividade do direito à reparação danos colectivos provocados pela violação do direito da concorrência fica seriamente comprometida, deve considerar-se que a remuneração devida ao terceiro financiador nos termos de um acordo de financiamento se encontra coberta pelo fim da norma presente no nº 7 do artigo 19º da Lei do *Private Enforcement*.

X. Quanto às relações entre leis, o regime constante da Lei do *Private Enforcement* deve considerar-se especial relativamente à Lei de Acção Popular no que respeita ao método de cálculo da indemnização devida aos consumidores e ao pagamento das despesas da associação de defesa dos consumidores com a promoção da acção popular.

Apesar de o artigo 19º, nº 7 da Lei do *Private Enforcement* não limitar *de lege stricta* o objecto do direito da associação de defesa dos consumidores ao reembolso das despesas em que incorreu por força da acção popular, isso não significa que aquele direito seja desprovido de quaisquer limites. A resposta a este problema retira-se, novamente, da analogia com a situação do gestor de negócios e do mandatário civil. Só devem ser valorados como compensáveis as despesas que um promotor diligente, zeloso e informado teria assumido com a promoção da acção popular.

No que respeita ao financiamento dos custos da acção popular, o primeiro índice para aferir o carácter razoável e adequado da remuneração do financiador é o do *valor comummente praticado no mercado* para a remuneração de um financiamento em circunstâncias semelhantes. A remissão para as tarifas praticadas por outros financiadores no mercado não dispensa, naturalmente, uma concretização ulterior, tendo em consideração um conjunto diversificado de circunstâncias, como o nível de risco especificamente associado à acção, o modelo de financiamento, a constituição ou não da parte financiada como devedora da remuneração, a prestação de garantias. Entre os aspectos relevantes para avaliar o carácter excessivo da remuneração prometida ao financiador é a circunstância de a lei portuguesa sujeitar o financiador a um risco particularmente gravoso de não recuperar o investimento realizado.

XI. A lei distingue de forma particularmente clara entre o prazo de prescrição do direito à reparação dos consumidores não identificados na acção (artigo 22º, nº 3 da Lei de Acção Popular) e o prazo razoável para que estes reclamem o seu crédito indemnizatório na acção popular (artigo 19º, nº 7 da Lei do *Private Enforcement*). O decurso do primeiro prazo exclui a faculdade jurídica de exigir o cumprimento do dever de indemnizar, fazendo reverter para o Estado, sob a administração do Ministério da Justiça, as quantias não reclamadas.

Diversamente, o decurso do segundo prazo tem apenas o efeito de permitir que o crédito indemnizatório ainda não reclamado possa ser afecto à satisfação do direito da associação de defesa dos consumidores ao ressarcimento das despesas processuais assumidas com a promoção da acção popular. Isso significa, logicamente, que os dois prazos não podem ser idênticos e que o «prazo razoável» a que se refere a Lei do *Private Enforcement* tem forçosamente que ser um prazo inferior a três anos. A determinação do prazo razoável compete ao tribunal, tendo em consideração das circunstâncias do caso, como o universo possível de lesados por identificar ou a sua distribuição geográfica, mas também a medida do interesse da autora ou do terceiro financiador no reembolso das despesas processuais.

Na ausência de elementos que favoreçam um prazo mais extenso ou mais curto, deve ser tido em consideração o prazo de 180 dias, que o legislador prevê para o exercício do direito dos consumidores à restituição de cauções cobradas indevidamente como contrapartida da prestação de serviços essenciais (como água ou electricidade), sob pena de a caução reverter para o Fundo para a Promoção dos Direitos dos Consumidores, junto do Instituto do Consumidor (Decreto-Lei nº 100/2007, de 2 de Abril e Portaria nº 1340/2008, de 26 de Novembro).

XII. Quanto aos efeitos das decisões da Comissão Europeia e da Autoridade da Concorrência em acções de indemnização por práticas anticoncorrenciais *follow-on* dessas acções, vimos que, nos termos do artigo 7º, nº 1, da Lei do *Private Enforcement,* a decisão da Comissão ou da Autoridade da Concorrência coloca numa situação de indiscutibilidade não só a existência de uma infracção, mas também o âmbito material, subjectivo, temporal e territorial dessa infracção. Isso significa que o âmbito de vinculatividade da decisão de uma autoridade de concorrência não se limita à parte dispositiva dessa decisão, mas necessariamente se estende a alguns dos respectivos fundamentos, precisamente aqueles que permitem a individuação e a caracterização da infracção concorrencial em causa. A solução compreende-se, uma vez que a mera declaração, em abstracto, da existência de uma infracção seria manifestamente insuficiente para que se atingissem os resultados visados pelo legislador europeu: assegurar a efectividade do direito da concorrência e a sua aplicação uniforme, e promover a satisfação do direito dos particulares à reparação dos danos sofridos em consequência do comportamento anticoncorrencial.

XIII. O âmbito da vinculatividade da decisão da autoridade de concorrência abrange, em primeiro lugar, a determinação da situação da vida que preenche o tipo de ilícito concorrencial: o comportamento imputado à empresa infractora e a relevância típica desse comportamento.

A qualidade de lesado dos consumidores (da lesividade concreta da infracção) só está abrangida pelo efeito vinculativo da decisão da autoridade de concorrência quando o tipo de ilícito concorrencial compreender a produção de certas consequências económicas. Isso sucede tipicamente no abuso de posição dominante, mas, em princípio, não nos acordos, decisões ou práticas restritivas. Ainda que não se considere abrangida pelos efeitos da decisão da autoridade de concorrência, a lesividade concreta da infracção concorrencial pode ser indiciada pelo conteúdo daquela decisão (prova *prima facie*).

Isto significa também que, no tocante ao abuso de posição dominante, a eficácia vinculativa da decisão se estende normalmente aos aspectos definidores do mercado relevante, bem como ao âmbito temporal da infracção. A sujeição do lesado ao ónus de provar o mercado relevante ou o período em que concretamente ocorreu a infracção equivaleria a uma reabertura da discussão relativamente ao ilícito concorrencial, que a Directiva e a Lei do *Private Enforcement* pretenderam manifestamente excluir.

O efeito vinculativo da decisão da autoridade de concorrência abrange também os factos com base nos quais pode ser apreciada a culpa da empresa infractora. Não obstante a jurisprudência do Tribunal de Justiça da União Europeia, a vinculação não se estende, porém, ao próprio juízo de culpa, uma vez que esta é apreciada na acção de *private enforcement* à luz de normas diversas daquelas que fundamentam a responsabilidade contraordenacional. Em qualquer caso, e conforme tem sido salientado na doutrina e na prática do *private enforcement*, mesmo sem ter em consideração o efeito vinculativo da decisão das autoridades reguladoras, a prova da culpa do infractor encontra-se muitas vezes facilitada, por diversas vias.

Já os restantes elementos da responsabilidade, como o dano e o nexo causal entre o dano e o ilícito concorrencial («causalidade de preenchimento» da responsabilidade), não se encontram abrangidos pelo efeito vinculativo da decisão da autoridade de concorrência.

XIV. A declaração da infracção constante de uma decisão da Comissão Europeia ou da Autoridade da Concorrência deve considerar-se definitiva quando o recurso judicial ordinário não respeitar à existência daquela infracção (ou ao seu âmbito), mas apenas a outros elementos.

Na hipótese em que no recurso judicial ordinário da decisão proferida pela autoridade de concorrência (ou de uma decisão judicial que a tiver apreciado) houver sido impugnada a própria existência de uma infracção anticoncorrencial, aquela decisão deve considerar-se como não definitiva. Neste caso, a lei prevê apenas que o tribunal possa suspender a instância até que tal decisão se torne definitiva (artigo 7º, nº 1 da Lei do *Private Enforcement*). Apesar de tribunal não ter um dever estrito de suspender a instância, não se deve entender o seu poder como discricionário. A decisão de suspender ou de dar seguimento ao rito procedimental depende de como, no caso concreto e tendo em conta as questões jurídicas a decidir, se deverem conjugar os princípios em conflito: o princípio do respeito pela repartição competências materiais entre de jurisdições, o princípio da economia e da celeridade processual e o princípio da adequação formal.

XV. Relativamente às questões que sejam prejudiciais ao conhecimento do mérito da acção de *private enforcement*, como é o caso das excepções dilatórias (i), o tribunal deve apreciá-las antes de proceder à suspensão da instância, determinando a realização da audiência prévia com a finalidade de facultar às partes a discussão de facto e de direito relativamente às excepções alegadas pelas partes ou de que o tribunal deva conhecer oficiosamente (artigo 591º, nº 1, alínea b) do Código de Processo Civil) e proferindo despacho saneador, precisamente para conhecer dessas excepções (artigo 595º, nº 1, alínea a) do Código de Processo Civil). Outro tanto deve suceder quanto ao pedido de acesso a meios de prova, uma vez que deles pode depender, de forma decisiva, o cumprimento do ónus de alegação e de conformação do objecto processual pelo autor da acção de *private enforcement*.

Na pendência de um recurso de uma decisão da autoridade de concorrência que incida sobre a própria existência de uma infracção, o tribunal competente para a acção de *private enforcement* pode também conhecer de outras questões de mérito além do ilícito concorrencial, como a verificação de um dano, a existência de um nexo causal entre o dano e o ilícito concorrencial ou o cômputo da obrigação de indemnização.

A instrução e a discussão relativa a outros elementos da situação de responsabilidade civil antes de se poder dar como estável a decisão relativa à ilicitude não só não contraria o princípio da economia processual, como parece favorecê-lo. Permite-se, assim, evitar que a parte mais complexa e morosa da instrução seja adiada para depois do momento em que a decisão da autoridade de concorrência se tiver tornado definitiva. Esse adiamento pareceria, de resto, ser excessivamente penalizador para aqueles que tivessem sido prejudicados por uma prática anticoncorrencial, que assim teriam de tolerar uma satisfação mais tardia do seu direito à indemnização. Mais importante, a tese que recusasse a instrução e a apreciação dos elementos da responsabilidade seria contrária à presunção de correcção da decisão da autoridade de concorrência (ou da decisão judicial que a tivesse confirmado). Até ao momento em que tal decisão vier a ser revogada por um tribunal de recurso, ela deve supor-se justa e conforme com o Direito objectivo, havendo que retirar dela todas as consequências, incluindo a declaração da existência de uma prática anticoncorrencial.

XVI. O princípio do primado da decisão de *public enforcement* relativamente à existência e ao âmbito da infracção, bem como o valor da coerência na aplicação do direito da concorrência, ficam salvaguardados desde que o tribunal competente para decidir o pedido indemnizatório determine a suspensão da instância antes de terminar a audiência de julgamento. Essa via permite assegurar que a sentença que posteriormente vier a proferir possa ter em conta o efeito declarativo da decisão da autoridade de concorrência ou do tribunal de recurso, entretanto tornadas definitivas, relativamente à verificação de uma prática anticoncorrencial ilícita (artigo 611º do Código de Processo Civil).

XVII. As decisões proferidas antes da transposição da Directiva nº 2014/104/UE através da Lei do *Private Enforcement*, relativamente a acções de responsabilidade civil emergente de práticas anticoncorrenciais que tiverem sido propostas após aquele momento, também tornam indiscutível a existência e o âmbito da infracção concorrencial que tiveram apreciado.

Esta a conclusão que decorre da circunstância de a norma presente no artigo 7º, nº 1 da Lei do *Private Enforcement* não respeitar ao ónus da prova, mas constituir antes uma disposição processual, imediatamente aplicável às acções pendentes no momento em que aquela lei entrou em vigor (artigo 24º, nº 2). Mas é também essa a conclusão que se extrai da aplicação do princípio da efectividade do direito da concorrência, que a jurisprudência dos tribunais europeus já retirava directamente dos artigos 101º e 102º do Tratado Sobre o Funcionamento da União Europeia mesmo antes da adopção da Directiva do *Private Enforcement*. De facto, a oneração do autor da acção de *private enforcement* com a prova diabólica quanto à existência e ao âmbito de uma infracção do direito da concorrência tornaria impossível ou, pelo menos, extraordinariamente difícil a satisfação efectiva do direito à reparação dos danos provocados por um ilícito concorrencial.

XVIII. Ainda que se entendesse que as decisões de uma autoridade de concorrência adoptadas em momento anterior à entrada em vigor da Lei do *Private Enforcement* não pudessem fundar uma «presunção inilidível» quanto à existência de uma infracção, isso não significa que aquelas decisões pudessem ser consideradas irrelevantes para a prova do ilícito concorrencial na acção de responsabilidade civil. Por um lado, os citados princípios da efectividade e da harmonia na aplicação do direito da concorrência já justificariam que a apreciação de uma infracção pudesse fundar uma «prova de primeira aparência» quanto à existência da infracção, susceptível de ser ilidida mediante a contraprova (artigo 346º do Código Civil) da parte demandada na acção de *private enforcement*.

Por outro, essa solução já se poderia extrair dos dados mais gerais do Sistema, designadamente da presunção de legalidade e de conformidade com o Direito objectivo da decisão administrativa sancionatória. A partir do momento em que tal decisão se tiver tornado definitiva, irradia dela uma «proibição de desvio provisória» quanto à sua existência e pretensão de eficácia jurídica, a qual é susceptível de ser dirigida a outros órgãos e decisores, ainda que pertencentes a outra jurisdição.

XIX. Perguntámos se seria admissível, no ordenamento jurídico português, a celebração de acordos de financiamento de acções judiciais.

Vimos que, apesar do seu longo lastro histórico, os contornos dogmáticos do acordo de financiamento dos custos do processo permanecem instáveis na Ciência Jurídica. A figura deve ser entendida a partir de dois elementos fundamentais: (i) a disponibilização, por uma das partes – o financiador – a outrem – a parte financiada – de uma quantia pecuniária com a finalidade de assegurar, no todo ou em parte, o pagamento de custos da segunda, conexos com a propositura de uma acção; (ii) a assunção, pela parte financiada, de uma prestação aleatória de restituição da quantia financiada e de remuneração do financiador, em termos tais que esta dependa da obtenção, no processo, de uma decisão que lhe seja favorável.

A natureza aleatória da prestação da parte financiada impede que este tipo de contratos possa ser qualificado como um mútuo ou, sequer, como a celebração de uma operação de crédito reservada às instituições de crédito. Parte da doutrina que se tem pronunciado sobre esta temática, tem entendido que, em virtude da função económica e social de partilha de riscos que é chamado a assumir, o contrato de financiamento dos custos da acção se aproxima mais de uma forma de exercício jurídico colectivo, como um contrato de sociedade, ou de um negócio de cooperação, como uma associação em participação (artigos 21º e ss. do Decreto-Lei nº 231/81, de 28 de Julho).

XX. Os argumentos invocados contra a admissibilidade dos acordos de financiamento dos custos processuais respeitam a um de quatro conjuntos fundamentais de problemas: (i) à perturbação geral ou sistémica da administração da justiça; (ii) ao plano das relações entre as partes do acordo de financiamento; (iii) ao plano das relações entre a parte financiada e o respectivo mandatário judicial; (iv) ao plano das relações entre a parte financiada e a contraparte na acção.

Contudo, nenhum desses argumentos procede à luz do Direito positivo português.

Desde logo, não existe qualquer norma que proíba a celebração de acordos de financiamento dos custos do processo. Se nenhuma norma obsta à celebração deste tipo de acordos, é forçoso concluir que a sua celebração é válida e lícita, por imposição do princípio da autonomia privada (artigo 405º do Código Civil), que é também uma das dimensões do direito constitucionalmente consagrado ao livre desenvolvimento da personalidade (artigo 26º da Constituição da República Portuguesa) e uma das formas de exercício da iniciativa privada (artigo 61º da Constituição da República Portuguesa).

Quanto aos receios de que o sistema de aplicação da justiça se torne disfuncional em virtude de um excesso de litigância, motivado ou não pela propositura de acções temerárias ou carecidas de fundamento, cumpre referir que eles não se combatem negando o acesso aos tribunais a quem procura legitimamente aceder a eles, nem tão-pouco assegurando que a propositura das acções com fundamento se mantém inviável por motivo de insuficiência de meios do autor. A formulação de pedidos injustificados é um problema processual de outra ordem, que encontra uma resposta adequada no direito vigente, seja no proferimento de uma decisão de improcedência do pedido, seja na exclusão ou na restrição do direito de acção com fundamento no abuso do direito, seja na hipótese da responsabilidade do autor pelos danos causados à contraparte, nos termos previstos no tipo delitual específico da litigância de má fé (artigo 542º do Código de Processo Civil), seja ainda na adequação processual operada na acção popular (entre outras, a possibilidade de proferimento de um despacho liminar).

Também no que respeita ao plano das relações entre as partes do acordo de financiamento, não encontramos qualquer razão que leve a valorar como inadmissível este tipo de negócios jurídicos. No que respeita aos conflitos de interesses, o mero perigo abstracto do surgimento de conflitos de interesses não constitui uma razão para a proibição dos acordos de financiamento: basta que se prevejam formas de prevenir o seu surgimento ou de assegurar a primazia dos interesses da parte financiada, na hipótese de esse conflito surgir no caso concreto.

XXI. O argumento segundo o qual os acordos de financiamento deveriam ser valorados como inadmissíveis como forma de proteger a parte financiada em acções populares do dever de prestar uma remuneração desproporcionada ou abusiva é falacioso. A parte que não dispuser dos meios necessários para aceder aos tribunais ficará certamente sempre pior do que aquela que, recorrendo ao financiamento junto de um terceiro, fique obrigada a prestar uma parte substancial da quantia que espera vir a obter por via da acção financiada. A circunstância de a remuneração devida ao financiador ser frequentemente avultada é impressiva, mas é, só por si, insusceptível de demonstrar o carácter manifestamente desequilibrado do contrato e, menos ainda, a existência de um desequilíbrio económico do contrato com uma expressão tal que justifique a sua invalidade. Encontramos no Sistema um dado que confirma de modo inequívoco a validade desta afirmação: a parte sempre poderia ter cedido ao terceiro o seu crédito; inclusivamente, a título gratuito.

XXII. O risco de o acordo de financiamento permitir que o financiador influencie a conduta da parte financiada na acção não é uma razão para rejeitar a admissibilidade deste tipo de acordos ou a admissibilidade das acções propostas a coberto deste tipo de financiamento.

Desde logo, porque a atribuição de um poder de influência ao financiador é um elemento acidental e contingente do acordo de financiamento, havendo contratos de financiamento que não a contemplam. Depois porque, ainda que os contratos de financiamento atribuam ao terceiro financiador o poder de influenciar a conduta da parte, isso não é bastante para justificar a sua proibição, uma vez que a influência pode ser exercida de modo a favorecer os interesses da parte financiada (ou dos terceiros que ela representa na acção). Só a *influência indevida*, aquela que se traduz na motivação da parte para assumir na acção uma conduta autolesiva (ou heterolesiva, no caso de agir processualmente no interesse e por conta de terceiros) justifica uma reacção adequada da ordem jurídica.

A reacção adequada à previsão do exercício de uma influência indevida não é a de proibir a celebração de acordos de financiamento dos custos da acção, mas antes a de evitar que o perigo de lesão do interesse dos consumidores no exercício adequado do direito de acção se concretize através da prática de um acto processual, concretamente lesivo dos seus interesses. Esse resultado pode ser assegurado por vias diversas. Em primeiro lugar, considerando que a parte não se encontra concretamente vinculada por uma instrução ou orientação lesiva, preservando a sua liberdade de actuação no processo. No plano do contrato celebrado com o financiador, desqualificando-se a não conformação com o dever assumido como uma forma de incumprimento do acordo de financiamento. Em segundo lugar, através das normas da Lei de Acção Popular que se destinam a prevenir o exercício da legitimidade popular por forma a prejudicar os interesses das pessoas institucionalmente representadas na acção, e que compreendem a recusa de um negócio processual lesivo daqueles interesses ou, no limite, a substituição processual da parte pelo Ministério Público.

Estas razões reforçam a convicção quanto à justeza da tese que considera admissíveis os acordos de financiamento dos custos processuais, inclusivamente dos acordos de financiamento de acções populares, e inclusivamente também dos acordos que atribuam ao financiador o poder de influenciar a parte financiada. Contanto que seja correctamente interpretada e aplicada, a lei em vigor já permite assegurar de uma forma plena e capaz que os interesses dos consumidores representados prevaleçam sobre os interesses da parte, do seu mandatário ou do seu financiador.

XXIII. Tão-pouco o risco de o financiador não cumprir as obrigações emergentes do contrato de financiamento constitui uma razão para se recusar a admissibilidade deste tipo de negócios ou a admissibilidade de uma acção popular proposta com o recurso a ele. Na realidade, o perigo de o financiador incumprir os deveres de prestação não pode contar como uma razão contra o reconhecimento desse dever, mas antes como uma razão para melhorar a tutela dos direitos de crédito da parte financiada e, no caso de improcedência do pedido, do crédito da contraparte ao pagamento das despesas processuais.

XXIV. No que respeita ao plano das relações entre a parte financiada e o respectivo mandatário judicial, os acordos de financiamento dos custos processuais não constituem uma violação das normas relativas à remuneração do mandatário judicial, mais precisamente, da proibição da *quota litis* (artigo 106º do Estatuto da Ordem dos Advogados) nem promovem o incumprimento, pelo mandatário judicial, dos deveres deontológicos fundamentais, designadamente, do dever de independência (artigo 89º do Estatuto da Ordem dos Advogados), do dever de prosseguir os interesses legítimos do seu cliente (artigo 97º, nº 2 do Estatuto da Ordem dos Advogados) e dos deveres para com a comunidade (artigo 90º Estatuto da Ordem dos Advogados).

Os acordos de financiamento não constituem qualquer pacto de *quota litis*, nem a sua convenção pode ser considerada abrangida pela proibição constante do artigo 106º do Estatuto da Ordem dos Advogados. A proibição de atribuir ao advogado uma remuneração exclusivamente dependente do resultado obtido na acção continua, pois, a aplicar-se ainda que a parte haja concluído com um terceiro um acordo de financiamento. No máximo, a vigência deste acordo pode conduzir a que seja um terceiro (o financiador) e não o próprio mandante a prestar ao advogado a remuneração que lhe for devida. No entanto, ao contrário do que acontece noutras ordens jurídicas, o Direito português não proíbe a prestação por terceiro dos honorários devidos ao advogado, e o facto de o pagamento ser feito por terceiro não implica que a prestação remuneratória deixe de ter o mandante como devedor ou que deixe de ser fixada de acordo com os critérios previstos na lei.

Nada na natureza dos acordos de financiamento determina que o mandatário judicial seja colocado numa situação de violação dos deveres deontológicos que sobre ele impendem pelo simples facto da sua celebração. Nem da sua celebração se pode inferir que ele venha ou tenha maior propensão para violar tais deveres. Ainda que o acordo de financiamento acabasse, no plano dos factos, por induzir o mandatário a desviar a execução do mandato do fim de promover a melhor satisfação dos interesses do mandante, as normas que punem a violação dos seus deveres deontológicos não deixariam de intervir. O problema dá, então, lugar a uma situação comum de responsabilidade civil e disciplinar do advogado.

XXV. Não pode, também, aceitar-se como razão contra a admissibilidade dos acordos de financiamento a circunstância de estes criarem uma alegada vantagem iníqua na acção, uma vez que uma das partes, a ré, não poderia, ela própria, transferir para um terceiro os custos da defesa e o risco da procedência do pedido que contra ela foi deduzido. Existem razões para se supor que a necessidade de procurar o financiamento das despesas com a defesa no processo será rara. Em especial no domínio das acções populares tendentes a satisfazer os interesses de consumidores, é razoável crer que, em regra, essa necessidade não existe, uma vez que, na maioria dos casos, estarão em causa danos cobertos por um contrato de seguro de responsabilidade civil, que acaba por assumir, ainda que porventura, de uma forma parcial ou imperfeita, a mesma função de transferência de riscos e de custos que é consignada ao *third-party litigation agreement.*

Mais importante: ainda que se entendesse que a falta de acesso pelo réu ao financiamento dos custos da defesa o colocava efectivamente numa situação de desigualdade relativamente ao autor que tivesse proposto a acção com recurso a este tipo de apoio económico prestado por terceiro, a consequência não deveria ser a da inadmissibilidade do *third-party funding.* A impossibilidade de satisfação de uma necessidade real efectiva do réu de aceder ao financiamento teria como causa falha de mercado. A partir do momento em que se generalize a conclusão de contratos de financiamento com a parte passiva, também o réu passará a dispor com igual facilidade ao *third-party funding.* A consequência será, então, a da admissibilidade dos acordos de financiamento – para ambas as partes – e não a da inadmissibilidade desses acordos (para qualquer uma delas).

De resto, a tese da proibição dos acordos de financiamento por terceiro dos custos da acção merece ser rejeitada, não só por constituir uma solução *impraticável*, tendo em conta que a parte já dispõe hoje de um conjunto muito alargado de formas de aceder ao financiamento de que precisa para suportar os custos inerentes à propositura da acção (como o mútuo ou a cessão do crédito litigioso), mas também *desnecessária* para assegurar os fins que visa atingir e, bem assim, por pressupor restrições inadequadas e desproporcionadas a outros interesses protegidos e com tutela constitucional, como a autonomia privada (artigo 18º, nº 2 da Constituição da República Portuguesa) e o direito de acção popular (artigo 52º, nº 3 da Constituição da República Portuguesa).

XXVI. De uma forma geral, podemos afirmar que todas as razões que justificam a admissibilidade dos acordos de financiamento dos custos do processo valem identicamente no domínio das acções populares.

Os acordos de financiamento das despesas processuais permitem atender da forma mais satisfatória a dois dos valores centrais do Sistema, a *justiça* e a *eficiência*. Os acordos de financiamento contribuem para tornar a aplicação do Direito mais justa por duas razões fundamentais. Em primeiro lugar, por permitirem à parte financiada suportar os custos e riscos com a propositura da acção que de outro modo seriam incomportáveis. É isso que sucede, em geral, nos «danos em massa», em que a desproporção entre o interesse individual do autor e os custos da acção popular justifica a decisão de não aceder aos tribunais (o problema da «apatia racional» dos lesados). E é assim, por maioria de razão, no domínio da responsabilidade civil fundada na violação do direito da concorrência, uma vez que a promoção e a instrução deste tipo de acções exige a suportação de custos elevados, designadamente, com a contratação de peritos económicos com vista à determinação e à prova dos danos.

Atendendo ao facto de as associações de defesa dos consumidores também não disporem de recursos próprios suficientes, nem de apoios de natureza pública, para promover acções populares de *private enforcement*, a tutela efectiva do direito à reparação dos consumidores lesados depende, na prática, do recurso ao financiamento por terceiro dos custos processuais. A primeira e a principal virtude dos acordos de financiamento por terceiro dos custos da acção é, assim, a de conferirem uma maior concretização ao direito fundamental ao acesso aos tribunais (artigo 20º, nº 1 da Constituição da República Portuguesa).

O financiamento dos custos da acção por terceiro, tipicamente um investidor racional, promove a propositura de acções que, de outro modo, não seriam propostas por motivo de falta ou insuficiência de meios económicos do autor. Precisamente por essa razão, a norma que proibisse os acordos de financiamento dos custos processuais, mesmo que restringida ao domínio das acções populares, seria desconforme o *princípio da efectividade* do direito da concorrência e, consequentemente, com o Direito europeu.

A segunda virtude dos acordos de financiamento está no facto de favorecerem o princípio da igualdade entre as partes (artigos 13º da Constituição da República Portuguesa e artigo 4º do Código de Processo Civil). A preocupação em assegurar uma igualdade substancial entre as partes mostra-se particularmente relevante no contexto das acções em que uma das partes carecer de uma protecção especial, como tipicamente sucede nos litígios relativos a consumidores e, mais ainda, nas situações em que a tutela requerida para os interesses dos consumidores for uma tutela de tipo colectivo, uma vez que, nessas hipóteses, a persistência de uma "desigualdade de armas" de meios na preparação e no exercício da pretensão processual pode traduzir-se numa tutela menos eficaz dos interesses daqueles que, estando a ser representados na acção, possam ficar vinculados aos efeitos do caso julgado da decisão que nela vier a ser proferida.

XXVII. O argumento segundo o qual os acordos de financiamento dos custos da acção devem ser considerados proibidos sob pena de se permitir que um terceiro financiador obtenha uma vantagem indevida ou excessiva às custas dos particulares representados na acção popular não vale num sistema que, como o nosso, vê no crédito do financiador um *crédito subordinado* à prévia satisfação dos interesses dos lesados. Por mais avultada que seja a remuneração devida ao financiador, o dever de prestar essa remuneração revela-se sempre inidóneo a afectar os interesses dos representados. O direito destes últimos a uma reparação plena do dano causado pelo comportamento lesivo da concorrência jamais pode ser sacrificado em ordem a satisfazer a remuneração devida ao financiador.

No nosso Direito, é *mais perigosa* para a tutela dos *interesses dos consumidores* a proibição dos acordos de financiamento por terceiros dos custos da acção popular do que o reconhecimento da admissibilidade deste tipo de contratos: o terceiro financiador será o último a receber alguma coisa saída do produto da indemnização e apenas a receberá caso alguma coisa reste depois de satisfeitos os direitos dos lesados. A tudo acresce que o financiador apenas receberá aquilo que o tribunal o determinar e considerar adequado.

XXVIII. A existência de um financiador externo e a atribuição de uma remuneração a esse financiador não constituem qualquer desvio da acção popular relativamente ao seu fim, que é o de assegurar a tutela indemnizatória dos interesses dos consumidores nela representados. Se o financiador adquire o direito a ser remunerado pelo investimento que efectuou na acção, isso só pode significar *o contrário*, que a finalidade que a lei visa conseguir através do reconhecimento do direito de acção popular foi *efectivamente conseguida*. Isso significa, na verdade, que se verificaram conjuntamente os dois melhores resultados que se poderiam verificar para os consumidores representados na acção: (i) que o pedido de condenação deduzido pelo autor foi julgamento procedente e (ii) que nenhum consumidor lesado deixou de receber uma indemnização por todos os danos que efectivamente sofreu em consequência da prática anticoncorrencial, sem ter que suportar qualquer custo associado à tutela deste direito. De facto, é difícil conceber um resultado melhor para os consumidores do que aquele em que eles se encontram quando o financiador tem direito a receber uma remuneração pelo investimento realizado na acção.

Importa, pois, afastar as pré-compreensões e as reivindicações com mero teor político e simbólico, como a de que «nenhuma empresa deve poder lucrar a expensas dos consumidores representados na acção popular». Não só é juridicamente impossível que esse locupletamento injustificado ocorra à luz do Direito português vigente, como, na verdade, a pergunta que deve ser formulada é a inversa: em que medida é possível ter uma defesa real e consequente dos interesses dos consumidores numa acção popular cujos custos não sejam, de algum modo, financiados por terceiro?

O argumento segundo o qual a admissibilidade do *third-party funding* da acção popular significaria permitir a uma empresa que lucrasse com a tutela jurisdicional dos interesses, apesar de muito impressivo quando enunciado, para além de atingir todo o *litigation funding*, quer perante tribunais estaduais, quer perante tribunais arbitrais, não é por isso, procedente à luz dos dados do Sistema português. E muito menos se pode dizer que, com o financiamento, se desvirtua o instituto da acção popular ou se o instrumentaliza à prossecução de interesses económicos privados de terceiros.

XXIX. O último conjunto de problemas sobre os quais fizemos incidir a nossa atenção prende-se com a complexidade probatória na determinação exacta do quantum indemnizatório, caso não seja determinado o valor exacto dos danos, perguntando-se se e em que termos deve o tribunal determinar equitativamente o montante global da indemnização e/ou o montante devido a cada consumidor representado, designadamente tendo em conta o artigo 566º, nº 3 do Código Civil e o artigo 9º, nº 2 da Lei nº 23/2018, de 5 de Junho.

A especial dificuldade da prova dos danos causados pela violação do direito da concorrência constitui uma das temáticas centrais do *private enforcement*. A sujeição do autor ao ónus de provar o dano provocado pela prática anticoncorrencial tornaria excessivamente difícil a satisfação efectiva do direito à reparação, o que, por sua vez, seria um resultado desconforme com o princípio da efectividade, revelando ainda uma compreensão intolerável do direito de acesso à justiça. Compreende-se, por isso, que no seguimento da solução constante da Directiva nº 2014/104/UE, se presuma a existência de um dano nos casos em que a infracção do direito da concorrência consista num cartel (artigo 9º, nº 1, da Lei do *Private Enforcement*). Uma vez demonstrado comportamento ilícito do infractor demandado, este só poderá afastar um dever de indemnizar caso logre demonstrar que, apesar da infracção verificada, ela não produziu quaisquer prejuízos para o lesado. O autor fica assim dispensado de provar a existência de um dano, passando o réu a ter de provar que o cartel não lhe provocou qualquer prejuízo (artigo 350º, nº 2 do Código Civil).

XXX. Apesar de a previsão legal de dano se cingir aos cartéis, não existe razão para não se admitir uma semelhante facilitação probatória do dano resultante de uma prática anticoncorrencial de outro tipo, como o abuso de posição dominante. A tanto obrigam o princípio da efectividade do direito da concorrência e a intenção de não permitir que a finalidade preventiva geral das normas concorrenciais seja esvaziada de alcance prático através das dificuldades probatórias. Discutível parece ser apenas a via sistematicamente mais adequada a atingir esse resultado, entre a aplicação analógica do nº 1 do artigo 9º da Lei do *Private Enforcement* e a admissibilidade de uma «prova de primeira aparência» de que a exploração abusiva do mercado causou um dano aos agentes económicos cuja actuação no mercado tiver podido ser influenciada por aquela prática abusiva.

A vigência de uma presunção de dano nas acções de *private enforcement* não significa que o autor se encontre dispensado de quaisquer ónus. Compete-lhe, desde logo, alegar o dano e especificar o seu objecto, mas também alegar e provar a sua qualidade de lesado à luz do tipo de prejuízo que alegou, provando que o próprio (ou a classe de pessoas institucionalmente representadas na acção popular) se integra no universo da categoria das pessoas ofendidas pela conduta anticoncorrencial que é imputada ao réu. Por fim, o autor deve indicar o critério de cômputo da indemnização que pretende que seja utilizado na acção, justificar a sua aplicabilidade ao caso concreto e dar coordenadas ao juiz que lhe permitam fixar os critérios de determinação do *quantum* a atribuir a lesados não concretamente identificados. Este é o resultado interpretativo que melhor se conjuga com a diferenciação que, no plano do regime relativo ao *non liquet*, o legislador europeu parece ter estabelecido entre a *incerteza relativa à existência de um dano* e a *incerteza relativa ao montante dos danos* resultantes da prática anticoncorrencial, mas também com a intenção de limitar a presunção legal à verificação do prejuízo, não a estendendo ao respectivo valor.

XXXI. Por imposição do princípio da efectividade do direito da concorrência, o artigo 9º, nº 2 da Lei do *Private Enforcement* permite que a indemnização seja fixada em termos aproximados não apenas nos casos em que seja impossível apurar o valor exacto dos danos (artigo 566º, nº 3 do Código Civil), mas também naqueles outros em que isso se revele excessivamente difícil ou oneroso.

A fim de proceder à estimativa do valor dos danos, o tribunal pode recorrer às orientações constantes da Comunicação da Comissão de 13 de Junho de 2013, relativa à quantificação dos danos nas acções fundadas na violação dos artigos 101º e 102º do Tratado Sobre o Funcionamento da União Europeia. A opção por algum dos três principais modelos ali propostos – o método comparativo, o método baseado nos custos ou no desempenho financeiro ou o método simulatório – depende da ponderação das circunstâncias relevantes do caso, como as características do mercado relevante, a informação disponível sobre a empresa infractora, os custos exigidos para a aplicação de cada das metodologias disponíveis, entre outras. Nada obsta, de resto, a que as diferentes metodologias surjam combinadas na resolução de um concreto caso.

Nada impede também que outros critérios sejam tidos em consideração para fixar a indemnização em caso de incerteza sobre o valor exacto dos danos, como os lucros obtidos pelo infractor através da prática anticoncorrencial. Não está em causa uma pretensão material à restituição do lucro ilicitamente obtido, mas antes a «prova de primeira aparência» de que o lucro do infractor foi conseguido através da privação de uma vantagem económica afecta ao lesado. Na verdade, em certas situações típicas de violação do direito da concorrência, é conforme com o curso normal dos acontecimentos supor-se que o dano do lesado é correlativo de um ganho do infractor. Na base desta ilacção está a ideia de que o acordo restritivo ou o abuso de posição dominante permite o «desvio» para (ou a «apropriação» pelo) o lesante de uma parte do «lucro do contrato» pertencente ao lesado.

XXXII. A inferência do dano a partir do lucro conseguido através da violação do direito da concorrência pode, porém, ser afastada através da criação da dúvida de que o lesado tenha efectivamente sofrido um prejuízo correspectivo do (e congruente com o) lucro do lesante (artigo 346º do Código Civil). Contudo, a prova *prima facie* do valor do dano a partir do lucro proibido deve cingir-se às hipóteses do «dano de sobrepreço» e no tocante aos danos directamente causados às contrapartes do autor da prática anticoncorrencial.

XXXIII. As conclusões que acabamos de enunciar são transversalmente aplicáveis a quaisquer acções de *private enforcement*, qualquer que seja a estrutura, singular ou colectiva, do meio de tutela requerido.

Nenhuma razão existe para se supor que a presunção legal de dano constante do artigo 9º, nº 1 da Lei do *Private Enforcement* não seja aplicável às acções populares tendentes a obter a reparação dos danos provocados a consumidores através da violação do direito da concorrência.

No tocante ao cômputo da indemnização, a alternativa de uma avaliação individualizada dos danos sofridos por cada lesado não identificado na acção popular deve ser rejeitada. A opção de fazer depender a satisfação do crédito indemnizatório individual da discussão e da prova sobre o montante concreto dos danos significaria que a distribuição da indemnização global dependeria da realização de tantas audiências de julgamento quantos os lesados reclamantes. Este resultado não poderia, contudo, ser mais conflituante com a teleologia da Lei de Acção Popular e do princípio da auto-exclusão que dela constitui a matriz. Da perspectiva do Direito europeu, esse resultado seria também flagrantemente desconforme com o princípio da efectividade do direito da concorrência.

Em contrapartida, a opção de proceder a uma mera repartição da indemnização global prestada pelo réu em termos paritários por todos os lesados nem sempre pode ser considerada como conforme com o Direito positivo. Essa perspectiva parte do equívoco fundamental de que o cumprimento da prestação aos lesados reclamantes não constitui um problema de rateio ou de distribuição de um *quantum* pecuniário previamente fixado, mas antes uma questão de ressarcimento de danos.

XXXIV. O problema da fixação do crédito indemnizatório dos lesados não identificados na acção popular deve ser resolvido através da concordância prática entre os princípios em conflito: o princípio da compensação integral dos danos (e a proibição do enriquecimento do lesado que é uma das suas faces), por um lado, e os princípios da praticabilidade do direito à indemnização e da efectividade do *private enforcement*, por outro. A solução adequada para o problema implica encontrar a menor restrição possível do princípio da reparação integral que assegure a eficácia do direito à indemnização. Esse compromisso obriga, por sua vez, a preterir a lógica geral da primazia da situação subjectiva concreta do lesado em favor da primazia de critérios de pendor abstracto.

Na sentença proferida na acção colectiva, o tribunal indica o critério de identificação dos lesados e da quantificação dos danos. Aqueles que pretendam reclamar a indemnização que lhes for devida devem apresentar junto da entidade responsável pela recepção, gestão e pagamento das indemnizações, prova sumária da sua qualidade de lesados. Uma vez realizada essa prova, ao reclamante pode ser associado um valor (abstractamente fixado) a título de indemnização.

XXXV. Não é viável enunciar aprioristicamente e de uma forma exaustiva os critérios que devem orientar o tribunal na fixação abstracta das indemnizações individuais. A pertinência dos diferentes critérios vai depender de forma determinante do tipo de infracção e das situações da vida que possam ter originado o dano. Em certos casos, serão determinantes elementos como o número de negócios e de operações presumivelmente celebrados pelo lesado, o valor dos actos, a duração do período da execução do contrato. Não raro, será necessário proceder a uma análise parcelar dos efeitos danosos da infracção, como que seccionando o mercado relevante em diferentes períodos de referência ou tipos sociais de lesado, em razão de parâmetros supra-individuais ou mesmo de índices de actividade económica (gerais, como a inflacção ou a evolução do consumo) ou sectoriais (o valor presumido da repercussão dos danos sobre os consumidores, aferido a partir da evolução dos preços nos diversos níveis da cadeia de distribuição). Este modo de proceder pode proporcionar o surgimento de subcategorias de lesados, associadas, por sua vez, a indemnizações tabeladas a valores diversos.

Certamente não se poderá assim aspirar a uma reparação perfeita e total do dano: mas a régua a aplicar na concretização das indemnizações será menor e menor será, por isso também, o perigo para a justiça correctiva de um excesso indemnizatório ou de uma indemnização insuficiente. Seja qual for a hipótese que se vier a concretizar, em nenhum dos casos a existência do financiamento empola o valor da indemnização. O crédito do financiador não acresce à indemnização arbitrada, sendo antes por ela pago enquanto crédito subordinado à satisfação dos interesses dos consumidores lesados.

XXXVI. No momento em que encerramos as reflexões que se deixam e na iminência da chegada de mais uma idade de ferro[306], permitimo-nos uma profecia: as acções para tutela de interesses individuais homogéneos serão a nova era na teoria geral da adjudicação tal como, até recentemente, conhecida pela velha senhora.[307] A sempre virtuosa relação entre realidade e prudência estimulará a criação de conhecimento. E ainda que aquilo que prende a terra no seu âmago ao homem seja inacessível,[308] errarando[309] se cumpre na sua falível e contingente perenidade finita.

[306] Hesíodo, *Os trabalhos e os dias.*

[307] Friedrich Dürrenmatt, *Der Besuch der alten Dame.*

[308] Johann Wolfgang von Goethe, *Faust. Der Tragödie erster Teil,* "Fausts Monolog".

[309] Johann Wolfgang von Goethe, *Faust. Der Tragödie erster Teil,* "Prolog im Himmel".

BIBLIOGRAFIA

ABRAMOWICZ, Michael B.. «On the Alienability of Legal Claims», *Yale Law Journal*, 114, 2005, pp. 69-779

ABRAMS, David S./CHEN, Daniel L.. «A Market for Justice: A First Empirical Look at Third Party Litigation Funding», *University of Pennsylvania Journal of Business Law*, 15, 2013, pp. 1075-1109

ALEXANDER, Christian. *Schadensersatz und Abschöpfung im Lauterkeits- und Kartellrecht*, Mohr Siebeck, Tübingen, 2010

ANDRADE, José Robin de. *A Acção Popular no Direito Administrativo Português*, Coimbra Editora, Coimbra, 1967

ANDREANGELI, Ariann. *Private Enforcement of Antitrust*, Elgar, 2014

ANTUNES, Henrique Sousa. «Class actions, group litigation & other forms of collective litigation (portuguese report)»

ARANGIO-RUIZ, Vincenzo. *Il mandato in diritto romano*, Roma, 1965

ASCENSÃO, José de Oliveira. «A acção popular e a protecção do investidor», *Cadernos do Mercado de Valores Mobiliários*, nº 11, 2001, pp. 65-75

—. *Direito Civil – Teoria Geral*, Coimbra Editora, Coimbra, 2003

AVRAHAM, Ronen/SEBOK, Anthony. «An Empirical investigation of third party consumer litigant funding», *Cornell Law Review*, 104, 2018-9, pp. 1133-1179 (pp. 1172 e ss.).

AVRAHAM, Ronen/WICKELGREN, Abraham. «Third-Party Litigation Funding – A Signaling Model», *De Paul Law Review*, 63, 2014, pp. 233-264

BAKER, Thurbert. «Paying to Play: Inside the Ethics and Implications of Third-Party Litigation Funding», Widener Law Journal, pp. 229-241

BARTOLUS DE SAXOFERRATO. *Bartolus in primam Codiciis partem secundam*, Jacobum Sacon, 1518

BEARDSLEE, Michele DeStefano. «Non-Lawyers Influencing Lawyers; Too Many Cooks in the Kitchen or Stone Soup», *Fordham Law Review*, 80, 2012, pp. 2791-2845

BENTHAM, Jeremy. *A Defense of Usury – Shewing the Impolicy of the Present Legal Restraints on the Terms of Pecuniary Bargains, in a series of Letters to a Friend*, T. Foster, New York, 1837

BERNARD, Antoine. *La rémunération des professions libérales en droit romain classique*, Paris, 1935

BERNHARD, Jochen. *Kartellrechtlicher Individualschutz durch Sammelklagen – Euro-*

päische Kollektivklagen zwischen Effizienz und Effektivität, Mohr Siebeck, Tübingen, 2010

Bolster, Tom. «The Structure and Funding of Competition Claims Post-Jackson – "All Change" or "Status Quo"?», *Competition Law Journal*, 13, 2014, pp. 202-208

Braun, Johann. *Lehrbuch des Zivilprozessrechts – Erkenntnisverfahren*, Mohr Siebeck, Tübingen, 2014

Breyer, Michael. *Kostenorientierte Steuerung des Zivilprozesses: das deutsche, englische und amerikanische Prozesskostensystem im Vergleich*, Mohr Siebeck, Tübingen, 2006

Bruns, Alexander. «Das Verbot der quota litis und die erfolgshonorierte Prozessfinanzierung», *JuristenZeitung*, 55. Jahrg., Nr. 5, 2000, pp. 232-241

—. «Third-Party Financing in the Perspective of German Law – Useful Instrument for Improvement of the Civil Law Justice System or Speculative Immoral Investment?», *Journal of Law, Economics & Policy*, 8.3, 2012, pp. 525-548

Burch, Elizabeth. «Financiers as Monitors in Aggregate Litigation», *New York University Law* Review, 87, 2012, pp. 1273-1338

Burrichter, Jochen. «Ökonomischen Gutachten in Kartellschadensersatzprozessen», *in Kartellrecht in Theorie und Praxis – Festschrift für Cornelis Canenbley zum 70. Geburtstag*, C. H. Beck, München, 2012, pp. 111-127

Cafaggi, Fabrizio/Micklitz, Hans-Wolfgang. «Administrative and Judicial Enforcement in Consumer Protection: the Way Forward», *EUI Working Papers*, nº 2008/29

Canotilho, José Joaquim Gomes. *Direito Constitucional e Teoria da Constituição*, 7ª ed., Coimbra Editora, Coimbra, 2018

Carrera, Iñaki. «O financiamento do direito litigioso como opção de gestão: em especial, os non-recourse funding agreements», *Revista de Direito das Sociedades*, X, 2018, pp. 689-724

Chagny, Muriel. «France», *in The EU Antitrust Damages Directive: Transposition in the Member States*, Barry James Rodger/Miguel Sousa Ferro/Francisco Marcos (ed.), pp. 101-123

Christ, Matthew R.. *The litigious Athenian*, Baltimore, Johns Hopkins University Press, 1998

Connor, John M.. «Forensic Economics: An Introduction With Special Emphasis on Price Fixing», *Journal of Competition Law and Economics*, vol. 4, issue 1, 2008, pp. 31-59

Cooter, Robert. «Towards a Market in Unmatured Tort Claims», *Virginia Law Review*, 75, 1989, pp. 383-411

Cooter, Robert/Rubinfeld, Daniel L.. «Economic Analysis of Legal Disputes and Their Resolution», *Economic Literature*, 28, 1989, pp. 1067-1097

Cordeiro, António Menezes. *Direito das Obrigações*, 2º Vol. (reimp. 1ª ed.), AAFDL, Lisboa, 2001

—. *Litigância de Má-Fé, Abuso do Direito de Acção e Culpa "In Agendo"*, 3ª ed., Almedina, Coimbra, 2016

—. *Tratado de Direito Civil*, VI, com a colaboração de António Barreto Menezes Cordeiro, Almedina, Coimbra, 2019

Correia, José Manuel Sérvulo. *Direito do Contencioso Administrativo*, Lex, Lisboa, 2005

—. «The effectiveness and limitations of the portuguese system of competition law enforcement by administrative and civil procedure means», *in Competition Law and Economics: Advances in Competition Policy Enforcement in the EU and North America*, Abel M. Mateus/Teresa Moreira (ed.), Edward Elgar Publishing, 2010, pp. 85-124

CREMADES ROMÁN. JR., Bernardo M.. «Third-Party Litigation Funding: Investing in Arbitration», *Transnational Dispute Management*, 8, 2011, pp. 8-41

DETHLOFF, Nina. «Verträge zur Prozessfinanzierung gegen Erfolgsbeteiligung», *Neue Juristische Wochenschrift*, 2000, pp. 2225-2230

DEUTLMOSER, Ralf. «Die Büchse der Pandora; Kollektiver Rechtsschutz in Europa», *Europäische Zeitschrift für Wirtschaftsrecht*, 2013, pp. 652-656

DOHRN, Daniel. *Die Bindungswirkung kartellrechtliche Entscheidungen der Kommission sowie deutsche und Mitglied staatlicher Kartellbehörden und Gerichte im deutschen Zivilprozess*, C.Heymannns, München, 2010

EBERS, Martin. *Rechte, Rechtsbehelfe und Sanktionen im Unionsprivatrecht*, Mohr Siebeck, Tübingen, 2016

EISENBERG, Theodore/MILLER, Geoffrey P./GERMANO, Roy. «Attorneys's fees in class actions: 2009-2013», *New York University Law Review*, 92, 2017

ELLGER, Reinhard. «Kartellschaden und Verletzergewinn», *in Recht, Ordnung und Wettbewerb – Festschrift zum 70. Geburtstag von Wernhard Möschel*, STEFAN BECHTOLD/JOACHIM JICKELI/MATHIAS ROHE (Hrsg.), Nomos, 2011, pp. 191-225

EMMERICH, Volker. *Wettbewerbsrecht*, II, ULRICH IMMENGA/ERNST-JOACHIM MESTMÄCKER (Hrsg.), 5. Auflage, C.H. Beck, München, 2012

EUROPEAN PARLIAMENTARY RESEARCH SERVICE (EPRS), *Responsible private funding of litigation*, February 2021

FAURE, Michael/DE MOT, Jef P. B.. «Comparing Third-Party Financing of Litigation and Legal Expenses Insurance», *Journal of Law, Economics and Policy*, 8, 2012, pp. 743-777

FAURE, Michael/WEBER, Franziska. «The diversity of the EU approach to law enforcement – towards a coherent model inspired by a law and economics approach», *German Law Journal*, 18, 2017, pp. 823-879

FERRO, Miguel Sousa. «Collective Redress: Will Portugal Show the Way?», *Journal of European Competition Law & Practice*, vol. 6, issue 5, 2015, pp. 299-300

—. «Jurisprudência de Private Enforcement», *CIDEEFF Working Paper*, 2016

—. «Antitrust Private Enforcement and the Binding Effect of Public Enforcement Decisions», *Market and Competition Law Review*, 2019, pp. 51-80

FIEDLER, Lilly. *Class Actions zur Durchsetzung des Europäischen Kartellrechts*, Mohr Siebeck, Tübingen, 2010

FITZPATRICK, Brian. «Can and Should the New Third-Party Litigation Financing Come to Class Actions?», *Theoretical Inquires in Law*, vol. 19.1, 2018, pp. 109-123

FREITAS, José Lebre de. «Acção popular ao serviço do ambiente», *Ab uno ad omnes – 75 anos da Coimbra Editora*, Coimbra Editora, Coimbra, 1998, pp. 797-809

—. «Extensão subjectiva da eficácia do caso julgado formado sobre a existência de um caminho público em acção entre o município e o prédio por ele atravessado», *Revista da Ordem dos Advogados*, ano 80, vol. III-IV, 2020, pp. 613-632

FRITZSCHE, Jörg/SCHMITT, Steffen. «Eine neue Form der Versicherung?», *Neue Juristische Wochenschrift*, 1999, 2998, pp. 2998-3002

FUCHS, Andreas. «Unter der Schirm und im Schatten des Kartells – Überlegungen zur Reichweite der Schadensersatzhaftung bei Preischirm- und Mengeneffeckten ausserhalb der Bertribesketten der Kartellmitglieder», *in Festschrift für Bornkamm zum 65. Geburtstag*, WOLF-

GANG BÜSCHER/WILLI ERDMANN/MAXIMILIAN HAEDICKE/HELMUT KÖHLER/MICHAEL LOSCHELDER (Hrsg.), C. H, Beck, 2014, pp. 159-173

—. «Aktivlegitimation zur Geltendmachung von Sschadensersatz bei Kartellverstössen», *in Handbuch Private Kartellrechtsdurchsetzung*, ANDREAS FUCHS/ANDREAS WEITBRECHT (Hrsg.), 1. Auflage, C.H. Beck, München, 2019, pp. 105-164

—. «Art und Umfang des ersatzfähigen Schadens», *in Handbuch Private Kartellrechtsdurchsetzung*, ANDREAS FUCHS/ANDREAS WEITBRECHT (Hrsg.), 1. Auflage, C.H. Beck, München, 2019, pp. 257-305

GARBER, Steven. «Alternative Litigation Financing in the United States – Issues, Knowns and Unknowns», *RAND*, 2010

GLEUSSNER, Irmgard. «Prozessfinanzierung», *in Neue Wege zum Recht – Festschrift für Max Vollkommer zum 75. Geburtstag*, REINHARD GREGER/IRMGARD GLEUSSNER/JÖRN HEINEMANN (Hrsg.), Otto Schmidt, Köln, 2006, pp. 25-59

GOTTWALD, Peter. *Schadenszurechnung und Schadensschätzung – Zum Ermessen des Richters im Schadensrecht und im Schadensersatzprozess*, C. H. Beck, München, 1979

GRUNEWALD, Barbara. «Prozessfinanzierungsvertrag mit gewerbsmässigem Prozessfinanzierer – ein Gesellschaftsvertrag», *Betriebs-Berate*, 729 (Heft 15), 2000, pp. 729-733

HALFPAP, Frank. *Der entgangene Gewinn*, Peter Lang Verlag, 1999

HEINZE, Christian. *Schadensersatz im Unionsprivatrecht: Eine Studie zu Effektivität und Durchsetzung des Europäischen Privatrechts am Beispiel des Haftungsrechts*, Mohr Siebeck, Tübingen, 2017

HEMPEL, Rolf. «War da nicht noch etwas? – Zum kollektiven Rechtsschutz im Kartellrecht», *Neue Zeitschrift für Kartellrecht*, 2013, pp. 494-501

HENRIQUES, Duarte Gorjão. «Third-Party Funding ou o Financiamento de Litígios por Terceiros em Portugal», *Revista da Ordem dos Advogados*, ano 75, vol. III-IV, Jul./Dez. 2015, pp. 573-624

—. «Third-Party Funding: a Protected Investment?», *Spain Arbitration Review*, 30, 2017, pp. 101-140

—. «Third-Party Funding: in Search of a Definition», *The American Review of International* Arbitration, 28, 2018, pp. 405-431.

HENSLER, Deborah. «Financing Civil Litigation: the U.S. Perspective», *New Trends in Financing Civil Litigation in Europe*, MARK TUIL/LOUIS VISSCHER (ed.) E. Elgar, 2010, pp. 149-174

HERRMANN, Arnold. «Noch einige Bemerkungen über die lex Anastasiana», *Archiv für die civilistische Praxis*, 31, 1848

HODGES, Christopher. *The Reform of Class and Representative Actions in European Legal Systems – A New Framework for Collective Redress in Europe*, Hart Publishing, Oxford-Portland, 2008

—. «Objectives, mechanisms and policy choices in collective enforcement and redress», *in Mass Justice*, JENNY STEELE/WILLEM H. VAN BOOM (ed.), E. Elgar, Cheltenham, 2011, pp. 101-117

HODGES, Christopher/VOGENAUER, Stefan/TULIBACKA, Magdalena. «The Oxford Study on Costs and Funding of Civil Litigation», *in The Costs and Funding of Civil Litigation – A comparative perspective*, CHRISTOPHER HODGES/STEFAN VOGENAUER/MAGDALENA TULIBACKA (ed.), Hart Publishing, Portland, 2010, pp. 3-194

Homberg, Matthias. *Erfolgshonorierte Prozessfinanzierung*, Alma Mater, 2006

Hylton, Keith N.. «The Economics of Third-Party Financed Litigation», *Journal of Law, Economics and Policy*, 8, 2012, pp. 701-741

—. «Toward a Regulatory Framework for Third-Party Funding of Litigation», *De Paul Law Review*, 63, 2014, pp. 527-545

Imgrund, Jan. *Die Bindung der deutschen Zivilgerichte an Beschlüsse von Kommission und Behörden der Europäischen Union im Kartellrecht*, Nomos, 2011

Inderst, Roman/Maier-Rigaud, Frank P./Schwalbe, Ulrich. «Quantifizierung von Schäden durch Wettbewerbsverstösse», *in Handbuch Private Kartellrechtsdurchsetzung*, Andreas Fuchs/Andreas Weitbrecht (Hrsg.), 1. Auflage, 2019, pp. 306-351

Inderst, Roman/Schwalbe, Ulrich. «Das kontrafaktische Szenario bei der Berechnung von Kartellschäden», *Wirtschaft und Wettbewerb*, 2012/2, pp. 122-132

Inderst, Roman/Thomas, Stephan. «Zu den Prinzipien der Ermittlung von Schadensersatz bei Verstössen gegen das Wettbewerbsrecht», *Wirtschaft und Wettbewerb*, 2014, pp. 667-8

Ioannidou, Maria. *Consumer Involvement in private EU Competition Law Enforcement*, Oxford University Press, Oxford, 2015

Isaeus. *On the Estate of Dicaeogenes*, traduzido por E. S. Forster, Harvard University Press, Cambridge, 1943

Juška, Žygimantas. «The Effectiveness of Antitrust Collective Litigation in the European Union: a Study of the Principle of Full Compensation», *IIC – International Review of Intellectual Property and Competition Law*, 49, 2018, pp. 63-93

Kantor, Mark. «Third-Party Funding in International Arbitration: An Essay About New Developments», *ICSID Review – Foreign Investment Law Journal*, 2009, pp. 65-79

Klauser, Alexander. «Von der „Sammelklage nach österreichischem Recht" zur echten Gruppenklage», *Ecolex*, 2005, pp. 744-747

—. «Prozessfinanzierung, Rechtsfreunde, quota litis und Sammelklage», *Zeitschrift für Verbraucherrecht*, 01/2013, pp. 12-16

Kochheim, Martin L.. *Die gewerbliche Prozessfinanzierung – Rechtsfragen der Fremdfinanzierung von Prozessen gegen Erfolgsbeteiligung*, LIT Münster – Hamburg – London, 2002

Kodek, Georg E.. «Massenverfahren und Verfahrensmassen: Einige Gedanken zur aktuellen Diskussion», *Zak*, 2012, pp. 66-69

Krejci, Heinz. «Gilt das Quota-litis-Verbot auch für Prozessfinanzierungsverträge?», *Österreichische Juristen Zeitung*, 08/2011, pp. 341-350

Krüger, Carsten/Weitbrecht, Andreas. «Kollektiver Rechtsschutz im Kartellrecht», *in Handbuch Private Kartellrechtsdurchsetzung*, Andreas Fuchs/Andreas Weitbrecht (Hrsg.), 1. Auflage, C. H. Beck, München, 2019, pp. 745-788

Lange, Hermann/Schiemann, Gottfried. *Schadensersatz*, 3. Auflage, Mohr Siebeck, Tübingen, 2003

Larenz. Karl. *Lehrbuch des Schuldrechts*, II/1, 13. Auflage, C. H. Beck, München, 1986

Leitão, Luís de Menezes. *Cessão de Créditos*, Almedina, Coimbra, 2005

—. *O enriquecimento sem causa no Direito civil – Estudo Dogmático sobre a Viabilidade da Configuração Unitária do Instituto, Face à Contraposição Entre as Diferentes Categorias de Enriquecimento sem Causa*, Almedina, Coimbra, 2005

—. *Direito das Obrigações*, I, 15ª ed., Almedina, Coimbra, 2019

LEITE, António Pinto. «Third-Party Funding as a Joint Venture and not as a mere Finance Agreement: the Independence and Impartiality of Arbitrators», *in VII Congresso de Arbitragem da Câmara de Comércio e Indústria (Centro de Arbitragem Comercial)*, ANTÓNIO VIEIRA DA SILVA/SOFIA MARTINS (org.), Almedina, Coimbra, 2014, pp. 105-113

LESKINEN, Charlotte. «Collective Actions: Rethinking Funding and National Cost Rules», *The Competition Law Review*, 8, 2011, pp. 87-121

LOGEMANNN, Hans Phillip. *Der kartellrechtliche Schadensersatz*, Duncker & Humblot, Berlin, 2009

MADAUS, Stephan. «Keine Effektivität einer europäische class action ohne „amerikanische Verhältnisse" bei deren Finanzierung», *Zeitschrift für Europäisches Privatrecht*, 2012, pp. 99-116

MADDALENA, Linda de. *Litis causa malo more pecuniam promittere. Sulla contrarietà ai boni mores del "patto di quota lite"*, Dike, Zürich, 2015

MARTIN, Susan Lorde. «Syndicated Lawsuits: Illegal Champerty or New Business Opportunity?», *American Business Law Journal*, 30, issue 3, 1992, pp. 485-511

—. «Financing plaintiffs' lawsuits: an increasingly popular (and legal) business», *University of Michigan Journal of Law Reform*, 33, 1999, pp. 57-86

—. «Litigation Financing: Another Subprime Industry that has a place in the United States Market», Villanova Law Review, 53, issue 1, 2008, pp. 83-116

MARTINS, António Payan. *Class actions em Portugal? Para uma análise da Lei nº 83/95, de 31 de Agosto – Lei de Participação Procedimental e de Acção Popular*, Edições Cosmos, Lisboa, 1999

MAUBACH, Norbert. *Gewerbliche Prozessfinanzierung gegen Erfolgsbeteiligung, Deutscher Anwaltsvertrag*, Deutscher Anwaltverlag, 2002

MEESSEN, Gero. *Der Anspruch auf Schadenersatz bei Verstößen gegen EU-Kartellrecht*, Mohr Siebeck, Tübingen, 2011

MENDES, João de Castro. *Os limites objectivos do caso julgado em processo civil*, Ed. Ática, Lisboa, 1968

MIRANDA, Jorge. *Manual de Direito Constitucional*, IV, 5ª ed., Coimbra Editora, Coimbra, 2014

MIRANDA, Jorge/MEDEIROS, Rui. *Constituição Portuguesa Anotada*, Tomo I, Universidade Católica Editora, 2017

MOLOT, Jonathan T.. «A Market in Litigation Risk», *University of Chicago Law Review*, 76, 2009, pp. 36-439

—. «Litigation finance: a market solution to a procedural problem», *Georgetown Law Journal*, 99, 2010/1, pp. 65-115

MONTEIRO, António Pinto/JÚDICE, José Miguel. «Class actions & Arbitration in the European Union – Portugal», *in Estudos em Homenagem a Miguel Galvão Teles*, vol. II, Almedina, Coimbra, 2012, pp. 189-205

MULHERON, Rachael. «England's Unique Approach to the Self-Regulation of Third-Party Funding: A Critical Analysis of Recent Developments», *Cambridge Law Journal*, 73, 2014

NAGY, Csongor István. *Collective Actions in Europe – A Comparative, Economic and Transsystemic Analysis*, Springer, 2019

NEVES, António Castanheira. «As Fontes do Direito e o Problema da Positividade Jurídica», *Boletim da Faculdade de Direito*, vol. LI, Universidade de Coimbra, Coimbra, 1975, pp. 115-204

NOTHDURFT, Jörg. «"The Trade follows the Flag"», *in Festschrift für Klaus Tolksdorf zum 65. Geburtstag*, FRIEDRICH DENcker/Gregor Galke/Andreas Vosskuhle (Hrsg.), C. Heymanns Köln, 2014, pp. 533-547

Oberhammer, Paul. «Sammelklage, quota litis und Prozessfinanzierung», *Ecolex*, 2011, pp. 972-980

Otero, Paulo. "A acção popular: configuração e valor no actual Direito português", *Revista da Ordem dos Advogados*, ano 59, vol. III, Dez. 1999, pp. 871-893

Oxera. *Quantifying antitrust damages – Towards non-binding guidance for courts: Study prepared for the European Commission*, Assimakis Komninos (org.), December 2009

Painter, Richard W.. «Litigation on a Contingency: a Monopoly of Champions or a Market for Champerty», *Chicago--Kent Law Review*, 71, 1995, pp. 625-697

Pais, Sofia Oliveira. «Private Antitrust Enforcement: a New Era for Collective Redress?», *Yearbook of Antitrust and Regulatory Studies*, vol. 8, 12, 2015, pp. 11-32

Pais, Sofia Oliveira/Pisczcz, Anna. «Package on Actions for Damages based on Breaches of EU Competition Rules: Can One Size Fit All?», *Yearbook of Antitrust and Regulatory Studies*, vol. 7, 10, 2014, pp. 209-234

Parzmayr, Roland/Schobel, Thomas. «Prozessfinanzierung: zulässiges Erfolgshonorar oder verbotene *quota litis*?», *Österreichische Juristen Zeitung*, 12/2011, pp. 533-539

Paul, Thomas B.. «Weitere Anspruchsvoraussetzungen und Einreden», *in Handbuch Private Kartellrechtsdurchsetzung*, Andreas Fuchs/Andreas Weitbrecht (Hrsg.), 1. Auflage, 2019

Pereira, Ricardo Silva. «Third-Party Funding e implicações éticas na relação com os árbitros», *Revista Internacional de Arbitragem e Conciliação*, 9, 2016, pp. 87-122

Pescani, Pietro. *Honorarium Studi del Lavoro nel Diritto Romano*, Trieste, 1961

Radin, Max. «Maintenance by Champerty», *California Law Review*, 24, 1935, pp. 48-78

Rauh, Jens Ole/Zuschandke, Andy/Reddemann, Sebastien. «Die Ermittlung der Schadenshöhe im Kartelldeliktsrecht», *Wettbewerb in Recht und Praxis*, 2012, pp. 173-183

Rennpferdt, Maren. *"Lex Anastasiana" – Schuldnerschutz im Wandel der Zeiten*, Muster—Schimdt, Göttingen, 1991

Rhee, Robert J.. «Tort Arbitrage», *Florida Law Review*, 2008, pp. 125-182

Rodger, Barry James/Ferro, Miguel Sousa/Marcos, Francisco. «A panacea for competition law damages actions in the EU? A comparative view of the implementation of the EU Antitrust Damages Directive in sixteen Member States», *Maastrich Journal of European and Comparative Law*, 26, 2019, pp. 484-504

Rogers, Catherine. *Ethics in International Arbitration*, Oxford University Press, Oxford, 2014

Rossi, Leonor/Ferro, Miguel Sousa, «Private Enforcement of Competition Law in Portugal (II): *Actio popularis* – facts, fictions and dreams», *Revista de Regulação & Concorrência*, 4, 2013, pp. 35-87

Roth, Wulf-Hennning. «Kartelldeliktsrecht in der 7. GWB-Novelle», *in Festschrift für Ulrich Huber zum siebzigsten Geburtstag*, theodor Baums/Marcus Lutter/Karsten Schmidt/Johannes Wertenbruch (Hrsg.), Mohr Siebeck, Tübingen, 2006, pp. 1133-1172

Rott, Peter. «The EU Legal Framework for the Enforcement of Consumer Law», *in Enforcement and Effectiveness of Consumer Law*, Hann-W. Micklitz/Genivève Saumier (Ed.), Springer, 2018, pp. 249-285

ROWLES-DAVIES, Nick/COUSINS QC, Jeremy. *Third Party Litigation Funding*, Oxford University Press, 2014

RUBIN, Paul H.. «Third-Party Financing of Litigation», *Northern Kentucky Law Review*, 38, 2011, pp. 673-685

RUBINFELD, Daniel L.. «Antitrust damages», *in Research Handbook on the Economics of Antitrust Law*, EINER ELHAUGE (Ed.), E. Elgar, 2012, pp. 378-393

SCHERER, Inge. «Gewerbliche Prozessfinanzierung», *Verbraucher und Recht*, 3, 2020, pp. 83-7

SCHIEMANN, Gottfried. «Der Kartellschaden als Problem des allgemeinen Zivilrechts», *in Recht, Ordnung und Wettbewerb – Festschrift zum 70. Geburtstag von Wernhard Möschel*, STEFAN BECHTOLD/ JOACHIM JICKELI/MATHIAS ROHE (Hrsg.), Nomos, 2011

—. *J. von Staudingers Kommentar zum Bürgerlichen Gesetzbuch mit Einführungsgesetz und Nebengesetzen*, 15. Auflage, 2017

SCHÜSSEL-KOHLHÄUFL, Theresa. *Die Struktur des Delikts im Kartellschadensersatzrecht – Eine Analyse unter besonderer Berücksichtigung der Feststellungswirkung des § 33b GWB*, Mohr Siebeck, Tübingen, 2020

SCHWALBE, Ulrich. «Lucrum cessans und Schäden durch Kartelle bei Zulieferern, Herstellern von Komplementärgütern sowie weiteren Parteien», *Neue Zeitschrift für Kartellrecht*, 2017, pp. 157-164

SHAVELL, Steven. *Economic Analysis of Accident Law*, Harvard University Press, 1987

SILVA, Paula Costa e. «Comentário ao Acórdão de 9 de Junho de 1994», *Revista da Ordem dos Advogados*, ano 54, vol. III, 1994, pp. 871-893

—. A Litigância de Má Fé, Coimbra Editora, Coimbra, 2008

—. *Repensando a transmissão da coisa ou direito em litígio – Ainda um contributo para o Estudo da Substituição Processual (Uma segunda Edição?)*, Coimbra Editora, Coimbra, 2009

—. «A administração e a parte por incumbência» *Cadernos de Justiça Administrativa*, 120, Nov.-Dez. 2016, pp. 28-34

—. «Perturbação dos contratos e processo estrutural», *Ius Dictum*, nº 1, Jun. 2020, pp. 5-10

—. *Perturbações no cumprimento dos negócios processuais*, AAFDL, Lisboa, 2020

SILVA, Paula Costa e./REIS, Nuno Trigo dos. «A prova difícil: da probatio levior à inversão do ónus da prova», *Revista de Processo*, Ano 38, nº 222, Agosto de 2013, RT, São Paulo, pp. 149-171

SILVER, Charles. «Litigation Funding versus Liability Insurance: What's the Difference?», *DePaul Law Review*, 63, 2014, pp. 617-654

SOLAS, Gian Marco. *Third Party Funding: Law, Economics and Policy*, Cambridge University Press, 2019

SOUSA, Miguel Teixeira de. «O objecto da sentença e o caso julgado material (O estudo sobre a funcionalidade processual)», *Boletim do Ministério da Justiça*, nº 325, 1983, pp. 49-229

—. *Estudos sobre o novo processo civil*, Lex, Lisboa, 1997

—. *Introdução ao Processo Civil*, Lex, Lisboa, 2000

—. *A legitimidade popular na tutela dos interesses difusos*, Lex, Lisboa, 2003

STADLER, Astrid. «Abtretungsmodelle und gewerbliche Prozessfinanzierung bei Masseschäden», *Wirtschaft und Wettbewerb*, 68, 2018, pp. 189-194

—. «Die Vorschläge der Europäischen Kommission zum kollektiven Rechtsschutz in Europa – der Abschied von einem kohärenten europäischen Lösungsansatz?», *Zeitschrift für Gemeinschaftsprivatrecht*, 5, 2013, pp. 281-292

—. «Die Bündelung von gleichgerichtenen Ansprüchen durch Inkassozession», *Juristenzeitung*, nº 12, 2014, pp. 613-622

Steinitz, Maya. «Whose claim is this anyway? Party Litigation Funding», *Minnesota Law Review*, 95, 2011

Stoll, Hans. *Haftungsfolgen im bürgerlichen Recht*, C. F. Müller, Heidelberg, 1993

Taruffo, Michele. «Some remarks on group litigation in comparative perspective», *Duke Journal of Comparative & International Law*, 11, 2001, pp. 405-421

Tortell, Lisa. «Contry Report. Portugal», *Civic Consultation and Oxford Economics – European Commission – Evaluation of the Effectiveness and Efficency of Collective Redress Mechanisms in the European Union*, 2008

U.S. Chamber Institute for Legal Reform, *Unchartered Waters: Analysis of TPLF in European Collective Redress*, 2019

Van Boom, Willem H. «Litigation Costs and Third-Party Funding», *in Litigation Costs and Behaviour. Implications for the Law*, Willem H. Van Boom (ed.), Routledge, 2017, pp. 6-30

—. «Insuring v. Investing in litigation: a comparative legal history of litigation insurance and claim investment», *Comparative Legal History*, 8, 2020, pp. 2-26

van Dijk, Theon/Verboven, Frank. «Quantification of Damages», *in Issues in Competition Law and Policy – ABA Section of Antitrust Law*, 2008, pp. 2231-2348

van Vormizeele, Philipp Voet. «Kartellrecht und Verfassungsrecht», *Neue Zeitschrift für Kartellrecht*, 2013

Velchik, Michael/Zhang, Jefferey. «Islands of Litigation Finance», *Stanford Journal of Law, Business & Finance*, 24, 2019, pp. 1-46

Voigt, Tobias. "Europäische Verbandsklage – Anpassungsbedarf der ZPO bei Parteistellung und Prozessbeteiligung von Verbänden und Verbrauchern", *Zeitschrift für Zivilprozess*, 134, 2021, pp. 343-373

Wagner, Erika. «Rechtsprobleme der Fremdfinanzierung von Prozessen (Teil I/ Teil II)», *Juristische Blätter*, 2001, pp. 416 – 441

Weitbrecht, Andreas. «Bindungswirkung behördlicher Entscheidungen», *in Handbuch Private Kartellrechtsdurchsetzung*, Andreas Fuchs/Andreas Weitbrecht (Hrsg.), 1. Auflage, C.H. Beck, München, 2019, pp. 611-637

Wendehorst, Christiane. *Anspruch und Ausgleich*, Mohr Siebeck, Tübingen, 1999

Wendel, W. Bradley. «Alternative Litigation Finance and anti-commodification norms», *DePaul Law Review*, 63, 2, 2014, pp. 655-695

Wheeler, Malcom E./Benz, Theresa Wardon. «Litigation Financing: Balancing Access with Fairness», *Journal of Tort Law*, 13, 2020, pp. 281-301

Wiegandt, Dirk. *Bindungswirkung kartellbehördlicher Entscheidungen im Zivilprozess – Zur Verzahnung von Kartellverwaltungs- und Kartellprivatrecht*, Mohr Siebeck, Tübingen, 2018

Wilman, Folkert. *Private Enforcement of EU Law Before National Courts – The EU Legislative Framework*, Edward Ellger, 2015

Wirth-Duncan, Bettina. *Rechtsberatung in der römischen Antike: von der Ehrentätigkeit zum Beruf*, LIT Verlag, Berlin, 2020

Zander, Michael. «Will the revolution in the funding of civil litigation in England eventually lead to contingency fees?», *DePaul Law Review*, 52, 2002, pp. 259-298

ÍNDICE